掌尚文化

SALUTE & DISCOVERY

致敬与发现

中国人民银行营业管理部优秀调研成果选编（2020）

经济结构调整下的
首都金融研究与实践

RESEARCH AND PRACTICE OF CAPITAL FINANCE UNDER ECONOMIC RESTRUCTURING

杨伟中 ◎主编

经济管理出版社
ECONOMY & MANAGEMENT PUBLISHING HOUSE

图书在版编目（CIP）数据

经济结构调整下的首都金融研究与实践 / 杨伟中 主编.
—北京：经济管理出版社，2021.2
ISBN 978-7-5096-7793-3

Ⅰ．①经…　Ⅱ．①杨…　Ⅲ．①地方金融事业—经济发展—研究—北京
Ⅳ．①F832.71

中国版本图书馆 CIP 数据核字（2021）第 038432 号

组稿编辑：宋　娜
责任编辑：张馨予　姜玉满
责任印制：黄章平
责任校对：陈　颖

出版发行：经济管理出版社
　　　　　（北京市海淀区北蜂窝 8 号中雅大厦 A 座 11 层　100038）
网　　址：www. E-mp. com. cn
电　　话：(010) 51915602
印　　刷：唐山昊达印刷有限公司
经　　销：新华书店
开　　本：710mm×1000mm /16
印　　张：24.25
字　　数：414 千字
版　　次：2021 年 3 月第 1 版　　2021 年 3 月第 1 次印刷
书　　号：ISBN 978-7-5096-7793-3
定　　价：98.00 元

课题组成员

主　　编：杨伟中
副主编：贺同宝　边志良　马玉兰　刘玉苓　曾志诚

　　　　姚　力　洪　波　梅国辉　李玉秀

编　　审：林晓东　李　康　魏辰皓

前言

当前，新冠肺炎疫情对全球经济社会造成了前所未有的冲击。在以习近平总书记为核心的党中央的坚强领导下，我国人民众志成城、顽强拼搏，在全球率先控制住了疫情，推动生产生活秩序加快恢复，保持经济社会发展大局稳定。但在保护主义上升、世界经济低迷、全球市场萎缩的外部环境下，我国经济运行仍然存在较大压力。

直对严峻复杂的形势，作为中国人民银行工作者，更要深入基层一线、深入市场主体、深入人民群众，扎实推进"六保"工作，落实"六稳"任务。在履职过程中，既要保证货币供应总量，又要引导资金流入实体经济；既要扩大社会融资规模，又要防止金融杠杆率过高；既要确保流动性合理充裕，又要防范金融资产泡沫；既要支持扩大消费，又要保持通胀稳定；既要做好信贷支持投放，又要警惕未来产能过剩；既要保证国内政策自主灵活，又要兼顾外部均衡；既要创新金融服务，又要严控金融风险。形势不断发展变化，我们的调研工作也需因势而进、与时俱进，既要高瞻远瞩，做到调研分析再深入，领域再拓展，质量再提高；也要俯接地气，做到调研干劲再鼓足，调研措施再细化，调研方法再创新，确保调查研究深入实体经济问题本质，研究论证发现经济金融发展规律，评估预测贴近经济金融运行趋势。

2019年，中国人民银行营业管理部按照总行党委要求和工作会议精神，提高政治站位，大兴调查研究之风，形成多层次、广参与、立体化的大调研工作格局，充分发挥出了调查研究在推动政策落实、提供决策参考、推进高效履职中的积极作用。全面研判经济金融运行状况，为加强金融支持实体经济效力提供了有力调研支持；深入调查货币政策执行传导问题，为提升逆周期宏观调控效果提供了有分量信息支撑；精准评估分析辖区金融风险态势，为维护首都金融稳定提供了有价值的分析报告；践行金融为民，深入一线调查研究，为提升金融服务水平和改善营商环境提供了有效对策建议；加强经济金融重大问题研究，为支持首都高质量发展提供了有数据支撑的措施意见。以扎实的调研、务实的举措推动各项决策部署落地生根，有力推进了新时代中国人民银行营业管理部的高效履职。

春华秋实，岁物丰成。《经济结构调整下的首都金融研究与实践》是从中国人民银行营业管理部 2019 年完成的 150 余篇调研成果中精心筛选出的 62 篇优秀成果进行编校出版。广大干部职工认真践行习近平总书记关于大兴调查研究之风的重要指示，自觉克服形式主义、官僚主义，坚持问题导向，坚持从实际出发，加班加点、忘我工作，交出了一份扎扎实实的调研信息工作成绩单，发挥了服务决策、高效履职、突出央行形象的重要作用，展现了真抓实干、求实创新的专业精神，彰显了敢于担当、无私奉献的工作作风。将这些调研成果向社会同仁分享，希望能够为首都经济金融工作提供有益参考，并衷心期待读者的批评与反馈，进一步促进我们金融研究与实践能力提升。

编　者

2020 年 7 月 31 日

目录

第一篇 / 宏观经济与金融政策篇

· 以扩大知识产权融资为切入点　助推北京市科创企业
"知产"变"资产" ………………………………………… 杨伟中　003
· 深化金融供给侧结构性改革　服务民营经济高质量发展 … 贺同宝　007
· 探索应用央行大数据　助解中关村科创型小微企业融资
难题研究 ………………………………………………… 魏海滨等　012
· "新个税法"对工薪阶层的影响 ………………… 李　杰　吴树云　017
· 把握金融发展规律　推进金融模式创新 ………… 清算中心课题组　023
· 关于加快构建金融基础设施　宏观审慎管理的政策
建议 ……………………………………………………… 李海辉等　029
· 我国央行资产负债表规模、结构与银行体系
流动性 …………………………………………… 王军只　李　丽　034
· 上市银行资产质量和经营业绩持续向好　服务实体
经济力度加大 …………………………………………… 王军只等　040
· 宏观审慎管理的法制保障研究 ………………………… 夏梓耀　046
· 提升全要素生产率　推动经济高质量发展 …………… 李　康　052
· 中国民营上市公司投资效率测算
——基于双边随机边界模型 ………………… 周　凯　赵　睿　058
· 我国一线城市住房租赁市场发展研究 ………… 赵　睿　周　凯　067
· 推动普惠金融政策改进的思考 ………………………… 唐　柳等　073

第二篇 / 区域经济篇

· 优先发展高端生产性服务业是北京市经济高质量发展的
　战略选择 ……………………………………………… 梅国辉　081
· 北京市固定资产投资特征及政策建议 ………………… 马　冰　086
· 中关村示范区科技金融业务经营模式及优化科技金融
　专营组织机构评估工作的建议 ……………………… 汤　旸等　094
· 北京市居民消费与经济增长、产业升级的
　关系研究 ………………………………………… 钱　珍　陈　娇　100
· 地方政府对企业补贴情况研究
　——以北京市为例 …………………………………… 陈永波等　105
· 北京市小微企业发展状况及问题研究 ……………… 陈永波等　113
· 国家级经济技术开发区财税问题研究
　——以北京经济技术开发区为例 …………………… 陈永波等　119
· 关于北京地区普惠型小微企业贷款有关情况的调查
　报告 ………………………………………………… 张英男　125
· 从国际比较视角看北京市产业发展中应关注的问题 ……… 杨小玄　131
· 北京市消费金融发展情况、普惠金融特征分析及建议 …… 王　京　139
· 北京市与上海市制造业发展分析及国际经验借鉴 ……… 于庆蕊　145
· 关于推动北京金融业高质量发展的思考 ……………… 高　菲　151
· 北京地区民营企业融资情况调研报告 ………… 周　凯　赵　睿　156
· 北京市现金运行特点及影响因素分析 ………………… 王　超　161

第三篇 / 金融监管与金融稳定篇

· 关于将大数据纳入征信规制化管理的思考 …………… 马玉兰　169
· 大数据在金融监管领域的应用、问题及建议 ………… 曾志诚　173
· 金融市场基础设施法规制度国际比较与研究 ………… 姚　力　177
· 数据挖掘技术在银行监管工作中的应用
　——基于神经网络算法的支付欺诈识别模型研究 ……… 韩　芸等　182

· 大数据赋能金融监管的现状与展望 ………………… 樊武星等　189
· 发挥职能优势　助力风险防控
　　——关于建设反洗钱大数据分析系统的思考 …… 赵　清　宋　然　195
· 个人线上信贷业务征信合规的研究和探索
　　——引入电子认证服务机构　创新破解征信合规难题 …… 阚胜国等　202
· 反洗钱合规管理价值创造探析
　　——以洗钱高危控制主体成本收益为例 ……………… 刘丽洪等　209
· 新常态下担保圈风险监测预警及化解研究
　　——基于陕西府谷担保圈分析 …………… 陈　涛　罗慧媛　215
· 中小企业在政府采购领域中应用预付款保函制度的
　　探讨与建议 ………………………………………… 李　伟　222
· 小微企业风险预警模型构建和应用概述 …………… 郭田田　227
· 资管新规后信托业发展面临的挑战及建议 ………… 李艳丽　232
· 个体工商户注销对行政处罚的影响和对策 ………… 王羽涵　237
· 推进普通纪念币市场健康发展的思考 ………… 王　超　马　越　243

第四篇 / 外汇管理篇

· 关于扩大人民币在对外贸易中的使用研究
　　——以原油企业为例……………………………… 刘玉苓　251
· 推动对外承包工程类企业跨境人民币使用的对策建议 …… 周　丹等　256
· 新技术助监管创新　新模式促经济发展
　　——关于区块链技术及其在跨境金融领域应用情况的
　　调研 …………………………………………… 卓　萍等　261
· 境外融资纳入社会融资规模统计研究 ……………… 卜国军　268
· 行政执法和解制度经验借鉴及政策建议 ………… 尹　潇　李　峰　275
· 完善境内机构借用"熊猫债"外汇管理问题探讨 ……… 夏既明　279
· 出口信保项目下贸易融资现状调查 ………… 宋谷予　李菲菲　285
· 区块链技术在外汇监管的应用 …………………… 孟姝希　291
· 北京地区对外知识产权交易研究 ………………… 徐海庆　297

· 跨境资本流动宏观审慎管理实践探索
　　——基于政策工具对微观企业影响的实证研究 ………… 于　莹等　303
· 北京地区稳外资进展、成效及后续值得关注的问题 …… 房媛媛等　311

第五篇 / 综合管理篇

· 关于加强中国人民银行青年履职能力建设的思考 ………… 边志良　319
· 中国人民银行对账管理存在的问题及改进建议 …………… 李玉秀　324
· 中国人民银行营业管理部干部职工思想动态
　分析调研报告 ……………………………… 宣传群工部课题组　329
· 从保卫专业理论、保卫管理体制、技术防范角度
　谈中国人民银行安全保卫工作改革发展的构想 ………… 马赛合等　335
· 突出全面从严治党主题　加强离退休党员服务与管理 …… 王保庆　340
· 关于进一步深化营业管理部职工民主管理工作的
　几点思考 ……………………………………………… 赵秋玲等　346
· 信息化建设在中国人民银行后勤工作中的应用与
　探索 ……………………………………… 李　杰　段宇芳　352
· 政务服务互联网化的探索与思考
　　——以外汇管理领域为中心 ……………………… 卓　萍等　359
· 提升问题整改质量　促进内审成果转化 ………………… 马黎宏　364
· 货币发行业务外包管理研究与探索
　　——以立体化发行库为例 ……………… 胡　月　贾凤凤　370

第一篇

宏观经济与金融政策篇

Macro-Economy and Financial Policy

以扩大知识产权融资为切入点 助推北京市科创企业"知产"变"资产"

杨伟中[*]

习近平总书记在党的十九大报告中指出，创新是引领发展的第一动力，是建设现代化经济体系的战略支撑。近年来，我国经济中技术、知识、专利等"轻资产"所占比重明显提高，而银行贷款仍然偏重机器、设备、厂房等"重资产"作为抵押，难以匹配创新型经济发展需求，对金融服务实体经济高质量发展造成很大局限。针对当前北京地区知识产权资源丰富，但科创型民营和小微企业知识产权质押融资难问题，近期我们对北京市相关机构进行实地调研，并对辖内 40 余家中资银行开展问卷调查。在此基础上，梳理出北京地区发展知识产权融资中面临的问题，并提出相应举措。

一、北京市知识产权融资基本情况和主要特点

一是知识产权质押融资登记规模大，普惠度低。据国家知识产权局统计，2018 年北京市专利质押登记融资规模中绝大多数是已经符合授信条件的大型企业追加知识产权质押形成的"捆绑式"贷款，真正的以知识产权质押为主要增信手段的融资占比极低。二是知识产权质押贷款规模小，覆盖率低。截至 2019 年 6 月末，北京市仅有少部分银行发放了以知识产权质押为主要增信手段的贷款，贷款余额和存量户数较少。在北京市 2.5 万家高新技术企业里，能够获得知识产权质押贷款的企业可谓"万里挑一"。三是综合融资成本高，质押率低。2019 年上半年，加上专业评估公司、担保公司等第三方服务机构费用，北京市知识产权质押综合融资成本在 8%～12%。四是贷款的不良率较

* 杨伟中：中国人民银行营业管理部主任。

高。北京市中资银行知识产权质押贷款不良率是普惠小微企业贷款不良率的6倍。

二、当前扩大知识产权融资面临的主要问题

一是重视有形实物资产抵押的商业银行信贷供给体系，在经营战略、产品服务、风险管理手段等方面与创新型经济发展的融资需求不匹配。知识产权大多涉及科技创新前沿领域，商业银行缺乏既懂科技又懂金融的复合型人才，难以开展知识产权质押融资产品创新和服务。在授信评级和信贷审批上，传统机器设备、土地、房产不动产抵押和担保仍是企业融资主要增信手段，而知识产权、应收账款等科创小微企业的核心资产则较难进入抵押范畴。

二是政策性银行、保险、担保机构知识产权质押融资业务量太小，与政策导向的功能定位不匹配。目前知识产权质押融资尚未形成真正意义上的市场化驱动发展，政策推动仍是知识产权质押融资发展和推广的主要推手。政策性银行、保险、担保等机构在知识产权质押融资业务中的参与程度有限，银行成为知识产权质押融资的主要风险集中点，加上缺乏质押融资风险分担机制，影响知识产权质押融资发展的广度和深度。

三是知识产权质押融资政策性风险补偿不健全，与北京市科创中心定位不匹配。目前北京市仅有两个区政府建立了"风险处置资金池"，且市财政每年对中关村企业专利质押贷款补贴资金与北京市科创企业知识产权贷款需求规模严重不符，未能有效发挥撬动作用。同时，发生不良风险后，资金池代偿审批链条较长。

四是知识产权质押中介机构少、规模小，与知识产权自身的多样性、专业性不匹配。目前北京市的知识产权运营机构虽然数量上超过30家，但以代理、咨询居多。能够提供融资前期调查、评估与后期的质物处置、变现服务的专业机构仅有一家，撬动作用十分有限。在基础设施方面，北京市也缺少集知识产权领域的专利权、版权、著作权、商标权等交易服务于一体的专业化权益性资本市场服务平台，制约了知识产权由"知产"向"资产"的转化运用。

五是知识产权质押登记机关不统一，质押登记效率较低，与提高企业融

资效率的需求不适应。目前，我国专利和商标质押登记机关为国家知识产权局①，而著作权质押登记机关为国家版权局指定的中国版权保护中心，办理质押登记手续不一致，且北京外银行办理商标权、著作权质押需到北京现场或通过邮寄方式办理，效率较低。另外，软件著作权质押流程包含查询及质押登记两个环节，办理周期一般在一个半月以上，其中查询流程一个月，如办理加急，每项著作权需额外支付费用，若涉及解押后再重新质押，或变更质押物，办理周期将会更长，企业融资时间成本过高。

三、政策建议

一是贯彻落实金融供给侧结构性改革要求，建立适应新经济的信贷供给体系。金融管理部门通过结构性货币政策工具和差异化监管机制引导金融机构调整经营理念，建立适合科创型小微企业的授信评级和审批模式；充分发挥现有政策性银行、保险和担保机构支持科技创新方面的政策引领作用，支持政策性银行建立专业部门和团队开展知识产权融资业务，完善信贷供给体系。金融机构要转变经营理念，创新体制机制，设立专营团队，对知识产权质押贷款单列信贷计划和专项考核激励，同时加强专业人才队伍建设，提升知识产权融资服务水平。

二是按照"政府引导、风险分散、市场运作"原则，建立完善知识产权质押融资风险分担机制。探索建立知识产权专项运营基金，适时扩大与社会资本、知识产权运营管理公司共同出资设立的风险处置资金池规模，前置风险补偿资金，简化代偿审批流程。支持保险机构、担保公司开发配套的知识产权保险产品和担保服务，市级融资担保基金中可划出专项额度用于支持知识产权质押贷款，提高银行等金融机构参与知识产权融资的积极性。

三是加大基础设施建设和政策扶持力度，营造知识产权质押融资服务生态圈。统一知识产权质押登记机关，采取线上方式简化知识产权质押手续及流程，提高知识产权质押效率。在整合现有资源基础上，推动建立区域性知识产权交易市场，畅通知识产权的处置转让环节。探索以政府股权投资方式扶持知识产权运营服务机构做大做强，支持其引入社会资本方式和通过兼并

---

① 2019年以前，商标质押登记机关为国家工商局。

收购壮大规模。鼓励社会机构对知识产权信息进行深加工，提供专业化、市场化的知识产权信息服务。

四是科创型中小企业要加强对知识产权的创造、运用、保护和管理。企业一方面要努力提高知识产权质量和使用效率，提升知识产权内在使用价值。另一方面也要提升对知识产权的维权与保护认知，形成自身特色的知识产权风险防范体系。

五是着力构建知识产权融资可持续发展长效机制。从中长期看，应建立以政府主导的知识产权运营基金为先导，以市场化的知识产权运营管理公司为核心，以知识产权运营服务生态圈为基石，以前置风险补偿资金池为支撑，以知识产权保护法律法规为保障，"政府+市场"双轮驱动的、基于知识产权价值实现的、多元资本投入的、覆盖企业发展全周期及知识产权市场化全价值链的知识产权融资和运营综合服务体系，打造与科创企业不同发展阶段特征相匹配的知识产权融资模式。

深化金融供给侧结构性改革
服务民营经济高质量发展

贺同宝*

民营经济"融资难、融资贵"问题是当前经济中的焦点问题。北京地区民营经济具有区域特色，金融服务供给在优化提升中，存在总量偏少、结构错位的问题。着力为民营企业提供更高质量、更有效率的金融服务，加快破除金融供给不适应经济转型和高质量发展的问题，是推进金融供给侧结构性改革的重中之重。

一、北京市民营经济特点和金融服务情况

（一）民营经济整体质量较好

一是实力强。北京市共有民营企业约 150 万户，其中规模以上民营企业近 3 万家，年营业收入约 4 万亿元，实现利润超过 2500 亿元；营业收入总额在 20 亿元以上的企业有 207 家，世界 500 强企业 3 家；民营上市企业 163 家，与全市上市公司比例过半。二是结构优。北京民营企业中，第三产业占主体地位，数量达 80% 以上，大量民营企业集中于人工智能、共享经济、精准医疗等高精尖领域；"独角兽"企业数量达 82 家，全国占比 40.6%，整体估值达 33545 亿美元，占全国"独角兽"企业总估值的 44.9%①。三是贡献大。北京市民营企业占到全市企业总数的 90% 以上，解决了 60% 以上的城镇劳动力就业；2019 年第一季度，全市私营企业入库税收合计 471 亿元，同比

---

* 贺同宝：时任中国人民银行营业管理部副主任。
① 资料来源：长城战略咨询于 2019 年 5 月 9 日发布的《2018 年中国独角兽企业研究报告》。

增长 46.37% 。当然，北京地区民营企业也存在管理不规范、财务不透明、扩张不理性等民营经济普遍存在的问题。

（二）民营企业金融服务不断改善

2018 年下半年以来，中国人民银行及相关部委着力深化民营小微金融服务，民营经济融资环境得到一定改善。2019 年 5 月末，北京市民营企业贷款余额同比增长 7.2%。但从需求端来看，金融供给侧在服务民营经济高质量发展方面仍相对薄弱，与北京着力打造全国文化中心、科创中心的要求相比，还存在差距。

二、民营企业金融供给中存在结构性问题

（一）以不动产为基础的融资抵押要求和民营企业的资产结构不匹配

一是缺少抵质押品。企业 A 反映，知识产权质押贷款手续复杂、贷款额度较小，难以满足企业需求。企业 B 表示，公司主营文化产业且具备较好的现金流，但由于缺乏抵押物，很难获得银行贷款。二是担保增信成本高。企业 C 表示，初创型企业融资需要引入担保机构进行担保，银行贷款利率加上担保费、评审费等，综合成本超过 8%。此外，银行还普遍要求企业实际控制人用家庭资产或个人财产作担保，将企业"有限责任"变成了个人"无限责任"。

（二）金融机构提供的资金期限和民营企业的实际需求不匹配

贷款短期化严重。某企业反映，中长期贷款到期续贷时，银行要求增加房产抵押或是担保增信，获批的贷款也大多数都是一年期的流动资金贷款。

（三）信贷产品供给与北京民营企业特点不匹配

一是纯信用贷款占比低。2019 年第一季度末，北京市科技金融试点银行纯信用贷款在各项贷款中的比例仅为 1.5%。二是应收账款融资少。辖内中资银行中仅 21 家开展了小微企业应收账款融资业务，贷款余额占全口径小微

企业贷款余额的比重仅为 7%。三是知识产权质押难。辖内中资银行中仅九家开展了知识产权质押融资业务，贷款余额不足 5 亿元。某银行反映，单独将知识产权作为融资担保方式的情况几乎没有，因为一旦出险，银行很难对质押的知识产权进行处置。

（四）直接融资比例低、门槛高、周期长，与北京科创民营小微企业的融资需求不匹配

一是上市、发债门槛高。仅有极少数大型民营企业才满足上市条件，且企业在交易所或银行间市场发债的条件也高。二是股权投资"耐心资本"少。某公司反映，2018 年公司接待了至少 30 家投资者，成长型的科创企业由于前期巨大的研发投入使其短期内财报表现不佳，最终难获投资人青睐。三是科创民营小微企业股权融资难。据中关村管委会统计，2018 年中关村1.82 万家科创民营小微企业中，仅有 800 余家企业获得 700 亿元左右的天使投资。

三、原因分析

（一）银行获取企业信息的渠道少，信息不对称导致银企对接不畅

中国建设银行北京分行、工商银行北京分行、华夏银行北京分行等多家机构反映，虽然银行一直在探索基于大数据应用来提高企业信用贷款的投放能力和效率，但公积金、社保、税务、工商、海关、司法等重要的企业经营数据都分布在各相关政府部门，很难通过正规渠道获得，而通过购买第三方服务获得的数据稳定性差、成本高且存在较大法律风险。

（二）知识产权的评估、处置体系不完善，质押贷款业务操作复杂、成本较高

浙商银行北京分行表示，市场化的知识产权评估机构较为缺乏。北京银行反映，知识产权质押贷款业务手续复杂，评估公司进行评估至少需要 1~2周，在知识产权管理部门质押登记时间长（专利权 7 个工作日，商标权 15 个

工作日，著作权约 2 个月），如涉及解押后再重新质押，办理周期将会更长。此外，知识产权质押融资评估费一般为贷款金额的 2% 左右。

（三）应收账款确权难、信息核实难、质量评估难

一是核心企业不愿意对应收账款进行确权。某公司反映，大中型国有企业较为强势，不愿为供应链的上下游民营企业、小微企业的应收账款确权。二是银行对于应收账款的真实性难以判断。由于核心企业参与应收账款融资的积极性不高，小微企业的财务制度大多不完善、贸易伙伴多处异地，银行对异地应收账款的情况进行确认困难。三是应收账款的质量难判断。供应链业务中存在供应商将同笔应收账款通过其他方式质押或转让给第三方的情况，造成银行债权蒙受损失以及更多的维权成本。

（四）授信尽职免责制度出台易、执行难

目前，辖内 36 家中资银行（不含村镇银行、中信百信银行）中有 35 家银行明确制定了相关的授信尽职免责的规则制度。经初步统计，2018 年 1 月至 2019 年 4 月末，36 家银行中共计 5000 余人次涉及授信尽职免责的责任认定，其中，将近 3400 人次被认定为有责。

四、政策建议

（一）优化金融市场供给结构，提高民营企业直接融资比重

建立健全多层次资本市场，发挥好科创板优势，深化创业板和新三板发行与交易制度改革。丰富债券市场品种和层次，降低民营企业、中小企业发债门槛，扩大中长期债券规模；支持中小型民营企业发行高收益债券、私募债券和其他专项债务工具；运用市场化信用增进工具，帮助民营企业解决发债难的问题。

（二）改革银行体系结构，丰富民营企业金融服务供给主体

引导鼓励商业银行结合民营企业融资需求，完善绩效考核、创新产品服务，提升服务民营企业质效。加强对城商行、农商行的专项指导，督导其业

务加快回归本源。促进民营银行健康发展，鼓励其进行产品、服务、管理和技术创新。

（三）完善风险分担机制，提高金融服务民营企业的商业可持续性

建立由政府、企业和金融机构多方联动的民营企业融资风险分担处置机制，加强地方性增信、担保机构建设，综合运用风险补偿、保费补贴、代偿补偿等举措，提升政府性融资担保机构服务民营企业水平。支持地方政府设立政策性风险补偿专项资金，重点为对民营企业和小微企业首贷、转贷、续贷等提供增信服务。

（四）整合构建"央行大数据"系统，支持银行提升民营经济信贷投放能力

充分挖掘中国人民银行内部的数据资源，整合支付清算系统、国库系统、账户管理系统、征信系统等金融基础设施的数据资源，构建中国人民银行大数据系统。在保证数据安全的前提下，为金融机构开展业务提供多维度数据支撑。支持有能力、有条件的银行发放纯信用贷款。强化金融机构专项考核激励，扩大知识产权质押融资规模。大力拓展动产质押融资。

探索应用央行大数据　助解中关村科创型小微企业融资难题研究

中国人民银行（以下简称央行）在履职中积累了大量涉企经济金融数据，对解决小微企业精准画像难、银企信息不对称等问题具有重要价值，也是精准服务实体经济、推动金融供给侧结构性改革的有效抓手。但目前"央行大数据"尚处于起步阶段，价值有待充分挖掘。对银行、数据科技公司等机构调研发现，银行支持小微企业融资仍面临数据来源渠道有限、质量参差不齐、审贷核心数据获取难、贷中贷后监控数据不足等问题，普遍对企业缴税、跨行流水及整体债务等数据有迫切需求，探索"央行大数据"适宜的落地方式，对于增强银行精准服务小微企业能力、解决科创型小微企业融资难题能够发挥积极作用。

一、中关村科创型小微企业信贷情况和银行大数据应用特点

从供给侧看，科创型小微企业金融供给总量不足、结构失衡，普惠程度不高等问题依然不容乐观。截至 2019 年 6 月末，26045 家中关村高新技术企业中有 8003 家企业发生过贷款，信贷覆盖率 30.7%，有存续期贷款企业 4599 家，贷款余额 1.3 万亿元。其中，注册资金 500 万元以下企业 6301 家，信贷覆盖率仅 14.4%，存续期贷款余额 27.1 亿元，占比仅 0.2%。科创型小微企业特别是微型企业信贷覆盖率低的问题仍然突出。

普惠金融实践表明，大数据能够在深化小微企业金融服务中发挥重要作

* 魏海滨、王磊磊、齐雪菲、申明珠：供职于中国人民银行中关村中心支行。

用。传统金融模式小微企业信贷有三难：一是信息不对称，二是服务成本高，三是风险判断难，最终在供给侧成为小微企业贷款难、贵、慢的诱因。近年来，随着大数据在普惠金融领域的广泛应用，通过大数据交叉验证、客观画像，可以更加准确地衡量小微企业信用风险，通过线上线下结合，有效缓解小微企业信贷三难问题。

然而调研发现，多数银行在运用大数据服务科创型小微企业时，仍面临数据获取渠道少、难度大、准确性较低等诸多问题，突出表现在以下方面：

一是银行挖掘可贷客户缺乏充分数据支撑。小微企业普遍规模小、治理不完善、财务制度不规范，披露的数据难以确定真实性，可参考性不强。银行无法真实准确地了解小微企业经营状况和信贷风险，难以在庞大的小微企业群体中挖掘可贷客户。

二是审贷核心数据获取难度大。银行审贷最关注企业缴税、多头借贷等数据，但业务实践中上述数据难以获得。一方面可获得的缴税数据少，难以有效支撑数据分析。另一方面银行仅掌握企业在本行的结算数据，缺少企业整体资金流数据，无法全面了解企业经营及信贷状况。

三是贷中贷后监控数据资源不足。银行贷中贷后管理是控制风险的重要环节。小微企业的经营财务状况不断变化，但由于欠缺结算流水等数据，银行缺少贷款用途核查和资金流水监控途径，仅通过还款情况进行贷中贷后管理，风险判断滞后，风险控制难度大。

二、"央行大数据"助力提升金融机构服务小微企业能力

(一) 营业管理部大数据平台建设情况

目前大数据平台包括数据接入、数据仓库、数据处理、数据治理、平台管理五个部分，主要面向金融机构和内部系统采集数据：一是支付系统流水信息，记录资金来源和流向，是企业经营状况在资金层面真实直观的展示。二是国库3T系统包含逐笔国库经收数据，体现企业经营状况。三是工商信息应用系统的企业登记信息，为关联分析提供基础。四是征信应用分析系统的企业信贷数据。五是各类汇总报表、指标类数据。

（二）营业管理部大数据可为缓解小微企业融资问题提供技术支撑

一是梳理交易流水和国库经收数据，为银行提供小微企业经营信息，缓解银企信息不对称。国库经收数据直观反映企业实际经营状况，流水数据反映企业上下游资金往来特征和流动性状况，应用大数据技术对其交叉分析，可较为全面地刻画小微企业画像，为银行判断其信用状况提供数据支撑。

二是多维分析小微企业信贷情况，找准问题点精准施策。营业管理部大数据平台已汇集部分企业高粒度数据，可大纵深、多维度全面深入分析小微企业信贷状况，发现特定规模、特定技术领域企业信贷融资突出问题，找准融资难点痛点，精准施策。

三是应用机器学习算法判断"零信贷企业"信贷可得性，支持银行精准拓展无贷客户。前期营业管理部针对 2.6 万家中关村高新技术企业，通过重点提取其国库经收数据，运用机器学习算法对企业能否获得贷款进行学习和预测，预测准确率达 69.4%。其中 983 家企业属于"零信贷企业"，但预测结果为可获得贷款。反映出由于缺乏数据支持，银行难以发现也难以衡量这些潜在优质客户。

（三）央行大数据应用中面临的约束和问题

一是技术约束，数据的深度、广度仍然有限。央行积累了海量宏观经济金融运行报表类、指标类数据，但掌握的微观主体数据主要集中于支付清算、国库经收、企业个人征信等领域，微观主体信用评价方面的数据维度不够丰富。同时，央行获取的政务数据仍然有限，普遍存在数据项少、维度不足等问题，且缺乏时序数据积累，加大了应用难度。

二是法律约束，数据权属和使用尚需明确法律依据。国库经收、支付清算等数据是银行提供信贷服务最迫切需要的重要数据。但上述数据涉及微观主体经营和资金流转等敏感信息，根据数据来源分属不同主体，央行采取何种方式对外提供，既合法规范又务实高效，尚待进一步探讨。

三是安全约束，数据分层、权限分级管理难度大。央行营业管理部现有数据来源不同、权属不同使数据安全要求差异大，数据集中使用须兼顾实用性、数据权限、应用权限等多方面，须建立完善的分层控制管理体系，确保数据安全。

四是渠道约束，需建立向金融机构提供数据的适宜方式。"央行大数据"应用落地的前提是建立适宜的渠道。选择哪些银行、以何种方式确保合规、长效地提供数据，把数据用好、用实，切实支持银行做好小微企业金融服务，都是尚需解决的课题。

三、在中关村高新区探索应用"央行大数据"的初步构想

（一）应用基本原则

一是安全规范，严格管理。明确数据权属，不直接对外提供企业明细数据；对敏感数据与应用访问实施分层管理与权限控制，跟踪数据轨迹，加强隐私数据管控，确保数据安全。

二是问题导向，服务实体。系统应用架构应满足银行大数据分析需求，能够解决服务小微企业融资的实际问题；应用开发设计符合银行大数据分析模型，能够指导实际工作，提高工作效率。

三是试点先行，审慎推进。在重点领域小范围试点先行，开展大数据创新应用，构建数据模型和算法辅助决策，加强运用大数据提升履职效率，提高解决现实问题的能力。

（二）应用模式设想

一是搭建分析模型，向银行提供潜在可授信企业"白名单"。由央行搭建模型分析企业数据，筛选潜在可授信企业，并向银行提供企业"白名单"，由其与企业自主对接拓展信贷业务。该模式银行需使用传统方式与企业沟通了解信息，是应用大数据服务小微企业的初级阶段，适用于未广泛应用大数据的银行。

二是建立标签体系，向银行提供企业标签服务。通过标签定性或定量描述企业经营情况、上下游交易特性、产品属性等特征，或进一步对企业属性、付款行为等抽象聚类，形成概括性标签或指数。银行应用标签或指数结合自有数据和分析模型生成精准用户画像，支撑科创型小微企业融资服务。该模式易应用、见效快，但在银行的实用性有待实践。

三是采用联合建模方式，由银行在央行大数据平台构建分析模型。银行在央行大数据平台搭建分析模型，分析结果与自有数据结合再进行联合分析。

数据不离开央行本地,兼顾数据安全及实用性。该模式应用效果已受到市场肯定,但对银行有较高的数据应用和建模分析要求,门槛较高。

(三) 应用发展建议

1. 加强统筹规划,将支持小微企业融资纳入大数据建设整体规划,提升"央行大数据"对小微企业融资的支撑作用

一是加强战略规划,将支持小微企业融资作为央行大数据建设的目标之一,在数据治理、数据融合、数据应用等方面做好顶层设计,充分发挥央行大数据对小微企业融资的促进作用;二是深化应用研究,探索"央行大数据"在宏观信贷政策执行、中观产业运行监测与微观金融服务能力提升等方面的应用价值,把"央行大数据"平台建设成为传导小微金融政策、深化金融服务、防控金融风险的基础设施;三是提升精细化水平,推动机构报送数据由报表类向明细化转变,从数据源头提高数据粒度,为实现更高数据粒度的融合奠定基础。

2. 加强数据合作,促进跨部门数据规范共享,丰富小微企业数据维度

一是扩大"央行大数据"平台数据来源,增强政务数据共享,拓展涉企数据广度与深度,实现企业全景式画像构建。二是制定数据融合应用标准,打通应用通道,破除部门间数据壁垒,实现数据资源有效整合与深度利用。

3. 加强数据管理,明确数据使用权限与使用方式,确保小微企业数据安全

一是建立健全数据分层管理体系,根据数据权属、敏感程度等确定数据安全等级,严格限定接触范围。二是明确数据权属,针对不同来源、不同主体的数据,判别央行的数据权利,确定数据接触范围和可应用程度,确保数据合法合规利用。

4. 加强研究应用,联合市场机构共同推进小微金融大数据建设,提升小微企业金融服务能力

一是发挥市场机构贴近市场、了解小微企业金融需求优势,充分利用其研究力量及数据分析经验,以联合研究、"数据沙盒"等方式,共同搭建分析模型,提升模型监测和预测能力。二是深入研究"白名单"、打标签、联合建模等模式的适用场景,对金融机构分类施策,提供高效匹配的小微金融数据支撑。

"新个税法"对工薪阶层的影响

李　杰　吴树云*

2019年1月1日,《中华人民共和国个人所得税法实施条例》正式实施。此次税改让千家万户的老百姓获得了实惠。尤其是作为中国纳税主力军的工薪阶层从中切实获得了利益。本文就新税法在实施过程中,因纳税机制的改变而对工薪阶层可能产生的影响进行分析,并提出相关建议,以期更好地落实和完善国家的这项惠民政策,使更广大工薪阶层能充分地享受到新税法带来的利益。

一、新、旧个税法比较

新的个人所得税的纳税机制发生了巨大变化,课税期和计税方式由原来的按月扣缴改为按月预缴、年终汇算清缴;征管方式由原来的源泉申报改为源泉加自行申报;部分税率级距进行了扩大,也相应降低了税率,以及新增的专项附加扣除等都是前所未有的改变。如表1、表2所示。

表1　新、旧个人所得税对比

	新税法	旧税法
起征点	5000元	3500元
课税期及计征方法	按月累计预扣预缴按年汇算清缴	按月代扣代缴
征管方式	源泉和自行申报	源泉扣税
税率级距	大	小

*　李杰、吴树云:供职于中国人民银行营业管理部后勤服务中心。

	新税法	旧税法
可扣除项目	除三险一金外，增加六项专项附加扣除：子女教育、继续教育、大病医疗、住房贷款利息、住房租金、赡养老人	三险一金

表2　新、旧个人所得税税率对比（居民个人工资、薪金所得预扣预缴适用）

税率（%）	新个税（折算到每月）		旧个税	
	应纳税所得额（元）	速算扣除数	应纳税所得额（元）	速算扣除数
3	≤3000	0	≤1500	0
10	3000~12000	210	1500~4500	105
20	12000~25000	1410	4500~9000	555
25	25000~35000	2660	9000~35000	1005
30	35000~55000	4410	35000~55000	2755
35	55000~80000	7160	55000~80000	5505
45	>80000	15160	>80000	13505

可以看出，同旧个税法相比，收入增加的原因为：第一，纳税起征额提高至5000元；第二，个税与家庭负担挂钩，大多工薪阶层至少有一两项以上的家庭负担支出符合专项附加扣除；第三，优化调整部分税率级距，也就相当于降低了税率。

然而，在收入增加的同时，由于新个税法纳税机制的改变，以及全国范围内"一刀切"的做法，也使新政在实施过程中给工薪阶层带来一些问题和影响。

二、新个税法对工薪阶层产生的影响及原因

（一）新个税法对工薪阶层收入两端人群受益有限

同旧的个人所得税法比，新个税法使工薪阶层的中间收入人群在此次改革中享受红利最多，减税比例高达25%~100%。平均每月可以少缴约150~

2700 元的个人所得税，使近年个税征管中的"工薪税"状况有了很大改观。相比之下，工薪层收入两端人群受益有限，因此可能产生如下问题：

1. 较低收入人群获利甚微，易产生"红利与我无关"的心理落差

月收入在 6000 元以下人群受益不大，原因是通过专项附加扣除，基本达不到纳税起征点，虽然同旧税法比少交一点个税，但获利有限。尤其对于 5000 元以下低收入人群，获利甚微，几乎可以忽略不计（见表 3）。在一、二线城市中，5000 元收入维持基本生活已是入不敷出，更何况还有住房和子女教育等压力。因此，这次改革红利对于这部分群体几乎享受不到。

月收入 3500 元以下群体，未受益，因为原本就不用交税，更未达到纳税起征点。

表 3　不同收入水平新、旧税法下纳税情况对比　　　　单位：元

月收入（扣除三险一金后）	旧税法（起征点 3500 元）				新税法（起征点 5000 元）					
	应纳税所得额	税率（%）	速算扣除数	应交税	应纳税所得额	税率（%）	速算扣除数	应交税	少交税	减税比例（%）
6000	2500	10	105	145	0	3	0	0	145	100.00
10000	6500	20	555	745	3000	3	0	90	655	87.92
15000	11500	20	555	1745	8000	10	210	590	1155	66.19
19000	15500	25	1005	2870	12000	10	210	990	1880	65.51
25000	21500	25	1005	4370	18000	20	1410	2190	2180	49.89
32000	28500	25	1005	6120	25000	20	1410	3590	2530	41.34
40000	36500	30	2755	8195	33000	25	2660	5590	2605	31.79
42000	38500	30	2755	8795	35000	25	2660	6090	2660	30.24
50000	46500	30	2755	11195	43000	30	4410	8490	2705	24.16
62000	58500	35	5505	14970	55000	30	4410	12090	2880	19.24
80000	76500	35	5505	21270	73000	35	7160	18390	2880	13.54
87000	83500	45	13505	24070	80000	35	7160	20840	3230	13.42
150000	146500	45	13505	52420	143000	45	15160	49190	3230	6.16

注：为便于比较，本表中"新税法"栏次数据按月折算；专项附加扣除暂按多数情况 2000 元计算；本表"月收入"为截取不同收入部分区间，与实际略有出入。

2. 高端收入人群受益不大，影响积极性

当月收入达到 8.7 万元以上时，新个税法同旧个税法的税率没有变化（见表3），税红利很少。如月薪 15 万元人员在新税制下需交 4.92 万元个税，比旧税法少交 0.32 万元，净收入约 10 万元，收入中的一少半需要作为税负缴纳税务局。当然，高收入者理应缴纳更多的税收，但是，各行业高端人才对我国的改革开放和社会经济发展起着重要的作用，过高的税负助长了纳税人逃税激励，不利于高端人才工作的积极性。第十三届全国人大代表雷冬竹曾说："现在一个院士或博士后的收入动辄超过百万，过高的税率不利于留住人才"。所以，在当今全球化的经济环境下，人才和资本的流动性非常大，如何通过税收政策留住人才、吸引人才值得重视。

（二）个人税负先低后高容易产生误读

由于新税制对工资薪金所得是按累计预扣法计算预扣税款，并按月办理全员全额扣缴申报，因此，当累计收入超过某一纳税级次节点时，税率会相应发生变动，由此对于年收入超过 36000 万元的且每月收入基本固定的工薪层员工来说，其税负随着月份后移会出现先低后高的情况发生，似乎造成个税越缴越多，实际到手收入越来越少。下面，以全年应纳税所得 6 万元和20.4 万元为例列表说明（见表4 和表5）。

表4　新、旧税制税负变化一览　　　　　　　　　　　单位：元

月份	全年应纳税所得额 6 万元							
	新税法				旧税法			
	应纳税所得额	税率（%）	速算扣除数	应纳税额	应纳税所得额	税率（%）	速算扣除数	应纳税额
1~7	5000~35000	3	0	150	5000	20	555	445
8	40000	10	2520	430	5000	20	555	445
9~12	40000~60000	10	2520	500	5000	20	555	445
累计	60000	—	—	3480	60000	—	—	5340
月平均	5000	—	—	290	5000	—	—	445

表4 中，当 8 月累计预扣预缴应纳税所得额达到 4 万元时，本期应预扣预缴税为 430 元，比 7 月 150 元有所增加。按照新算法，全年共需缴税 3480

元，共节约 1860 元个税，变相增加了 1860 元收入。

表5　新、旧税制税负变化一览　　　　　　单位：元

月份	全年应纳税所得额20.4万元							
	新税法				旧税法			
	应纳税所得额	税率（%）	速算扣除数	应纳税额	应纳税所得额	税率（%）	速算扣除数	应纳税额
1~2	17000~34000	3	0	510	17000	25	1005	3245
3	51000	10	2520	1560	17000	25	1005	3245
4~8	68000~136000	10	2520	1700	17000	25	1005	3245
9	153000	20	16920	2600	17000	25	1005	3245
10~12	170000~204000	20	16920	3400	17000	25	1005	3245
累计	204000	—	—	23880	204000	—	—	38940
月平均	17000	—	—	1990	17000	—	—	3245

注：新税法本期应预扣预缴税额 =（累计预扣预缴应纳税所得额×预扣率−速算扣除数）−累计减免税额−累计已预扣预缴税额；旧税法本期应纳税额 = 本期应纳税所得额×税率−速算扣除数。

表5同理，3月和9月税率变动，税负也相应增加，但全年总税负不变，且比旧税法节税 15060 元。因此，工薪层月收入基本固定的情况下，新税法比旧税法可获得更多收入。

（三）高物价水平地区改革力度不够

虽然新税法将家庭生活负担纳入专项附加扣除项目进行抵扣，但是，不同的物价水平地区对工薪阶层的实际纳税能力有着很大影响。显然，一、二线城市的物价水平明显高于其他地区。尤其是子女教育和住房支出，在一、二线城市纳税人的负担明显高于其他地区。据国家统计局 2017 年数据显示，我国城镇居民年人均消费支出水平较高的北京为 40346.29 元，与较低的贵州 20347.79 元相比，高出近 2 倍之多，其地区差异性非常明显。如住房压力，现在的一、二线城市房地产虽然遵循着"房住不炒"的原则，但依然高高在上的房价，让只有单一收入来源的工薪阶层也是"望洋兴叹"，生活总成本的不同，造成税务上的实际不平等。因此，全国范围内"一刀切"的税收政策对于调节收入分配的公平作用有限。

三、建议

（一）对收入两端部分群体实施优惠政策

1. 对低收入人群采取返税补贴政策

李克强总理曾在 2018 年 9 月 6 日国务院常务会议上就专项附加扣除内容说："我们今天讨论的这一专项附加扣除范围和办法，要尽可能惠及更广泛的群体。"因此，建议对有实际家庭重负的低收入工薪层采取返税补贴政策。如月收入 5000 元，但有子女教育和住房贷款负担的也可以在专项附加扣除栏申报填写 2000 抵扣额，并按对应的 3% 的预扣率计算（或设定一个返税率的标准），年终汇算清缴时可获 2000×3%×12 = 720 元的返税补贴，以此作为对低收入工薪阶层有家庭重负的员工提供的一个福利补贴，让更多的工薪层享受到专项附加扣除的优惠，不仅消除他们"改革红利与我无关"的心理落差，也更好地体现税收取之于民，用之于民的理念。

2. 实施高端人才税收优惠政策

针对各行业高端人才，根据其专业贡献大小制定相应税收减免标准，对符合减免税标准的人才，实行税负减免政策，比如发放免税奖金、降低其应税所得对应的税率，或采取退税优惠等政策，以此提高高端专业人才的工作积极性，激励高端专业人才更高效地发挥自身能力，创造出更大的社会价值。

（二）财、税人员尽早培训和讲解

财、税人员尽早做好解释宣讲工作，帮助员工理清税负先低后高的原因，是因为征收制度的变化导致，按年汇算实际收入不仅没减少还有增加。还可利用微信等电子平台，对员工提出的问题进行讲解、答疑，以免造成对新税法的误读。

（三）调整高物价水平地区纳税征收标准

调整高物价水平地区纳税征收标准，对实际生活负担重的家庭提高相应的专项附加扣除费用标准等，来减轻高物价地区生活负担的压力，避免税负实际上的不平等问题。比如，提高起征额，进一步扩大纳税级距以及增加二孩家庭专项附加扣除标准等。

把握金融发展规律　推进金融模式创新

清算中心课题组

目前，我国经济已进入工业化后期，靠规模扩展和投资拉动不足以维持较高的增长速度，甚至面临落入中等收入陷阱的危险。加快转型并实现创新增长是我国经济实现跨越的最优路径。作为推动创新经济发展最重要的动力和条件之一，如何引导金融支持创新经济发展，需要系统思考和加强顶层战略设计。

一、金融模式演进及创新金融特点

以经济主动力为标准，现代经济体系大致分为蒸汽机时代、电力电气时代、通讯时代和智能时代四个阶段，与之相配合的金融模式相应称为"金融1.0"至"金融4.0"。

"金融1.0"的债权融资以抵押质押等担保形式为主，股权融资处在内源融资阶段；"金融2.0"的债权融资逐渐向信用融资方式变迁，股权融资逐渐向股票市场发展；"金融3.0"的债权融资模式向企业信用评价和公司估值并重转变，股权融资主要以公司价值评估为风控指标；"金融4.0"是智能金融模式和未来变革方向，个性化融资和智能融资相互融合发展，股权融资和债权融资加快融合发展。

其中，"金融3.0"是创新经济体系下典型的融资模式。近年来，"金融4.0"已经在金融体系中初具形态，形成了创新经济体系下的现代金融发展的"三驾马车"。创新金融的主要特点如下：

経済结构调整下的首都金融研究与实践

（一）现代金融基础设施完备

一是企业信用评级体系走向成熟。20 世纪 30 年代大危机之后，信用评级服务的理念和手段得到快速发展，逐步推出了公司债券信用评级等多项业务。到 20 世纪 70 年代，信用评级逐步走向成熟，穆迪、标准普尔和惠誉国际等公司逐渐确立了行业主导地位，业务范围覆盖金融工具评级以及企业法人、金融机构、国家主权评级，并具有国际影响力。

二是个人信用评分标准化发展。随着许多基于统计学和运筹学的定量分析工具被使用、非参数模型和人工智能模型的引入，信用评分体系和方法得到完善与推广，科学性得到提高。FICO 评分方法发明后，个人信用评分标准化快速推进。

三是风险管理工具逐步丰富。金融衍生品市场的快速发展，促使进一步强化信用风险管理。信用违约互换、信用利差期权以及总收益互换等信用风险管理工具的诞生，信用风险管理工具技术得到充分发展。随着市场对信用风险的关注日益加强，信用风险定价模型不断被开发出来，并取代以统计分析为基础的传统管理方法。

（二）以风险定价为核心的债权融资模式发展成熟

一是债权融资信用风险定价管理技术快速发展。随着风险管理体系在市场风险管理方面的考验日益严峻，金融机构不断强化信用风险暴露的定价管理。Merton 模型可以用于确定金融工具信用风险的利差结构和期限结构，进而加强资产组合的信用风险管理。

二是资产组合风险管理方法不断完善。J. P. 摩根、美洲银行等开发了信用风险矩阵模型，KMV 公司研发了 KMV 模型等，蒙特卡洛方法被用于穆迪公司的违约评级研究。

三是信用风险处置手段逐步完备。经营主体加强具体信用风险管理和处置的方式和手段逐步完备与多样化。管理部门降低系统性信用风险、加强管理和风险对冲的主要方式也逐步完善。

（三）以公司价值评估为基础的股权融资模式健全

美国股权投资体系的形成和发展是创新经济重要的支持力量之一，推动一大批高科技公司在风险投资的支持下迅速成长。

一是股权投资体系形成。目前,美国已形成从天使投资到风险投资到私募股权投资到上市融资的完整的、流水线式的体系,股权投资在美国已成为仅次于银行贷款和 IPO 的重要融资手段。

二是公司价值评估技术积累。经过技术发展和长期的经验积累,形成了系列公司价值评估模型,美国股权投资人已形成各具特色的价值评估和股权投资模型。

三是股权投资交易和退出非常便利。得益于交易系统的发达、各种股权投资人的多样性和股权投资资产庞大的规模,投资人能很便利地找到购买人,实现自己的盈利预期。

(四)“金融 4.0”是智能经济时代的典型模式

一是互联网带来联通和创新便利。互联网和移动网络使所有客户对所有金融机构的连接变得方便而容易,金融供求实现集中对接,从而打破了银证保以及银行、证券、保险等单个机构之间的界限,P2P、众筹、互联网保险等业态纷纷涌现。

二是大数据使供求更加个性化。通过掌握庞大客户群体的大数据,供给端能分类选出相对符合现有客户理财偏好的金融产品,需求端能收集、提炼和挖掘客户的潜在金融需求和倾向,实现初步的金融供求的对接和开发。

三是创新为智能金融提供了技术保障。金融机构的智能化生产设计系统、智能化的销售和匹配体系等必将研发出来,从而将金融产品有针对性地推送给个性化客户。

二、当前我国金融模式在支持创新方面滞后

当前,我国正处于加速转型的金融模式混合发展阶段,主体模式处于从“金融 1.0”向“金融 2.0”转型的过渡时期;“金融 3.0”有了初步的培育和发展,尚没有形成完备的体系;“金融 4.0”正在萌芽,仍没有走到爆发的“风口”。主要表现在:

一是关于信用评价方面的金融基础设施发展严重滞后。在企业和居民个人的信用基础数据方面,存在严重条块分割现象,很难做到各部门之间的信用基础数据互通共享,导致市场化的大数据征信机构的基础数据严重缺失,

不足以形成有影响力的征信机构。此外，我国在信用评价或评价机制建设方面更是落后，不仅没有信用评估或评价体系，也没有失信惩戒机制或个人破产机制。

二是金融战略转型定位不清晰。银行在我国的金融模式中仍处于主导地位，经营意识落后。支持创新发展的信贷方式、向风险管理要利润的意识没有形成，民营企业在信贷、审贷、放贷、风险处置等方面处于劣势地位，财务约束、风险定价、不良容忍以及考核机制与创新经济的要求尚有较大差距，发展转型意识尚待强化。金融市场较少关注场外市场交易和私募市场发展。民间融资市场发展不充分，中小企业融资发债困难。

三是金融监管理念和体制改革没有跟上技术及市场发展的要求。当前我国金融监管体制条块分割严重，存在银行、证券、保险三个子行业，各子行业均有自己的监管机构，对金融机构的监管政策存在较大差异。另外，在子行业内部也存在领域的分割，缺乏一套有效的拓展、定价、管理和处置等良性的持续发展的制度框架。

四是金融生态环境仍有诸多需要完善之处。当前，我国诚信环境不彰，创新金融的法制环境也不尽如人意，金融资产保全法律还存在诸多不完善、不可执行之处。政策风险补偿机制还没有建立，创新金融的风险明显高于社会平均风险水平。另外，金融中介服务环境也需要加快培育和发展，其严重制约着创新金融的发展。

三、完善我国金融模式的政策建议

我国正处在经济转轨过程中，需要着力打造创新经济体系，加快塑造与之相适应的金融模式。从长远和系统的角度来看，需要加快完善金融模式：

一是加快完善信用评估或评价体系基础设施，包括加快征信基础数据联网，促进信用征信和信用评级机构规范发展，建立失信惩戒机制等。二是明确金融机构支持创新经济的战略定位，加快资产证券化等盘活存量资产和金融风险分担等金融产品的发展，建立风险定价机制并加快消除制度套利的根本因素，加快建立风险投资基金私募市场和三板、四板等柜台市场的发展，推进场内交易的注册制发行，让更多的创业创新企业获得资金。在这种规范有序的股权融资制度下，价值投资将大行其道而推进创新经济发展。三是深化金融监管理念与体制改革，包括统一金融机构的监管标准，建立良性的不良监管和核销机制以及规范新型金融机构特别是互联网金融等"金融4.0"业态的发展。四是建立良好的金融生态环境，包括建立政策风险补偿机制、加快诚信环境和法制环境建设、促进金融中介服务机构发展以及营造良好的公平的金融市场环境。五是建立稳健的货币政策环境，保持货币供给环境的基本稳定，以保证创新经济的基本需求而不造成通货膨胀。维护跨境资金的有序流动和内外平衡，避免外汇资金大幅流进流出的短期冲击。

短期内，为加大金融对创新经济的支持力度，我们提出以下几项具体建议：

一是在科技创新示范区域建立基础信用数据互联的征信试点机构。可以选择在创新经济试验区比如中关村、武汉东湖、上海张江、深圳、苏南等14个国家自主创新示范区开展先行先试工作，成立统一的园区企业征信系统，将各部门掌握的相关信息统一纳入基础数据库进行动态综合管理。在此基础上，建立企业信用评价或信用评分体系，并健全失信惩罚或破产机制，提供给园区科技金融专营机构使用。

二是推动相关政府部门建立信用风险补偿基金或补偿机制。目前各示范区政策性科技担保公司的运作理念没有达到创新经济对信用风险管理的要求。改进这一信用风险补偿机制有两条路径：其一，在原有担保公司的基础上，按园区企业的信用风险程度提高代偿率和代偿损失率，并建立担保基金补充机制，规定财政资金按年补充代偿损失资金。其二，成立专门的信用风险补偿基金，将创新企业过高的信用风险由担保基金分担，保证金融机构正常的风险管理收益。

三是在科技创新示范区探索科技金融机构的独立考核及监管机制。支持成立科技创新银行，鼓励银行业金融机构成立科技金融专营机构并享受园区的征信信息和政策补贴。管辖行要对专营机构进行单独的利润核算，在不良资产管理、拨备金要求、坏账核销政策等方面营造可持续发展的监管环境和金融生态。科技金融机构要加快培养针对技术创新企业的信贷专业人才，在授信管理、信贷流程、业务拓展、风险定价、资产管理以及资产保全等方面建立适合创新经济的标准或体系，并建立相应的考核评价指标体系。

四是推动股权债权投资的私募市场和场外市场发展。创新示范区要积极发展股权私募市场，为股权私募、债权私募提供对接平台，也可以提供引导资金及相关政策支持。同时，要积极规范发展区域股权交易市场即四板市场，创新金融产品、建立机制体制，吸引各类资金汇集示范区，为园区创业创新企业拓展投融资渠道，加快形成支持创新经济发展的金融市场。

五是打造新型金融业态规范发展试验区。我国经济升级转型恰逢互联网经济蓬勃发展，在传统金融机构之外，出现了众多市场化投融资机构。创新示范区应抓住机会，充分发挥市场机制的决定性作用，建立金融机构准入、退出和风险处置的市场化机制，探索各类新型金融机构规范发展经验，畅通社会资金的流动和运作，加快形成高效有序的区域金融市场体系。

关于加快构建金融基础设施宏观审慎管理的政策建议

李海辉等*

一、我国金融基础设施现状

（一）硬件设施相对完善

我国金融市场基础设施包括五大板块：

1. 支付系统

目前，我国形成了以中国人民银行（以下简称央行）现代化支付系统为核心，银行业金融机构行内支付系统为基础，票据支付系统、银行卡支付系统、互联网支付等为重要组成部分的支付清算网络体系。

2. 中央证券存管与证券结算系统

目前，我国形成了中央结算公司、中证登、上海清算所三家中央证券存管系统，负责债券、股票等证券的集中托管，同时也是金融市场中的证券结算机构。

3. 中央对手方（CCP）

央行于 2009 年 11 月推动成立银行间市场清算所股份有限公司。目前，上海清算所已经初步建立了本外币、多产品、跨市场的中央对手清算业务体系，先后在债券现券、外汇、航运衍生品和利率互换等产品领域建立了集中

---

* 李海辉、吕伟梅、李文姣、张骁、毛星宇：供职于中国人民银行营业管理部清算中心。

清算机制。

4. 交易报告库

在金融稳定理事会发布的《场外衍生品市场改革第九次进展情况报告》中，中国外汇交易中心和中证机构间报价系统股份有限公司被视为类交易报告库（TR-like Entity）。从目前情况看，我国各个金融子市场的交易数据较为完整，各类实体对数据的收集分工较为明确，已基本具备正式建立交易报告库的条件。

5. 其他金融市场基础设施

除了 2012 年国际清算银行支付结算体系委员会和国际证监会组织联合发布的《金融市场基础设施原则》中明确的五类金融市场基础设施外，证券、期货、黄金等交易场所、保险行业平台等也被纳入金融市场基础设施范畴。

（二）各类金融市场参与机构资金系统及其保障体系差异较明显

商业银行、证券公司、信托公司、保险公司、基金公司以及第三方支付公司等金融市场机构参与者，它们的资金运行系统与国家层面的基础设施体系相连接，形成了相对完备的金融基础设施。相关保障体系包括运营线路保障、用电保障、备份设施建设以及相关人才配备等。

但是金融机构基础设施体系是独自开发、维护和运营的，由于经济实力、重视程度以及经营重点不同，导致系统功能差异性大、技术差异以及保障差异比较明显。

（三）参与者监管政策体系初步形成

商业银行等金融机构是金融基础设施的主要使用者、参与者，其他支付清算系统作为特殊参与者参加现代支付体系。中国人民银行围绕现代支付系统参与者服务管理，日常管理集中在微观监管领域，建立了一系列规章制度，主要包括参与机构监督管理办法、清算账户资金管理政策、系统运维管理要求、支付清算数据安全管理办法以及清偿措施方面的监管要求，奠定了金融基础设施的管理基础。其他各部门也各有相关要求和管理模式，没有形成完整统一的监督管理政策体系。

二、金融基础设施管理存在压力和挑战

（一）参与机构业务多样，微观监管全覆盖或衔接难度大

目前，随着金融基础设施的不断完善，跨区域性和国际化的趋势越来越明显，银行业、保险业以及证券业的交互融合，分领域、分行业微观监管衔接难度不断加大，亟须构建宏观审慎管理制度。

（二）金融交易体系及规则相对固定，存在不同程度顺周期现象

现代支付体系的结算制度、清算及收费规则等主要按业务量（笔数）设置参数且相对固定。在经济繁荣特别是通货膨胀时期，经济金融交易活跃频繁，支付清算规模大、单笔平均金额大，顺周期现象较为明显；交易笔数越多、规模越大，支付结算费用也更优惠，这也在一定程度上加剧了顺周期现象。另外，按笔数设置参数特别是收费费率，会使民营小微企业及居民家庭消费等小额普惠金融费率较高，导致收费政策的不对等性，对逆周期政策有一定的抵消作用。

三、构建宏观审慎管理指标的设想

金融基础设施宏观审慎管理框架应包括以市场为导向的市场交易风险监管要求、金融市场交易信息透明度和处置监管政策、针对不同金融产品和子市场互通性问题。结合现有的监管政策和要求，我们提出以下七个方面宏观审慎监管框架设想：

一是现代支付系统架构体系指标。研究构架交易成本低、运行效率高的现代支付清算体系，相应的指标可包括运行成本、开发成本、交易规模、交易效率等指标。二是现代支付系统稳健运营指标。主要包括资金流通速度、便利化程度、支付清算覆盖面及系统安全稳定、变更升级、应急响应等指标。三是参与机构服务管理政策指标。参与机构系统稳健运行、账户管理制度、

清算资金保证制度以及相关应急响应程度。四是货币政策和监管政策等执行指标。主要包括普惠金融执行情况、对小微民营企业扶持力度、逆周期调节账户管理以及反洗钱、反欺诈、反规避等政策的落实情况。五是数据信息披露与安全管理指标。明确参与机构金融信息透明度要求、支付清算机构为参与机构提供信息服务情况等。六是防范风险传导方面政策指标。明确金融产品和金融子市场的互联互通相关规定，防止一家参与机构的资金问题的风险传染等要求落实情况。七是相关保障指标。如运营线路保障、用电保障、备份设施建设以及相关人才配备等。

四、对加快构建金融基础设施宏观审慎管理政策的建议

（一）应在微观基础上加强宏观审慎监管

金融基础设施产生于微观交易服务，主要提供基础性的登记、支付、结算等功能。随着金融基础设施的不断完善，跨区域性和国际化的趋势越来越明显，目前银行业、保险业以及证券行业的交互融合，微观监管难度不断加大。目前，宏观审慎监管研究更多地关注"前端"交易规则，对"后端"支付清算的关注相对较少，但实际上支付清算作为合同履行的重要保证，是确保金融市场稳定运行的重要前提和基础。建议以账户体系为核心，提高对支付清算的研究力度，明确划分不同角色之间的权利义务，夯实法制基础，保障金融基础设施功能稳健运行。但也不能脱离微观交易基础及运行规律，避免因法律法规、授权及规则的重大变化带来不可预期的风险冲击。

（二）充分运用金融基础设施的大数据

支付清算体系是重要的金融基础设施，处理全国各商业银行、财务公司等金融机构的资金往来。目前，中国人民银行主要依靠存贷款标准化报送系统、反洗钱报送系统、金融统计报送系统等加强对金融机构的监管，缺乏监管机构之间对数据的梳理和汇总。建议充分利用支付清算体系，运用大数据技术，综合分析支付清算数据，了解各家金融机构实际的资金往来情况，加强对各机构风险监控。

（三）加强支付清算账户管理，强化系统风险监管

二代支付系统自 2013 年上线运行以来，系统运行整体平稳。清算账户管理系统（SAPS）是支付系统的核心支持系统，目前支付系统对资金清算的处理采用一点清算的集中清算模式，资金清算账户和存款准备金户共用一个账户，存在透支存款准备金的风险。因此，应加强宏观审慎监管，统筹考虑系统风险和账户风险，建立多部门联动机制，强化流动性管理工作。

（四）调整金融基础设施技术架构，适时引入新技术

为了保障基础设施平稳运行，在设施更新中，考虑和前期版本的兼容性，因此，金融基础设施目前主要采用集中处理模式。但随着业务量的不断增长，对金融基础设施处理性能和效率提出了更高的要求，建议适时加入云计算、大数据等新技术，提高系统处理效率。此外，金融基础设施的开发和维护人员多数是技术背景的专业人才，对业务场景不太清楚，容易存在前期需求不完善，导致系统上线后部分模块使用不顺畅的情况。因此，亟须培养一支既有懂业务又懂技术的综合性的人才队伍，从而提升金融基础设施的使用效率。

我国央行资产负债表规模、结构与银行体系流动性

王军只　李　丽*

一、我国央行资产负债表规模、结构变化的特点

（一）资产负债表总体呈扩张状态

从 2004 年初到 2018 年末，我国中国人民银行（以下简称央行）资产负债规模总体呈持续上升态势①，由 6.4 万亿元增长到 37.2 万亿元，达到历史最高点。其中，2004 年初到 2012 年初，资产负债规模增长较快，月均增速达到 1.58%。从 2012 年开始，资产负债规模增速放缓，月均增速下降为 0.41%。2015 年度美联储退出量化宽松后的加息进程造成我国外汇占款的下滑，资产负债规模有下降的波动，但资产负债表总体呈扩张状态。

（二）资产负债规模变化由被动性向主动性转变

2000 年以来，外汇占款是我国央行投放基础货币的重要方式，是我国央行资产负债表扩张的主要原因。2004 年初至 2014 年末，外汇储备占款由 3.10 万亿元增长到 27.1 万亿元，最高占资产总额的 83.3%②，对资产增长的贡献率为 92.17%；金融机构存款由 2.84 万亿元增长到 22.69 万亿元，占负

---

　*　王军只、李丽：供职于中国人民银行营业管理部会计财务处。
　①　货币当局资产负债表数据中权益类项目计入负债，资产负债表中总资产与总负债相等。
　②　2014 年 3 月，外汇占款 27.21 万亿元，占资产总额的 83.32%，达到历史最高点。

债总额达 67.09%，对负债增长的贡献率为 71.50%。从 2014 年 6 月起，外汇储备占款转为下降，央行开始通过借贷便利和公开市场操作等工具掌控流动性投放的主动性，资产项目呈现多元化，截至 2018 年末，外汇占款占比下降为 57.06%；与此同时，资产方对其他存款性公司债权占比由 4.67% 增长到 29.94%，成为推动资产负债表规模持续扩张的主要力量。

（三）资产、负债规模变化未完全反映货币政策的周期性变化

2004 年以来，我国货币政策由稳健到适度从紧、适度宽松，再到稳健，但央行资产负债总规模却持续增长。我国央行资产负债总规模变化与金融机构存款准备金变化高度一致，央行根据货币供应量水平调整存款准备金率，在货币政策稳健、适度或宽松的情况下，如果货币供应量水平达不到或超过预期水平，央行将下调或上调存款准备金率，存款准备金率的变化方向并不一定表现为货币政策调控方向。同时，受金融机构一般存款的自然增长，央行下调存款准备金率也不一定导致金融机构存款的下降。

（四）资产负债总规模变化反映了基础货币变化

基础货币是我国央行的净货币负债，可通过央行资产负债表算出。资产总额＝基础货币＋其他负债＋资本项目，即基础货币＝资产总额−其他负债−资本项目。2004 年初至 2018 年末，央行资产、负债规模变化与基础货币变化高度一致，资产总规模增长 30.84 万亿元，在财政存款及其他负债以及资本项目总体保持稳定或小幅增长的情况下，基础货币增长 27.76 万亿元。

二、我国市场流动性的变化情况分析

（一）M2 规模不断增长但增速放缓

在多层次的货币供应量体系中，M2 作为衡量货币供应量水平的主要指标倍受关注。2004~2010 年，我国 M2 持续增长，由 25.32 万亿元增长到 72.59 万亿元，年均增速为 18.57%。2015 年以来，随着金融监管加强、资金链条缩短、多层嵌套减少，M2 增速逐渐回落至低水平，2018 年 M2 增速为 8.1%。M2 增长并未与 GDP 增长保持同步，甚至在部分年份内出现背离。总体来看，

M2 无论从规模和增速都超过了名义 GDP，货币供应量较为充裕。

（二）基础货币持续增长

基础货币既是银行体系流动性的来源，也是货币供应量的最基本部分。从 2004 年到 2018 年末，我国央行投放的基础货币持续增长，由 5.33 万亿元增长到 33.10 万亿元。2006 年之前，货币发行占基础货币的比例在 43% 左右，之后，其他存款性公司存款占基础货币比例不断增长，达到了 70% 以上。从变化趋势来看，基础货币与其他存款性公司存款基本一致，而流通中的货币在季节波动中，缓慢增长。

（三）超额存款准备金率敏感性减弱

超额存款准备金率是衡量银行体系流动性的重要指标。2004 年到 2018 年末，我国超额存款准备金率总体呈下降趋势，从 5.38% 下降到 2.40%。2012 年之前，超额存款准备金率对法定存款准备金率的调整敏感性较强，与我国央行调整法定存款准备金率呈反向变化。之后，超额存款准备金率和超额存款准备金处于稳定水平，尤其是 2015 年以来，央行连续下调法定存款准备金率，但超额存款准备金率保持在 2% 左右。

（四）金融机构资产负债规模持续扩张并呈多元化

商业银行以货币作为经营标的，在我国货币价格刚性约束的条件下，往往通过资产负债规模扩张的方式来提高其盈利水平。从 2006 年到 2018 年末，其他存款性公司资产负债规模持续扩张，总资产负债规模由 37.69 万亿元增长到 266.73 万亿元。商业银行在规模扩张的过程中必须加强流动性管理，而资产负债多元化发展有助于提高商业银行流动性水平，从 2004 年到 2018 年末，商业银行资产负债项目逐渐多元化，贷款占资产比由 53% 下降到 51%，存款占负债比由 77% 下降到 66%。

（五）利率走势基本一致但波动幅度较大

由于我国长期实行有管理的利率浮动机制，利率长期变化反映了货币价格走势，短期反映市场流动性水平。市场短期流动性的观测指标主要是 7 天期品种价格，包括 R007[①]、DR007[②]，Shibor[③]（1 周）和银行间同业拆借利率（7 天）。从 2004 年到 2018 年末，四种利率长期走势基本重合，表现出了较强的一致性。其中，从 2011 年初到 2015 年初，四种利率波动幅度较大，2011 年 1 月和 2013 年 6 月分别达到了 8% 和 6% 两个历史高点。

三、我国央行资产负债表与流动性的关系

（一）我国央行资产负债表与基础货币密切相关，总体变化一致，但增幅明显小于 M2 和商业银行资产规模增幅

央行资产负债表是基础货币的来源，并经货币乘数放大形成货币供应量。2005 年至 2018 年末，央行资产负债表变化总体与基础货币保持一致。从央行资产负债表到基础货币，再到商业银行资产负债、M2，主要是受货币乘数变化的影响。货币乘数除了受存款准备金率等传统因素影响外，还与近些年我国金融业务深化、金融改革与创新密切相关，因此央行资产负债表、基础货币与其他存款性公司资产负债表、M2 并未表现出稳定的关系。

（二）金融机构存款与基础货币增长高度趋同，外汇储备占款与基础货币关系由一致转向背离

央行资产负债表结构在负债方一直较为单一，其他存款性公司存款占比较大，与基础货币的关系较为密切和稳定。在资产方，2014 年之后，央行运用中短期借贷便利、公开市场操作等多种货币政策工具，平滑和稳定市场流动性，外汇储备占款下降与基础货币的平稳增长相背离，中期借贷便利和政策性再贷款的增长与基础货币的增长表现出了较明显的一致性。[④]

---

① 银行间 7 天质押回购利率。
② 银行间存款类金融机构 7 天质押回购加权平均利率，于 2014 年 12 月开始公布。
③ 于 2006 年 10 月开始公布。
④ 中国人民银行于 2014 年 9 月、2015 年 5 月开始使用中期借贷便利、抵押补充贷款货币政策工具补充市场流动性。

（三）超额存款准备金受多种因素影响，变化幅度较小，与央行资产负债变化关系不显著

超额存款准备金是衡量商业银行流动性的重要指标。央行资产负债表的扩张短期会提高金融机构在央行的存款规模，即超额存款准备金会增加，但超额存款准备金受多种因素影响，如法定存款准备金率、商业银行的盈利需求和流动性管理水平等，且随着银行间市场逐步发展完善和银行间支付清算技术的提高，商业银行已无须为流动性管理而保留较高的超额存款准备金，央行资产负债规模与超额存款准备金的关系不显著。

（四）银行间主要市场利率在年中、年末变化幅度较大，受央行资产负债表主要项目变化的影响较小

银行间 7 天市场利率品种是市场短期流动性的重要观测指标，在 2011 年至 2013 年波动幅度较大。从法定存款准备金率以及央行资产负债表主要项目的变动情况来看，与银行间主要市场利率均未表现出明显的关联关系。银行间主要市场利率的峰值往往出现在岁末年初和年中这两个时间点，这既是受外汇市场变化、节日现金投放、补缴准备金、税收清缴、一些监管政策放大资金需求等多种因素叠加影响，也反映出商业银行在流动性风险控制和资产负债管理方面存在不足。

四、结论与建议

（一）结论

1. 央行资产负债表变化反映基础货币的变化

资产与负债呈完全的正向相关性，资产增加（减少），负债增加（减少），金融机构存款增加（减少），由于流通中的货币保持稳定，以金融机构存款和流通中的货币为主构成的基础货币增加（减少）。

2. 央行资产负债表扩张（收缩）引起货币供应量增加（减少）

在当前情况下，央行资产负债表扩张（收缩）会引起基础货币的增加

（减少），受金融创新等多种因素影响，货币乘数放大效应扩大，金融机构资产负债规模和 M2 增加。

3. 央行资产负债表扩张（收缩）不直接反映流动性宽松（紧张）

出于提高资金使用效率、实现利润目标的考虑，流动性水平更多地体现为金融机构的管理能力。

（二）相关建议

1. 加强央行资产负债表管理，引导市场流动性预期

建立央行资产负债表与基础货币、商业银行资产负债规模以及 M2 之间的联系，通过央行资产负债表测度货币供应量的发展变化趋势。关注央行资产负债表中超额存款准备金的变化，引导市场主动应对流动性预期变化。

2. 建立央行资产负债表全局观，综合分析央行资产负债项目变化对流动性的影响

从央行资产负债总规模的变化，关注主要资产和负债项目的变化，确定对市场流动性的影响。资产方，主要关注外汇储备占款、再贷款、借贷便利和公开市场操作资产等；负债方，主要关注金融机构存款、流通中的货币、财政存款和公开市场操作负债等。

3. 引导商业银行健全流动性风险管理体系，提高流动性管理水平

引导商业银行进一步加强自身流动性和资产负债管理，使其经营行为与货币政策以及支持实体经济发展相一致。跟踪研究国际上关于流动性管理分析框架和监测工具的进展情况，提高流动性管理的精细化程度和专业化水平，保持合理的超额备付以满足各种资金需求，保证正常支付结算。按照宏观审慎要求，合理安排资产负债总量和期限结构，把握好信贷等资产投放进度，提高负债的多元化和稳定程度。

上市银行资产质量和经营业绩
持续向好　服务实体经济力度加大

王军只等*

截至 2019 年 4 月 30 日，A 股 31 家上市银行全部公布了 2018 年年报和
2019 年第一季度季报。调查结果显示：上市银行总资产规模继续呈增长态
势，同业资产规模触底反升；资产质量稳中向好，风险抵御能力增强；经营
业绩持续向好，息差基本稳定；积极支持实体经济，小微企业贷款规模大幅
增加，但涉房贷款持续扩张。

一、总资产规模继续呈增长态势

（一）各类型银行总资产均实现增长

随着降杠杆进入尾声以及监管边际放缓，同时经济下行压力下监管着力
信贷投放驰援实体经济，辖内银行呈现出资产增速整体回升的显著特征。
2018 年末，31 家上市银行总资产合计达 159.81 万亿元，同比增长 6.5%，较
上年小幅回升 0.1 个百分点。其中，国有银行资产同比增长 6.7%，较上年小
幅下降 0.5 个百分点；股份制银行资产增速低位回升，同比增长 4.9%，较上
年提升 1.8 个百分点；城商/农商行资产扩张节奏放缓，同比增长 9.9%，较
上年下降 1.5 个百分点。2019 年第一季度，上市银行资产继续保持增长态
势，31 家上市银行资产第一季度末较上年末增长 3.1%，其中国有银行增长
4.0%，股份制银行增长 2.4%，城商/农商行增长 3.6%。

---

　　* 王军只、张帆、李丽：供职于中国人民银行营业管理部会计财务处。张雪：供职于中国人民
银行营业管理部营业室。

（二）贷款增速呈上升趋势，高于总资产增速

2018 年末，31 家上市银行人民币贷款总额为 86.64 万亿元，同比增长 10.8%，较上年回落 0.05 个百分点，高于总资产增速。银行信贷偏好进一步修复，贷款占全部资产的比重为 54.2%，同比上升 2.1%。2019 年第一季度贷款继续增长，季末贷款总额较上年末增长 2.5%，贷款占全部资产的比重为 54.5%，占比略有增长。大部分银行贷款增速在总资产增速之上，表外转表内趋向明显，同业业务压缩、贷款业务突出，金融去杠杆、去通道，回归主业成效显现，对社会经济支持力度加大。

（三）同业资产规模触底反升，低于总资产增速

在遏制资金脱实向虚、防范化解系统性金融风险等政策背景下，受监管政策影响，2017 年同业资产规模大幅压降，2018 年同业资产规模在低基数基础上出现回升，但仍低于 2016 年水平。存放同业、拆出资金、买入返售金融资产等同业资产规模合计为 8.81 万亿元，同比增长 3.6%，改变 2017 年下降趋势，但低于总资产增速。同业资产占全部资产的比重为 5.5%，低于 2017 年 0.15 个百分点。2019 年第一季度，受回购式金融资产业务增长影响，同业资产规模增速加快，较上年末增长 12%，其中买入金融返售金融资产增长 38%；同业资产占全部资产比重为 6%，占比较上年末增长 0.5 个百分点。

二、资产质量夯实，不良率趋降

（一）加强不良贷款确认与处置，不良贷款率下降

31 家上市银行 2018 年末不良贷款率平均值为 1.5%，较上年末下降 0.03 个百分点，整体趋势较为平稳。先行指标方面，2018 年关注类贷款占比平均值为 2.6%，较上年末下降 0.2 个百分点。逾期 90 天以上占不良贷款指标明显改善，为 74.5%，较上年末下降 11.1 个百分点。在不良资产加速处置的背景下，银行资产质量呈现向好趋势，有利于银行腾出更多空间服务实体企业，增加信贷投放。

（二）增厚拨备，风险抵御能力增强

2018 年末，31 家上市银行贷款减值准备余额为 2.67 万亿元，较上年末增长 21.2%。拨备覆盖率平均为 239.4%，高于全行业 186.3% 的平均水平，较上年同期提升 21 个百分点。贷款拨备率为 3.1%，较上年同期提升 0.2 个百分点。2019 年第一季度，贷款减值准备余额继续增长，较上年末增长 7%；拨备覆盖率平均为 244%，较上年末增长 4.6%。

三、经营业绩持续向好，息差基本稳定

（一）营业收入及利润实现双增长

2018 年，营收端整体增速较好，31 家上市银行合计实现营业收入 4.24 万亿元，同比增长 8.32%，增速较上年提升 5.56 个百分点。上市银行合计实现净利润 1.50 万亿元，同比增长 5.37%，增速较上年提升 0.87 个百分点。其中，国有银行、股份制银行、城商/农商行全年利润增速分别为 4.46%、6.22%、11.56%，增速较上年分别提升 1.02 个、0.76 个和下降 0.82 个百分点。2019 年第一季度，营业收入增长较快，31 家上市银行合计实现营业收入 1.23 万亿元，同比增长 15.82%，增速较上年大幅提升 12.75 个百分点。实现净利润 0.44 万亿元，同比增长 6.87%，增速同比上升 1.08 个百分点。

（二）收入结构延续传统格局

利息净收入占营业收入的比重为 76.18%，同比提升 2.33 个百分点，为上市商业银行最重要的利润来源。利息净收入主要包括贷款利息净收入和金融机构往来利息净收入，与资产结构中贷款占比较高相匹配，显示银行业回归主业趋势。中间业务基于其成本较低，收益较高、可替代性较低及客户忠诚度较高等优势，一直是商业银行重点发展的业务领域。31 家上市银行中间业务收入近几年持续保持较快的增速，但其对商业银行利润的贡献较之利息净收入仍有限，2018 年中间业务收入同比下降 5.97%，占营业收入比为 13.15%，同比下滑 2.53%。投资收益同比增长 72.01%，占营业收入比为 5.07%，同比增加 1.76%。

（三）净息差较为稳定

2018 年，31 家上市银行平均净息差 2.13%，较上年提升 0.05 个百分点，为营业收入增速上行提供了支撑。其中国有银行和股份制银行分别增长 0.04% 和 0.11%，而城商/农商行小幅收窄 0.03%。受益于贷款定价上行和资金面宽松，在银行增加信贷供给但实体经济有效需求不足的背景下，虽然贷款收益率逐渐见顶回落，但同业市场成本维持于 3% 左右的低位，对冲了贷款收益率回落对累计息差的负面影响。2019 年第一季度，上市银行平均净息差 2.40%，同比提升 0.23 个百分点，继续呈现增长态势。其中，城商/农商行增长 0.13%，股份制银行增长 0.44%，国有银行增长 0.11%。

四、支持实体经济力度加大

（一）小微企业贷款规模快速增长

2018 年，上市银行采取多种方式，切实支持民营企业、中小微企业发展，解决企业融资难、融资贵问题。2018 年，18 家上市银行普惠金融、小微企业贷款规模 3.89 万亿元，平均增速为 21%。其中，四家国有银行规模 1.751 万亿元，平均增速为 27%，占全部普惠小微贷款比重为 45%。建设银行普惠金融贷款余额 0.63 万亿元，增幅 50.8%，余额和新增均居行业首位。四家股份制银行中普惠金融、小微企业贷款规模为 1.02 万亿元，平均增速为 33.2%，占全部普惠小微贷款比重为 26%。

（二）加快实体行业贷款投放，重点突出

2018 年上市银行紧跟国家重大战略规划，积极向新兴科技产业、现代服务业、先进制造业等国家战略支柱行业投放资源，重点压退产能过剩、高负债、高杠杆等风险客户，持续优化信贷资源组合配置。2018 年上市银行向实体经济投放贷款的规模为 46 万亿元，同比增长 3.4%。其中，制造业、交通运输业和邮政业、租赁和商务服务业的贷款规模位居行业前三，占全部信贷比重分别为 18.97%、16.56%、14.51%，三大行业贷款规模同比分别下降 1.06%、增长 1.1%、增长 0.36%。文化、体育和娱乐业，农林牧渔业的贷款

增速位居前两位，增速分别为 14.98%、13.84%。

（三）上市银行涉房贷款继续扩张，贷款增量四成流向房地产

2018 年末，31 家上市银行涉房贷款余额合计 27.52 万亿元，占贷款总额 31.7%，从 2018 年贷款增量数据来看，四成的贷款增量流向房地产领域，31 家上市银行涉房贷款增量在全部贷款增量中的占比为 40%，较 2017 年下降 8 个百分点。其中个人住房贷款余额为 21.78 万亿元，同比增长 12.5%，增速较上年下降 6.8 个百分点；对公贷款项下房地产行业贷款余额 5.74 万亿元，同比增长 18.4%，增速较上年上升 7.3 个百分点，除一家股份制和四家城商行外，其余 26 家上市银行房地产行业贷款余额均同比增长。2019 年第一季度，由于实体经济集中在年初融资，样本银行房地产贷款增量占比为 24%，同比下降 13.5 个百分点。

五、2019 年上市银行发展趋势展望

（一）银行预计将继续加大信贷投放力度，充分发挥支持实体经济效果

2019 年第一季度末，金融机构人民币各项贷款余额 142.11 万亿元，同比增长 13.7%，增速比上年末高 0.2 个百分点；一季度增加 5.81 万亿元，同比多增 9526 亿元，各项信贷数据保持平稳增长。2019 年，无论从支撑国家经济发展，还是从自身"行稳致远"的角度看，上市商业银行未来预计都将在服务实体经济中发挥服务实体经济的杠杆作用和资源配置功能将更加凸显。发挥更大的引领作用，全年信贷总量预计将实现平稳较快增长。一方面，信贷型银行将通过盘活存量、用好增量，优化信贷布局，服务国家重大战略；另一方面，多渠道服务实体经济的能力将更加凸显。大型银行将加快由传统融资中介向全功能银行转变，通过债券投资、金融租赁等非信贷融资，为实体经济提供资金支持。

（二）在逾期 90 天以上贷款全部纳入不良之下，银行普遍强化不良认定和处置力度，以实现存量释放和新增优化

2018 年以来，在监管鼓励加强不良贷款确认的影响下，不良贷款生成率有所抬升，尤其是城商行和农商行的不良贷款加速暴露，但不良贷款生成率目前仍总体处于可控区间，且随着部分银行将逾期 90 天以上的贷款基本纳入不良贷款，银行业资产质量的"隐性包袱"也已大为减轻。预计 2019 年将延续"严认定强核销充分计提"的趋势，行业资产质量得以全面夯实。银行层面，逾期和关注类贷款占比等前瞻性指标的好转，有利于未来商业银行资产质量的进一步企稳，同时相对较高的拨备水平保证了大规模核销的可持续性，监管部门关于调整商业银行拨备覆盖率要求的政策效果将逐步显现，使未来商业银行运用更多的拨备进行不良贷款处置和核销成为可能。

（三）受同业资金成本下行、零售转型和加配民企融资拉升资产收益等因素影响，银行业净息差将形成较强支撑

从资产端来看，企业旺盛的融资需求与有限的信贷资源间的矛盾将推动银行贷款收益率的上行，虽然存款成本也会受竞争加剧的影响而出现上行，但金融行业去杠杆、防风险主基调延续，整体来看存贷利差将小幅走阔。负债端来看，在偏紧的货币政策环境下，对公存款增长将继续承压，零售存款也会受到包括货基、理财在内的资管产品分流的持续影响。但 2017 年以来困扰诸多中小银行的同业负债压力边际缓释，同业资金成本下行，对息差的负面扰动降低。总体而言，预计 2019 年行业息差将小幅走阔。但未来商业银行需建立风险与收益相匹配的定价管理机制，提升定价管理能力是关键。

宏观审慎管理的法制保障研究

夏梓耀[*]

一、引言

宏观审慎管理，是指以防范系统性风险为根本目标，将金融业视作一个有机整体，既防范金融体系内部相互关联可能导致的风险传递，又关注金融体系在跨经济周期中的稳健状况，从而有效防控整个体系的金融风险，最终实现维护金融稳定和支持经济平稳发展目标的金融管理方式。[①] 2007～2008年肇始的金融危机使宏观审慎管理受到各国金融监管部门的高度重视。在现代法治社会，金融管理部门实施宏观审慎管理，须有法律层面的依据支持。因此，危机之后欧美等主要国家（地区）均启动了立法程序，明确宏观审慎管理的法制设计，为金融管理部门开展宏观审慎管理提供了法律支持。

第五次全国金融工作会议和中国人民银行"三定"规定虽然明确了中国人民银行负责宏观审慎管理的职责，但在法律层面目前还缺乏相应的制度设计，中国人民银行履行宏观审慎管理职责受到法制供给不足问题的掣肘。本文旨在分析欧美等国家（地区）的相关立法，比较异同、总结经验，以求为我国进行宏观审慎管理立法提供有益参考。

---

* 夏梓耀：供职于中国人民银行营业管理部法律事务处（金融消费权益保护处）。
① 中国人民银行金融稳定分析小组：《中国金融稳定报告2010》，中国金融出版社，2010年。

二、宏观审慎管理机构设置的法制设计

（一）欧美关于宏观审慎管理机构设置的立法情况

1. 欧盟

2010 年，欧盟制定第 1092/2010 号条例，决定设立欧盟系统性风险委员会负责宏观审慎管理工作。根据该条例，欧盟系统性风险委员会的决策机构由有投票权成员和无投票权成员两类不同的成员构成。有投票权成员包括：欧洲中央银行总裁与副总裁、欧盟成员国中央银行行长、欧盟银行业监管局主席、欧盟证券和市场监管局主席等。无投票权成员包括：每个成员国金融监管当局指派的一位高级代表、欧盟经济与金融委员会总裁。欧盟系统性风险委员会决策一般事项由出席会议的有投票权成员简单多数通过。欧盟系统性风险委员会设置在欧洲中央银行内，由欧洲中央银行提供行政、分析、统计等方面的支持。

2. 英国

2012 年，英国制定《2012 年金融服务法》，决定在英格兰银行董事会下设立金融政策委员会负责宏观审慎管理工作。根据《2012 年金融服务法》以及《2016 年英格兰银行与金融服务法》，金融政策委员会的成员包括：英格兰银行行长及有关副行长，金融行为监管局首席执行官，英格兰银行行长经与英国财政大臣会商后任命的一位成员，英国财政大臣任命的四位成员，英国财政部的一位代表。金融政策委员会成员分为有表决权成员与无表决权成员两类，除英国财政部的一位代表外，其他成员有表决权。金融政策委员会就宏观审慎事务进行表决只需简单多数即可。

3. 美国

2010 年，美国制定《多德—弗兰克法案》，决定设立金融稳定监督委员会负责宏观审慎管理工作。根据该法案，金融稳定监督委员会由有投票权成员和无投票权成员两类不同的成员构成。有投票权的成员为：美国财政部部长、美联储主席、金融消费者保护局局长、证监会主席、商品期货交易委员会主席等。无投票权成员担任咨询顾问角色，包括金融研究办公室主任、联邦保险办公室主任等。金融稳定监督委员会表决事项采用简单多数表决原则。

（二）立法情况分析

对比分析欧美宏观审慎机构设置立法，有如下特点：

一是均采用"委员会"的组织形式。欧盟、英国、美国的宏观审慎管理机构都是采用"委员会"的组织形式，将中央银行负责人、金融监管部门负责人及其他有关人员组合在一起，按照多数决的原则进行宏观审慎决策。之所以如此，是因为宏观审慎管理涉及众多事项，由相关机构的人员组合进行决策有助于形成全方位的管理视角，同时有助于协调解决不同政策目标之间可能存在的冲突。

二是宏观审慎机构是宏观审慎的决策机构而非直接执行机构。欧盟、英国、美国的宏观审慎管理机构均只负责宏观审慎管理的决策，决策的直接执行仍由中央银行、微观审慎监管机构等相关机构负责。之所以如此，是因为宏观审慎管理工具与微观审慎监管工具没有本质区别，都会使用资本监管、贷款损失准备、流动性监管工具，只是具体运用这些工具的角度有所不同。[①]宏观审慎管理机构不直接负责决策执行而由其他相关机构执行，一方面避免了重复设立机构、配置人员的成本；另一方面减少了工作重叠可能产生的冲突。

三是宏观审慎机构均由有投票权和无投票权两类成员组成。欧盟、英国、美国的宏观审慎管理机构均存在有投票权成员和无投票权成员。有投票权成员由中央银行、微观审慎监管机构等相关机构负责人担任，无投票权成员则主要扮演咨询顾问角色，反映对专业问题意见或者代表某些重要机构发表意见。

三、宏观审慎管理机构职权的规则安排

（一）欧美关于宏观审慎管理机构职权的立法情况

1. 欧盟

根据欧盟第 1092/2010 号条例的相关规定，欧盟系统性风险委员享有的职权包括但不限：第一，确定、收集、分析履职所需的相关信息；第二，

---

① 李文泓：《宏观审慎监管框架下的逆周期政策研究》，中国金融出版社，2011 年。

识别系统性风险并进行优先性排序；第三，认为存在显著的系统性风险时发布警告；第四，针对已经识别的系统性风险，发布关于补救措施的建议；第五，当可能发生其职责范围内的紧急情况时，向欧盟理事会发出机密函件并提供情况评估报告，以便理事会判断是否存在紧急情况以及是否让欧盟金融管理部门采取行动；第六，监测发出警告和建议的后续行动；等等。

2. 英国

根据《2012 年金融服务法》和《2016 年英格兰银行与金融服务法》的相关规定，英格兰银行金融政策委员会享有如下职权：第一，监测英国金融体系的稳定性，识别与评估系统性风险。第二，向金融行为局或者审慎监管委员会发布指令，要求两者依据各自职责，对各自的监管对象采取指令所载明的宏观审慎措施。金融行为局和审慎监管委员会收到金融政策委员会的指令后，必须以可行的方式执行指令，并向金融政策委员会提交执行情况报告。第三，向英格兰银行内部相关机构、财政部、金融行为局和审慎监管委员会提出有关宏观审慎管理的工作建议。第四，制作和发布金融稳定报告。

3. 美国

根据《多德—弗兰克法案》的相关规定，金融稳定监督委员会享有的职权包括但不限于：第一，向其成员机构、其他联邦与州金融管理机构收集信息；第二，指导金融研究办公室工作，要求金融研究办公室提供数据和分析意见，以支持金融稳定监督委员会工作；第三，监控金融服务市场，以识别影响美国金融稳定的潜在威胁；第四，要求美联储对出现金融困境或者经营失败，可能对美国金融稳定造成威胁的非银行金融机构进行监管；第五，识别系统重要性金融市场基础设施和支付、清算、结算活动；第六，向金融监管机构建议适用新的或者更严格的监管标准或监管措施；等等。

（二）立法情况分析

归纳起来，为确保宏观审慎管理机构履职，欧美相关立法为其设定了如下主要职权：

一是信息获取权。宏观审慎管理机构要监测系统性风险，前提是要能够充分获得经济金融领域的运行情况信息。因此，欧美相关立法无不规定宏观审慎管理机构有权获取其履职所需要的信息。

二是评估权。宏观审慎管理机构要监测识别系统性风险，开展评估是一种常用的工作手段。因此，欧美相关立法规定宏观审慎管理机构有权开展系统性风险的评估工作，有关机构应当予以配合。

三是建议权。宏观审慎管理机构识别出系统性风险点后，需要采取措施防范处置风险，向有关机构提出工作建议便是其中一种。欧美相关立法都规定宏观审慎管理机构有权向微观审慎管理机构、中央银行或其他有关机构提供宏观审慎管理方面的工作建议。

四是指令权。向有关机构发布关于宏观审慎管理的指令是另一种防范处置系统性风险的措施。指令的法律效力要强于建议。对于宏观审慎管理机构提出的建议，有关机构可以采纳也可以不采纳；但对于宏观审慎管理机构发布的指令，有关机构必须执行。

五是监督权。欧美宏观审慎管理机构是决策机构而非直接执行机构。为确保宏观审慎管理决策落到实处，需赋予宏观审慎管理机构监督有关机构执行宏观审慎决策的权力，如要求有关机构说明不采纳其建议的理由，报告执行宏观审慎管理指令的情况等。

六是系统重要性金融机构、金融市场与基础设施的认定权。系统重要性金融机构、金融市场和基础设施管理是监测与识别、防范与处置系统性风险的重中之重。因此，宏观审慎管理机构应当有权认定何种金融机构、金融市场和基础设施具有系统重要性。

四、立法建议

一是修改《中国人民银行法》，提供宏观审慎管理的法律依据。危机后，中国较早开始了宏观审慎管理的实践，有关探索和创新在国际上走在了前面。与欧美宏观审慎管理立法与实践同步推进不同，我国宏观审慎管理的立法明显走在了实践之后。目前，由中国人民银行负责宏观审慎管理已经取得共识，而《中国人民银行法》的修改也已经提上了日程。建议在《中国人民银行法》的修改中，设计宏观审慎管理的相关制度，从而中国人民银行为履行宏观审慎管理职责奠定法律基础。

二是设立宏观审慎委员会，明确宏观审慎管理的组织形式。前文已述，欧美等国家（地区）对宏观审慎管理机构均采取了"委员会"的组织形式，这是由宏观审慎管理牵涉各方的工作性质所决定的。我国已明确了货币政策和宏观审慎政策"双支柱"调控框架，关于货币政策，《中国人民银行法》已经设立了"货币政策委员会"，但关于宏观审慎政策，目前还没有相应的组织形式。建议比照货币政策委员会的制度设计，设立宏观审慎委员会，并将现行《中国人民银行法》第十二条有关内容修改为"中国人民银行设立货币政策委员会和宏观审慎委员会。"关于宏观审慎委员会的组成与工作程序，可以借鉴欧美的相关立法经验进行制度设计，如成员来自中央银行、微观审慎监管部门、财政部门等多个相关部门，吸收外部专家参与等。

三是规定宏观审慎管理机构的职权，奠定宏观审慎管理的法权基础。为保障中国人民银行及下设宏观审慎委员会履行宏观审慎管理职责，《中国人民银行法》应明确规定中国人民银行及宏观审慎委员会所享有的宏观审慎管理权。借鉴欧美等国家（地区）的立法经验及我国实际情况，宏观审慎管理权具体应包括建议权，指令权，信息获取权，宏观审慎评估权，系统重要性金融机构、金融市场与基础设施的认定与管理权等。

提升全要素生产率 推动
经济高质量发展

李 康[*]

当前我国经济高质量发展的关键因素之一在于提高全要素生产率，推动经济发展的质量变革、效率变革、动力变革，将土地、资本和劳动等传统要素驱动调整到科技创新驱动发展上来。为深入认识我国 TFP 的作用及变化趋势，本文将对我国 TFP 增速进行测算，进而探讨高质量发展下我国 TFP 的提升方向，提出政策建议。

一、我国全要素生产率的变化趋势

（一）测算方法

近年来国内部分学者对我国 TFP 进行了测算分析，研究结果基本为 TFP 平均增速在 1%～4%，对经济增长的贡献在 10%～40%，且根据测算方法、数据处理技巧、测算时期范围的不同会有所差异（见表 1）。本文拟利用可变弹性的生产函数模型，对我国 1979～2017 年的 TFP 进行测算。

表 1 近年来部分研究对我国 TFP 的测算结果

研究	时期（年）	TFP 增长率（%）	TFP 对经济增长的贡献（%）
张健华、王鹏（2012）	1979~2010	2.48	24.90
吴国培、王伟斌（2014）	1979~2012	3.72	31.1

---

* 李康：供职于中国人民银行营业管理部金融研究处。

研究	时期（年）	TFP 增长率（%）	TFP 对经济增长的贡献（%）
余泳泽（2017）	1979~2012	2.073~2.391	10~20
蔡跃洲、付一夫（2017）	1978~2014	3.83	39.44
刘伟、范欣（2019）	1979~2014	0.96	15.89
课题组（2018）	1979~2015	3.36	28
盛来运等（2018）	1979~2017	2.85	25.6

1. 可变弹性的生产函数模型

生产函数的基本形式为：

$$Y_t = A_t K_t^{\alpha} L_t^{\beta} \tag{1}$$

其中，Y_t 是经济产出，A_t 代表 TFP，K_t 是资本存量，L_t 是劳动，α 是资本的产出弹性，β 是劳动的产出弹性。一般地，假设规模报酬不变，即 $\alpha + \beta = 1$。将（1）式取对数后可得 TFP 的增长率为：

$$\Delta \ln A_t = \Delta \ln Y_t - \alpha \Delta \ln K_t - (1-\alpha) \Delta \ln L_t \tag{2}$$

改革开放以来，我国经济快速发展，经济结构、要素分配等方面发生了较大变化，适合采用可变弹性 α_t 的生产函数对 TFP 进行估计。设 $A_t = A_0 e^{rt+\varepsilon_t}$，r 表示 TFP 的年平均增长率，$\varepsilon_t$ 为白噪声。则（2）式可改写为：

$$\Delta \ln A_t = \Delta \ln Y_t - \alpha_t \Delta \ln K_t - (1-\alpha_t) \Delta \ln L_t \tag{3}$$

设 α_t 满足一阶自回归过程：

$$\alpha_t = c_1 + c_2 \alpha_{t-1} + u_t$$

2. 基础数据确定

利用生产函数法对 TFP 进行测算，需要对我国经济产出、劳动数量和资本存量的基础数据进行确定。

（1）经济产出。按照 2015 年不变价，根据 GDP 同比增长率可计算出我国 1952~2017 年历年的实际 GDP 值。

（2）劳动数量。统计局公布了我国 1952~2017 年的就业人口官方数据，但其中 1990 年就业人口增长率达 17%，是一个异常值。1982 年我国人口普查结果中的就业人口为 52154 万人，是官方数据 45295 万人的 1.15 倍，因此将 1978~1989 年的官方数据都乘以 1.15 倍得到修正后的就业人口数据。

（3）资本存量。根据永续盘存法，当期资本存量为上期资本存量折旧所余与当期投资的和：

$$K_t = (1-\delta_t)K_{t-1}+I_t$$

其中，δ_t 为折旧率，I_t 为实际投资。

根据文献中的一般取值，设 1952 年资本产出比为 1.6，则 1952 年的资本存量为 $K_0 = 7657.6$ 亿元。对于折旧率 δ_t，采用吴国培和王伟斌（2014）中的方法进行估算。对于当期实际投资 I_t，选取 1952～2017 年我国 GDP 支出法核算中的固定资本形成总额数据，通过固定资本形成价格指数转变为实际投资。

（二）测算结果分析

（1）从经济增长的动力来看，危机后资本扩张空间缩小、边际收益下降，劳动人口红利消失，TFP 增速处于低位。1979～2017 年，资本存量增速平均为 10.6%。其中，1979～1999 年平均为 8.8%；2000～2012 年为快速持续扩张期，平均为 13%，特别是全球金融危机后的 2009～2011 年，资本增速达 15% 以上，为历史阶段性高点；2012 年后，资本增速呈现下滑趋势，2017 年回归历史平均水平。劳动力数量增速平均为 1.3%，1996 年后不断下降，目前增长率已接近 0。TFP 增速波动较大，平均为 3%；2008 年前后，受全球金融危机影响，TFP 增速下滑了 3 个百分点左右，降到了 1% 以下；2012 年后，TFP 增速开始温和回升，但仍处于历史低位（见图 1）。

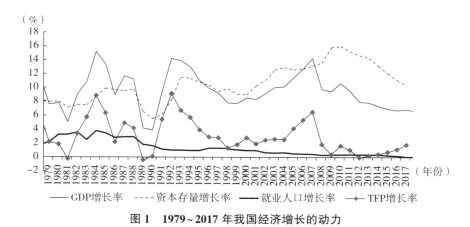

图 1　1979～2017 年我国经济增长的动力

（2）从对经济增长的贡献来看，危机后资本的作用强化，TFP 的贡献较低。1979～2017 年，资本投入对经济增长的贡献平均为 66%，显示出我国经济对投资的依赖性较大；特别是 2009～2016 年，资本的贡献率达 80% 以上，资本对经济增长的作用有所强化。劳动力数量的贡献率平均为 6.8%，由 1982 年 20% 左右的水平下降至目前 0 附近。TFP 的贡献率平均为 27.3%，1992～1998 年呈下滑趋势，2001～2007 年呈上升趋势，2008～2013 年回落较大，2014～2017 年开始回升，2017 年贡献率为 26%，但对经济增长的作用仍然较低，不及历史平均水平（见图 2）。

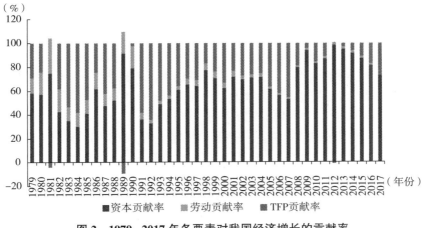

图 2　1979～2017 年各要素对我国经济增长的贡献率

（3）从 TFP 的波动性来看，2012 年前后，TFP 增速与经济增速的相关性由正转负，TFP 成为经济"L"型走势的重要支撑。观察我国 TFP 增长率与经济增长率的波动趋势（见图 1），容易看出两者具有较强的相关性。1979～2017 年，两者的相关系数高达 0.89。但通过对不同时段的分析发现，1979～2012 年两者相关系数为 0.88，且期间任何连续五年两者都呈现高度正相关（平均相关系数为 0.91）；而 2013～2017 年，TFP 增速的温和回升与 GDP 增速的持续下滑形成了鲜明反差，两者的相关系数变为 -0.87，呈强负相关关系。可见，2012 年后，我国经济进入新常态，一方面，投资增速回落、资本边际收益下降、人口红利消失的客观变化使经济增长面临较大压力。另一方面，供给侧结构性改革促进 TFP 回升，支撑了经济增长的"L"型走势。

二、未来我国全要素生产率的提升方向

根据发达经济体的历史经验、我国经济发展"短板"以及当前面临的外部环境，新时代下我国 TFP 提升的主要方向在于加强自主科技创新，提高技术进步率。过去，我国技术进步主要依靠产品模仿和技术引进。这种方式周期短、风险低、回报快，适用于我国与发达国家发展差距较大的时段。当前，随着我国经济发展和生产技术水平接近国际前沿，国际技术交易与贸易保护形势越来越严峻，可模仿或引进的技术、产品越来越少，需要自主研发更多属于我国自己的核心技术与产品工艺，以摆脱发达国家的技术封锁和贸易壁垒，并为国家经济增长培育新动能，为我国长期发展目标提供可靠保障。

当前，我国自主创新基础较为薄弱，科技创新的投入和产出水平与发达国家相比还有较大差距。一是资金投入强度较低，2017 年我国研发经费占 GDP 比重为 2.13%，低于美、日、德等发达国家 2.5%~4% 的水平；二是人才投入规模较低，我国就业人员中研发人员比例不到美、日、英等多数发达国家的一半；三是企业创新投入和积极性较低，除了华为外，其他企业的研发创新投入与发达国家大型互联网、医药、制造业企业不可比拟；四是创新成果转化程度较低，我国科技成果转化率仅为 20%~30%，远远低于发达国家 60%~70% 的水平。

因此，通过扩大有效科技创新资源投入、激励企业自主创新以促进技术进步与 TFP 提高，既是我国经济高质量发展的关键，也是我国能够成功跨越"中等收入陷阱"，实现社会主义现代化强国的必由之路。

三、政策启示

现阶段我国人口、资源等要素禀赋发生显著变化，靠生产要素投入的粗放型经济增长模式难以为继，亟须加强自主创新，促进 TFP 提升，转向创新驱动的高质量发展模式。

一是应明确政府与市场边界，确立企业在科技创新中的主体地位，更好地发挥政府推动作用。科学合理确定政府创新投入的边界和方式，使市场在

资源配置和创新项目选择中起决定性作用，在基础研究、能源、绿色环保等市场失灵的重点领域加大政府资金的支持力度。

二是加强人才的培育与吸引，开拓风险投资渠道，发挥民间资本力量，促进人才与资本的融合。优化人才配置，通过就业指导、薪酬激励、考核评价等手段提高人才和工作岗位的匹配度，充分发挥人才的作用。加快建立多元化、多层次、多渠道的科技投入体系，借鉴美国、日本、德国模式，形成人才与资本高度融合的科技创新模式。

三是加大财政金融政策性支持力度，健全风险补偿和融资担保机制，弥补科技创新的资金缺口。提高财政资金对企业研发、高科技中小企业创立发展的奖助水平，拓宽资金覆盖范围，并提高企业科技创新投入、私人或金融机构投资科技型企业的税收优惠与抵免力度。完善政策性科技金融和融资担保体系，降低资金成本和融资风险溢价，通过市场化方式选择创新项目并为其提供长期低息贷款和股权投资。

◇ 参考文献

［1］蔡昉．中国经济增长如何转向全要素生产率驱动型［J］．中国社会科学，2013（1）：56-71．

［2］蔡跃洲，付一夫．全要素生产率增长中的技术效应与结构效应——基于中国宏观和产业数据的测算及分解［J］．经济研究，2017（1）：72-88．

［3］刘伟，范欣．中国发展仍处于重要战略机遇期——中国潜在经济增长率与增长跨越［J］．管理世界，2019（1）：13-23．

［4］盛来运，李拓，毛盛勇，付凌晖．中国全要素生产率测算与经济增长前景预测［J］．统计与信息论坛，2018（12）：3-11．

［5］吴国培，王伟斌．我国全要素生产率对经济增长贡献的分析研究［J］．统计研究，2014（12）：103-104．

［6］余泳泽．异质性视角下中国省际全要素生产率再估算：1978-2012［J］．经济学（季刊），2017（3）：1051-1072．

［7］张健华，王鹏．中国全要素生产率：基于分省份资本折旧率的再估计［J］．管理世界，2012（10）：18-30．

［8］中国人民银行福州中心支行课题组．要素投入、全要素生产率与"中等收入陷阱"的跨越［J］．金融发展评论，2018（7）：100-117．

中国民营上市公司投资效率测算
——基于双边随机边界模型

周 凯 赵 睿*

一、民营上市公司投资效率测算

（一）构建双边随机边界模型

在非完美资本市场中，投资支出除了受到投资需求的影响外，还在一定程度上受到了代理问题、信息不对称和道德风险等问题的影响，这些公司内部因素以及外在的资本市场缺陷对投资支出存在不同程度的激励效应和约束效应，从而产生了投资不足和投资过度等投资效率问题。公司投资支出可表述如式（1）所示：

$$I = \underline{I} + \eta \cdot (\bar{I} - \underline{I}) \tag{1}$$

其中，I 表示公司实际投资支出，$\underline{I}$ 表示约束效应下的投资支出，$\bar{I}$ 表示激励效应下的投资支出。η（$0 \leq \eta \leq 1$）用于衡量投资过度对实际投资支出的影响系数。

我们首先描述在个体基本特征 x 给定条件下的最优投资支出 $I^*（x）$ [$I^*（x）= E（\theta | x）$]，这里的 θ 是实际存在的，但是无法获知的值，并且 $\underline{I} \leq I^*（x）\leq \bar{I}$。因此 [$\bar{I} - I^*（x）$] 代表投资活动过程中所产生的过度投资部

* 周凯：供职于中国人民银行营业管理部货币信贷管理处。赵睿：供职于中国人民银行营业管理部征信管理处。

分；$(I^*(x)-\underline{I})$ 代表投资不足的部分。我们将式（1）重新描述如式（2）所示：

$$I = I^*(x) + [\underline{I} - I^*(x)] + \eta[\bar{I} - I^*(x)] - \eta[\underline{I} - I^*(x)]$$

$$= I^*(x) + \eta[\bar{I} - I^*(x)] - (1-\eta)[I^*(x) - \underline{I}] \tag{2}$$

投资支出方程式（2）由三部分构成：第一部分 $I^*(x)$ 表示在给定个体基本特征 x 的情况下民营上市公司在完美资本市场中的投资支出，我们称为最优投资支出；第二部分 $\eta[\bar{I} - I^*(x)]$ 表示民营上市公司投资支出中的投资过度部分；第三部分 $(1-\eta)[I^*(x) - \underline{I}]$ 则表示投资支出中投资不足的部分；$NE = \eta[\bar{I} - I^*(x)] - (1-\eta)[I^*(x) - \underline{I}]$ 可以用来描述公司内外部因素对实际投资支出的综合效应。

因此在本模型框架下，公司内部因素和外部资本市场因素对实际投资支出的影响是双向的，我们可以将投资支出模型（2）简写如式（3）所示：

$$I_{it} = I^*(x_{it}) + \xi_{it} \qquad \xi_{it} = w_{it} - u_{it} + v_{it} \tag{3}$$

$$w_{it} = \eta_{it}[\bar{I}_{it} - I^*(x_{it})] \geq 0$$

$$u_{it} = (1-\eta)[I^*(x_{it}) - I_{it}] \geq 0$$

该模型是一个典型的双边随机前沿模型。其中 $I^*(x_{it}) = x'\beta$，β，为待估计参数向量，x_{it} 为样本的个体特征，本文包括了公司治理和财务方面的特征因素，v_{it} 为一般意义上的随机干扰项。

为了同时测度 β 参数向量和民营上市公司的投资效率，本文采用最大似然估计法（MLE）来估计式（3）。通过前述分析和式（3）的设定可知，干扰项 w_{it} 和 u_{it} 具有单边分布的特征，所以本文假设服从指数分布，即 $w_{it} \sim$ i. i. d. Exp (σ_w, σ_2^2)，$u_{it} \sim$ i. i. d. Exp (σ_u, σ_u^2)。对于干扰项 v_{it}，假设其服从正态分布 $v_{it} \sim$ i. i. d. N $(0, \sigma_v^2)$。同时我们假设 v_{it}、w_{it} 和 u_{it} 之间相互独立，并且均独立于个体特征 x_{it}。根据上述设定，可推导出复合干扰项 ξ_{it} 的密度函数如式（4）所示：

$$f(\xi_{it}) = \frac{\exp(\alpha_{it})}{\sigma_u + \sigma_w}\Phi(c_{it}) + \frac{\exp(a_{it})}{\sigma_u + \sigma_w}\int_{-b_{it}}^{\infty}\varphi(z)\,dz$$

$$= \frac{\exp(\alpha_{it})}{\sigma_u + \sigma_w}\Phi(c_{it}) + \frac{\exp(a_{it})}{\sigma_u + \sigma_w}\Phi(b_{it}) \tag{4}$$

其中，$a_{it} = \dfrac{\sigma_v^2}{2\sigma_w^2} - \dfrac{\xi_{it}}{\sigma_w}$，$b_{it} = \dfrac{\xi_{it}}{\sigma_v} - \dfrac{\sigma_v}{\sigma_w}$，$c_{it} = -\dfrac{\xi_{it}}{\sigma_v} - \dfrac{\sigma_v}{\sigma_u}$，$\alpha_{it} = \dfrac{\xi_{it}}{\sigma_u} + \dfrac{\sigma_v}{2\sigma_u^2}$

経済結構調整下的首都金融研究与実践

对于包含 n 个观察值的样本而言，对数似然估计为：

$$\ln L(x;\theta) = -n\ln(\sigma_u+\sigma_w) + \sum_{i=1}^{n}\ln[e^{\alpha_{it}}\Phi(c_{it})+e^{a_{it}}\Phi(b_{it})]$$

其中，$\theta=[\beta,\sigma_u,\sigma_v,\sigma_w]$。通过对数似然函数的最大化，可以获得相关参数的极大似然估计值。

本文重点关注的是投资过度和投资不足的差值，为此，我们进一步推导可得 w_{it} 和 u_{it} 的条件分布，分别记为 $f(u_{it}|\xi_{it})$ 和 $f(w_{it}|\xi_{it})$ 则有式（5）、式（6）：

$$f(u_{it}|\xi_{it}) = \frac{\lambda\exp(-\lambda u_{it})\Phi(u_{it}/\sigma_v+b_{it})}{\Phi(b_{it})+\exp(\alpha_{it}-a_{it})\Phi(c_{it})} \tag{5}$$

$$f(w_{it}|\xi_{it}) = \frac{\lambda\exp(-\lambda w_{it})\Phi(w_{it}/\sigma_v+c_{it})}{\exp(a_{it}-\alpha_{it})\Phi(b_{it})+\exp(\alpha_{it}-a_{it})\Phi(c_{it})} \tag{6}$$

其中，$\lambda=\frac{1}{\sigma_u}+\frac{1}{\sigma_w}$。以式（5）、式（6）确定的条件分布为基础，可以分别得到在投资过程中的 u_{it} 和 w_{it} 的条件期望，两者的估计式为：

$$E(1-e^{-u_{it}}|\xi_{it}) =$$
$$1-\frac{\lambda}{1+\lambda}\frac{[\Phi(b_{it})+\exp(\alpha_{it}-a_{it})\exp(\sigma_v^2/2-\sigma_v c_{it})\Phi(c_{it}-\sigma_v)]}{\Phi(b_{it})+\exp(\alpha_{it}-a_{it})\Phi(c_{it})} \tag{7}$$

$$E(1-e^{-w_{it}}|\xi_{it}) =$$
$$1-\frac{\lambda}{1+\lambda}\frac{[\Phi(c_{it})+\exp(a_{it}-\alpha_{it})\exp(\sigma_v^2/2-\sigma_v b_{it})\Phi(b_{it}-\sigma_v)]}{\exp(a_{it}-\alpha_{it})\Phi(b_{it})+\exp(\alpha_{it}-a_{it})\Phi(c_{it})} \tag{8}$$

在民营上市公司投资活动过程中投资过度和投资不足的净效应 NE 表示为式（9）所示：

$$NE=E(1-e^{-w_{it}}|\xi_{it})-E(1-e^{-u_{it}}|\xi_{it})=E(e^{-u_{it}}-e^{-w_{it}}|\xi_{it}) \tag{9}$$

（二）数据筛选与变量选取

本文选取了 2004~2013 年沪、深两市民营上市公司的数据，样本数据筛选原则如下：

（1）剔除了在 2004~2013 年被 ST 和 *ST 的样本数据，减轻被 ST 和 *ST 公司生产经营出现的非正常干扰。

（2）剔除了资产负债率大于 100%，总资产增长率和销售额增长率大于 200%，Tobin's Q 大于 4 的异常偏离值，从而减少了公司兼并、收购、重大资产重组等重大事项的影响。

（3）参考其他学者的研究方法，剔除了金融、保险类公司样本数据。

逓过上述筛选得到了 169 家民营上市公司十年间 1690 个研究样本。本文的研究数据来源于国泰安数据库，所使用的数据处理软件是 Stata12，具体指标与变量选取如表 1 所示。

表 1　变量名称及计算方法

变量名称	变量代码	含义
投资支出	invt	购建固定资产、无形资产和其他长期资产支付的现金/期初固定资产净额
内部现金流量	CFL	经营活动产生的现金流量净额/期初固定资产净额
外部融资	FCL	Δ（实收资本+资本公积+负债）/资产总额
股权集中度 1	top1	第一大股东的持股比例
股权集中度 2	top2	第一大股东的持股比例的平方
股权制衡度	top102	公司第二至第十大股东持股比例的平方和
董事长权威性	qa	董事长兼任总经理用 1 表示；否则用 0 表示
独立董事人数	nid	董事会中独立董事的人数
经营绩效	roa	净利润/股东权益平均余额
综合风险	dl	经营杠杆×财务杠杆
公司成长性	dv	（期末总资产−期初总资产）/期初总资产
公司规模	size	资产总额的对数

（三）实证分析

本文以传统的最小二乘法和双边随机边界模型为分析工具，定量测算了我国民营上市公司的投资不足和投资过度的程度，表 2 呈现了传统 OLS 模型的估计结果，而表 3 则是双边随机边界模型的估计结果。

表 2　OLS 模型估计及检验结果

ln_invt	Coef.	Std. Err.	t	P>t	[95% Conf. Interval]	
CFlow	0.08	0.03	2.90	0.00	0.02	0.13
FCL	1.16	0.66	1.76	0.08	−0.13	2.46

续表

ln_invt	Coef.	Std. Err.	t	P>t	[95% Conf. Interval]	
top1	3.39	0.92	3.67	0.00	1.58	5.20
top12	−4.69	1.29	−3.62	0.00	−7.23	−2.15
top102	−4.31	1.60	−2.70	0.01	−7.44	−1.17
sfjr	0.21	0.08	2.57	0.01	0.05	0.37
nid	0.09	0.04	2.05	0.04	0.00	0.18
roa	3.29	0.92	3.57	0.00	1.48	5.10
dl	−0.04	0.01	−3.41	0.00	−0.07	−0.02
dv	0.39	0.62	0.63	0.53	−0.83	1.61
size	0.18	0.03	5.62	0.00	0.12	0.25
_cons	−6.79	0.72	−9.46	0.00	−8.20	−5.38

表3 双边随机边界模型估计及检验结果

ln_invt	Coef.	Std. Err.	z	P>z	[95% Conf. Interval]	
CFlow	0.08	0.03	2.45	0.01	0.02	0.15
FCL	1.14	0.63	1.82	0.07	−0.09	2.37
top1	2.63	0.86	3.04	0.00	0.94	4.33
top12	−3.59	1.25	−2.88	0.00	−6.03	−1.14
top102	−3.88	1.46	−2.65	0.01	−6.74	−1.01
sfjr	0.25	0.07	3.60	0.00	0.12	0.39
nid	0.07	0.04	1.72	0.09	−0.01	0.15
roa	2.79	0.84	3.32	0.00	1.14	4.43
dl	−0.05	0.01	−4.26	0.00	−0.07	−0.02
dv	0.54	0.59	0.92	0.36	−0.61	1.70
size	0.14	0.03	4.86	0.00	0.08	0.20
_cons	−5.46	0.64	−8.50	0.00	−6.72	−4.20

（四）投资效率的测算结果

本部分对我国民营上市公司投资不足和投资过度的程度进行定量测算，即 $E(1-e^{-u_{it}}|\xi)$ 和 $E(1-e^{-w_{it}}|\xi)$，其含义是公司投资活动中投资不足和投资过度的部分相对于最优投资支出变动的百分比；投资效率用 $E(1-NE)$ 表示。表4呈现了全体样本的估计结果，平均而言，投资过度将使得公司实际投资支出高出最优投资支出35.59%；而投资不足则会使得实际投资支出比最优投资支出低43.95%；民营上市公司的实际投资支出比最优投资支出低了8.36%，投资效率为91.64%。

表4的后三列（Q1~Q3）详细地呈现了投资不足和投资过度的分布特征，表明这正反两方面因素对投资效率的影响具有较强的异质性。具体而言，由第一四分位（Q1）的测算结果可知，有1/4的民营上市公司的实际投资支出低于最优投资支出30.72%，呈现出投资不足的状态。然而，从第三四分位（Q3）的测算结果可知，另外还有1/4的民营上市公司的实际投资支出高于最优投资支出11.93%，呈现出投资过度的状态。

表4 投资不足、投资过度和投资效率的测算结果

变量	平均值（%）	标准差（%）	Q1（%）	Q2（%）	Q3（%）
投资过度 $E(1-e^{-w}|\xi)$	35.59	14.82	25	29.23	39.76
投资不足 $E(1-e^{-u}|\xi)$	43.95	19.89	27.82	36.61	55.72
净效应 NE	−8.36	31.4	−30.72	−7.39	11.93

就全体样本而言，我们的统计分析结果仍然表明民营上市公司面临的主要问题是投资不足。

二、民营上市公司投资效率影响因素的异质性分析

为了分析其内在原因，本文将进一步从公司治理机制（股权集中度、股权制衡度、董事长权威性）、公司成长性、公司规模、经营绩效以及综合风险七个方面分组统计和分析投资效率的分布特征，结果如表5所示。

表5　我国民营上市公司投资效率影响因素的异质性分析

变量	股权集中度	股权制衡度	董事长权威性	公司成长性	公司规模	经营绩效	综合风险
高							
投资过度 E$(1-e^{-w} \mid \xi)$	35.90	35.44	35.37	36.47	35.16	35.90	34.29
投资不足 E$(1-e^{-u} \mid \xi)$	43.72	42.89	44.03	42.62	42.03	42.87	45.19
净效应 NE	−7.83	−7.45	−8.66	−6.15	−6.87	−6.97	−10.89
低							
投资过度 E$(1-e^{-w} \mid \xi)$	35.38	35.65	35.63	35.02	35.94	35.35	36.12
投资不足 E$(1-e^{-u} \mid \xi)$	44.10	44.35	43.93	44.81	45.48	44.79	43.44
净效应 NE	−8.73	−8.70	−8.30	−9.80	−9.54	−9.44	−7.32

　　由表5的结果可知，在股权集中度这一因素方面，无论民营上市公司的股权集中度高低，都存在投资不足的问题。但是，股权集中度高的公司投资效率为92.17%，而股权集中度较低的公司的投资效率相对较低，只有91.27%，即高股权集中度的公司投资效率高于低股权集中度公司。

　　在股权制衡度这一因素方面，无论民营上市公司的股权制衡度高低，都同样存在投资不足的问题；但是，股权制衡度高的公司投资效率为92.55%，而股权制衡度较低的公司投资效率相对较低，只有91.3%，即高股权制衡度的公司投资效率高于低股权制衡度公司。当然，一旦大股东控制权过于大而又没有合理的监管机制，大股东掠夺中小股东利益的问题将会逐渐暴露出来，因此，较高的股权制衡度能够在一定程度上制衡大股东在投资决策方面的盲目和惰性，从而提升民营上市公司的投资效率。

　　在董事长权威性方面，董事长权威性高的公司的投资效率为91.34%，而董事长权威性较低的公司的投资效率相对较高，有91.70%，即董事长权威性高的公司的投资效率反而较低，但这是个体特征因素造成的差异很小。究其原因，同样可以代理成本理论中的股权集中度的影响机制来解释，这里将不再赘述。除了上述的公司治理机制对民营上市公司投资效率的异质性影响外，本文也采用同样的方法，分析公司成长性、公司规模、经营绩效以及综合风险在影响民营上市公司投资效率方面的差异性。

三、结论与建议

（一）研究结论

本文采用双边随机边界模型作为分析工具，研究了公司治理结构和其他财务数据对民营上市公司在投资过程中产生的投资不足和投资过度部分进行定量测量，并综合定量分析了公司的投资效率。研究结果表明：一是公司代理问题、融资约束等因素在不同程度上导致民营上市公司的实际投资支出过度或者支出不足，从而偏离了最优的投资支出规模。二是民营上市公司既面临着投资不足，也面临着投资过度的问题，但是投资不足对投资效率的影响明显大于投资过度的影响，从而导致了整体的投资支出不足，造成投资效率低下。三是通过个体特征研究发现，股权集中度、公司成长性、公司规模、经营绩效和股权制衡度等方面的个体特征，对投资效率呈现出正向相关关系，其中以经营绩效、公司成长性、公司规模这三个因素的影响程度较大。与此相反，董事长权威性和综合风险这两个因素对投资效率呈现的是负向相关关系。

（二）相关建议

一是积极拓宽企业融资渠道、丰富融资模式，完善企业投资决策机制。建立民营上市企业信用担保体系，引入保证人制度。让诚信成为一种生产力，是解决民营上市企业担保难、融资难的重要途径。积极发展政府性信用保险机构或融资担保机构，完善民营企业融资增信机制。

二是民营上市企业要建立与本公司相适应的、多元化的公司治理架构，通过公开方式择优选聘适合公司长远发展的管理团队。优化激励机制，将管理团队的薪酬奖励与公司的投资效率挂钩，减少低效率投资行为的出现。激励管理团队在做出投资决策时，充分考虑到个人利益与公司利益的高度统一。

三是民营上市企业需要进一步加强完善信息披露制度，对信息披露的内容更加审慎，在公开时更加公正、透明。在年报之外，也要建立定时、临时性信息披露制度。进一步加强财务信息真实性的管理。

四是加大对违规披露信息的处罚惩戒力度，加大民营上市公司违规披露信息的成本。引导商业银行提升对民营企业的金融服务能力。进一步推动国有企业高管去行政化，建立健全国有企业高管的激励机制，让他们更加专注于怎么样投资把企业送入可持续发展的大流中。

我国一线城市住房租赁市场发展研究

赵 睿 周 凯*

党的十九大报告提出，"加快建立租购并举的住房制度"。近年来，各级政府相继出台培育和发展住房租赁市场若干意见或实施意见，我国住房租赁市场出现快速发展的新趋势，同时也暴露出一些不容忽视的问题，正在影响或制约着住房租赁市场发展。为此，中国人民银行营业管理部联合上海、广州、深圳对一线城市的住房租赁市场进行调研，分析当前住房租赁市场发展面临的主要问题，并提出政策建议。

一、当前住房租赁市场发展的主要特点

（一）租赁住房需求旺盛、结构优化

一是租赁人口占比偏低、租售比低，房租有上涨压力。据北京住建委统计，截至 2018 年末，北京市约有 755 万人通过租房满足居住需求，占常住人口的 35%，而纽约、伦敦等国际大都市租赁人口平均占比超过 50%。另外，北京、上海、广州、深圳房屋租售比①均在 1∶500 左右，远低于国际上衡量区域房产运行状况良好的租售比下限 1∶300。二是租赁人口年龄和收入偏低。据58 同城、安居客《租房消费行为调查报告》显示，从年龄结构来看，35 岁以下的年轻人是租房市场的主力军，在租客中占比接近 90%；从收入结构来看，月薪在 1 万元以下的租客占比超过八成，其中月薪低于 5000 元的租客占比达到

---

* 赵睿：供职于中国人民银行营业管理部征信管理处。周凯：供职于中国人民银行营业管理部货币信贷管理处。

① 房屋租售比是指每平方米使用面积的月租金与每平方米建筑面积房价之间的比值。

45%。三是租赁人口以高端人才为主。据调查，20 家住房租赁中介企业中 79% 认为，租客类型主要以高校毕业生、公司年轻白领、高级管理人员、科研人才等，受过良好教育的年轻人是租房主力军。

（二）租赁住房供给渠道多样化

一是推进企业自持租赁住房建设。截至 2019 年 6 月末，北京、上海已有开发企业自持租赁住房项目分别为 30 个、72 个，可提供房源分别约 1.4 万套、7.3 万套。二是加快推进集体土地租赁住房建设。北京、上海已有集体土地租赁住房试点项目 68 个、5 个，可提供房源分别约 2.2 万套、0.4 万套。三是继续推动商业办公等转化、改建租赁住房工作。除北京外，上海、广州、深圳在 2017 年已经出台相关政策明确可以"商改租"。四是积极促进存量租赁房源供给。目前深圳市住房租赁企业进驻城中村数量约 200 余个，改造收储房源约 10 万套，并在实践中创新存量租赁房源供给和管理模式，如万科集团拓展城中村房源，创新"统租运营+物业管理+综合整治"模式。

（三）国有住房租赁企业充分发挥示范引领作用

广州依托特大型国有企业集团出资，新组建三家市一级国有租赁企业，分别注入公租房及配套经营性物业资产，分区域、竞争性开展住房租赁业务。截至目前，市区共成立六家国有租赁企业，通过购买、改建等方式筹措市场化房源超过 3 万套。深圳已成立市房屋租赁运营管理有限公司等十家国有住房租赁企业，且深业集团等多家国有企业也已成立专门的事业部开展住房租赁业务。目前国有住房租赁企业及相关事业部门共收储运营租赁房源约 5.8 万套。

二、金融支持住房租赁市场发展的主要举措

（一）金融支持方式以银行信贷为主，债券融资、资产证券化、类 REITs 等起到较好补充

建设银行广东省分行针对住房租赁企业不同融资需求，开发出住房租赁支持贷款、购买贷款、应收账款质押贷款、经营贷款等系列信贷产品。农业

银行广东省分行推出法人租赁性住房贷款，用于租赁住房项目的开发建设、收购、装修改造、日常运营等合理支出。保利集团子公司和越秀地产子公司分别发行 17.2 亿元和 5.0 亿元类 REITs 产品；广州科寓投资管理有限公司发行规模为 5.0 亿元人才租赁项目 ABS；广东建方房屋租赁管理有限公司发行 3.0 亿元定向工具（PPN）用于项目运营拓展。

（二）发挥金融支持集体土地建设租赁住房的作用

北京丰台区成寿寺项目由北京万科与集体经济组织合作开发，项目预计建筑面积 13.5 万平方米，建设房屋 3100 套，预计投资 10 亿元。北京万科与集体经济组织北京金城源投资管理公司签署租赁协议，合资成立金城万源置业有限公司，明确北京万科作为项目投资方，负责工程建设的资金投入以及工程管理，并获得土地 50 年的使用权，同时每年支付集体经济组织固定收益。该项目由国家开发银行北京市分行采用免担保授信方式向万科集团提供融资金额 3.1 亿元。

（三）互联网银行拓展个人住房租赁贷款

微众银行通过与长租公寓运营方或租房的头部平台合作，为房屋租赁者提供专项用于支付租金的个人综合消费贷款。截至 2019 年 7 月末，微众银行发放个人贷款金额 69.2 亿元，贷款余额 34.55 亿元，无不良贷款；累计发放贷款人数 30.83 万人，其中，年龄在 20~25 岁人群占比为 66.5%，年龄在 30 岁以下人群占比为 89.75%；笔均贷款金额 2.1 万元，覆盖一年房租。

三、存在的主要问题

（一）房屋租金价格持续上升，不断加剧租房者负担

据 58 同城、安居客《租房消费行为调查报告》显示，月薪在 1 万元以下的租客占比超八成，其中月薪低于 5000 元的租客占比达到 45%。从一线市的房租走势来看，租金价格走高。深圳市房租价格由 1 月的 78.9 元（平方米·月）上涨至 7 月的 81.1 元（平方米·月）；广州市房租价格由 1 月的 52.7 元（平方米·月）上涨至 7 月的 55 元（平方米·月）；北京市房

租价格由 1 月的 85.5 元（平方米·月）上涨至 7 月的 92 元（平方米·月）。另外，调查显示，65% 的被调查中介表示，房屋租金较 2018 年有所上升。

（二）公租房面临土地供给不足、地理区位偏远等问题

北京大型公租房建设项目大多远离主城区，较高的交通成本使很多租客望而却步，不能有效缓解中心城区"租房难、租房贵"的问题。而且将保障性住房集中修建在城市的偏远地区，容易造成"贫民窟"现象。从北京市 68 个集体土地建设租赁房项目的区位来看，超过 60% 的项目位于城六区之外；从北京市 30 个"控地价 限房价"企业自持租赁住房项目的区位来看，25 个项目在五环外，占比高达 83.3%。

（三）租赁住房供给结构单一，租赁开发企业与中介的合作程度较低

调查显示，90% 的被调查中介表示，主要的出租房源来源于个人出租房屋，仅深圳市泊寓租赁公司一家表示，其出租的房源主要来源于租赁住房开发企业。

（四）住房租赁市场的监管仍不到位

北京市住建委反映，已建成的住房租赁监管平台的监管手段不足，不具备市场监测、大数据分析、租赁合同网签等功能，对房地产租赁经纪机构和住房租赁企业的事中事后监管手段少，行政管理成本高。市场上仍存在"黑中介""二房东"以胁迫手段强行收费、骚扰滋事、不退押金等行为。此外，住房租赁企业的"甲醛门""爆仓门"等问题也屡见不鲜。

（五）住房租赁企业经营成本高、融资难、利润空间小、发展受限制

一是租金回报率偏低、回报周期长，第一还款来源经营风险具有不确定性，资金占压时间过长，项目开发成本较高，部分地区出现了"高价租赁房"现象。二是集体土地租赁住房建设涉及与社会资本的合作，其合作模式还没有规范的标准，目前多为与央企、国有企业合作，民营企业极少进入这一领域。而且受集体土地性质的先天性影响，拆迁成本较高，部分项目建设期需要支付集体经济组织保底收益，导致项目前期亏损严重，项目运营主体

和融资支持主体的权益存在潜在风险。三是房地产租赁经济机构，尤其是品牌化运营的中介机构，以轻资产运营为主，获取房源与装修改造均需投入大量资金，且税负较高，经营成本高，缺乏配套的财税优惠政策。

（六）金融支持住房租赁政策分散，金融机构介入较谨慎，产品创新能力不足

一是住房租赁市场金融支持政策缺乏配套机制支撑，租赁地块作为抵押品融资存在法律障碍。租赁地块及其附属建筑物房企须 70 年自持；除破产、重组、撤销等特殊情形，不得转让；上述特殊情形出现确需转让时，应得到管理部门批准；即便转让后，租赁住房必须继续用于租赁。集体土地租赁住房项目权属利不一致，其合规资料的完备性合规性不明确。二是土地出让金对房企自有资金的占用体量较大，后续营利疲软，住房租赁企业信贷规模不足。按照现行政策规定，房企在拿地环节必须使用自有资金，信贷资金严禁进入土地交易市场开发建设。虽然租赁用地出让价格低廉，但对于有持续拿地任务的大型功能型房企，存在自有资金占用与周转的压力。三是金融产品供给创新能力不足，住房租赁企业融资渠道有限。目前，仅有个别企业发行了租赁住房公募 ABN、住房租赁专项公司债等，大部分住房租赁企业主要依靠自有资金和银行信贷，社会资本无法进入。

四、政策建议

一是建议地方政府通过公开市场操作的方式平抑房屋的租金价格。设立政府性房屋租赁机构并自持一定规模的租赁房源，通过对房屋租金、房源数量的调整来实现市场上房屋租金价格的调节，引导租金价格处于合理区间。

二是加大公租房的供给力度，优化供给结构。加快推进集体土地租赁住房项目，进一步加大优质地段租赁房源的投放力度。

三是进一步丰富租赁住房的供给来源。鼓励租赁住房开发企业与中介机构合作，提高品牌化长租公寓的市场影响力和受众范围。

四是加快住房租赁立法，完善长效机制，健全租赁管理体制，坚决落实房地产市场平稳健康发展的城市主体责任。建立具有公信力的不动产权登记、租赁备案等基础数据查询渠道，规避"一房多贷""虚假租约"风险。

　　五是进一步完善住房租赁市场的金融支持。鼓励保险机构为符合条件的住房租赁企业提供资金支持，鼓励银行开展以稳定现金流为逻辑的贷款。进一步发挥资产证券化的资产盘活作用，为住房租赁业务链条上同质性较强、分散度较高、具有稳定预期现金流的金融资产提供融资服务。

　　六是加快推动 REITs 试点项目在北京落地，进一步完善住房租赁市场的金融支持。鼓励保险机构为符合条件的住房租赁企业提供资金支持，鼓励银行开展以稳定现金流为逻辑的贷款。进一步发挥资产证券化的资产盘活作用，为住房租赁市场业务链条上的同质性较强、分散度较高、具有稳定预期现金流的金融资产提供证券化融资手段。

推动普惠金融政策改进的思考

唐　柳等[*]

一、调研基本情况

当前，大力发展普惠金融、深化小微金融服务，是我国推进金融供给侧结构性改革、提升金融服务实体经济能力的重要任务。为深入了解北京地区深化小微企业金融服务政策落实情况，中国人民银行营业管理部采取现场调查、书面函询、数据分析和实地座谈等多种方式，对北京地区七家金融机构开展了专项调查。调查内容包括小微企业信贷政策及配套举措、普惠金融事业部建设情况、问责与尽职免责制度、小微企业信贷业务流程优化和金融产品开发等方面。在本次调查中，关注到金融机构落实普惠金融相关政策时，以下三个方面的事项值得关注，具体如下：

二、关注事项

（一）各金融机构对小微金融服务相关信息的披露不够全面

根据监管要求，[①] 自 2018 年起，各银行业金融机构应在年度报告中主动

＊　唐柳：供职于中国人民银行营业管理部内审处。胡玉坤：供职于中国人民银行营业管理部反洗钱处。刘婉：供职于中国人民银行营业管理部，现在中国人民银行征信管理局从事专项工作。

① 参见《中国银监会办公厅关于 2018 年推动银行业小微企业金融服务高质量发展的通知》（银监办发〔2018〕29 号文印发）。

披露本行小微企业金融服务情况，包括机构网点建设、信贷投放、客户数量、贷款平均利率水平等五项基本信息，作为践行社会责任的重要内容，接受社会公众监督。此次调查收集了 31 家金融机构面向社会公开的 2018 年年度报告，并针对报告中信息披露情况进行了总结和分析。调查发现，各银行在不同程度上存在信息披露不全的情况，其中，北京农商行、上海银行和渤海银行三家银行未在年报中对要求的基本信息事项进行披露。总体来看，国有大型银行的披露情况优于股份制等其他类型银行，具体情况如下：

1. 贷款余额披露情况

贷款余额是五个基本事项中披露情况最好的一项。31 家银行中共有 21 家银行披露了贷款余额，占比 67.74%。

2. 贷款利率披露情况

贷款利率在五个基本事项中披露情况较差。31 家银行中仅有 9 家银行披露了贷款利率，占比 29.03%。

3. 贷款不良率披露情况

贷款不良率在五个基本事项中披露情况最差。31 家银行中仅有 7 家银行披露了贷款不良率，占比 22.58%。

4. 客户数量披露情况

31 家银行中共有 16 家银行披露了客户数量，占比 51.61%。其中，股份制银行的披露情况优于国有大型银行。

5. 网点建设披露情况

31 家银行中共有 11 家银行披露了网点建设情况，占比 35.48%。其中，国有大型银行的披露情况优于股份制银行。

（二）各金融机构对普惠金融口径的执行不够严格

1. 银行未全面掌握普惠金融口径内企业贷款信息

目前，人民银行普惠金融统计口径标准内包含单户授信小于 1000 万元的小型、微型企业贷款业务。此次调查调取了 48 家中资银行小微企业贷款明细台账数据，包括贷款发放对象、金额、期限、利率、用途、组织机构代码或身份证号等多项要素，调查组将普惠金融口径内同一家企业在多家银行贷款金额进行加总，发现部分企业贷款总金额仍然小于 1000 万元，符合普惠金融口径范围，部分企业贷款总金额为几千万元，小幅度超出普惠金融口径范围，个别企业在多家银行内的贷款总金额高达上亿元，大幅度超出普惠金融口径范围。

当前，普惠金融领域贷款口径仅对企业在单家金融机构的授信总额度进行了限制，被商业银行划入普惠金融口径的部分企业，在多家银行贷款加总金额存在不同程度超过了普惠金融口径的情况，可能影响普惠金融政策定向发力，导致精准实施政策的目标出现偏差。是否应增加对企业在多家金融机构授信总额度的限制，值得关注并进一步分析研究。

2. 金融机构单户授信规模包含的业务种类不明确

根据单户授信总额①定义，单户授信总额指单家银行业金融机构对单户客户表内外统一授信的总额度。按照监管规定②，授信包括但不限于贷款、贸易融资、票据承兑和贴现、透支、保理、担保、贷款承诺、开立信用证等八种表内外业务。目前，商业银行对企业普惠金融口径业务规模仅明确了贷款业务规模，对于各银行贷款业务以外如票据贴现、保理等七类业务规模情况未明确。对 48 家中资银行小微企业贷款明细台账数据分析发现，部分企业仅贷款业务金额就已达到普惠金融统计口径上限，但授信中并未明确是否含有票据贴现、保理等其他七类业务，无法全面、真实了解企业的综合授信情况，不利于普惠金融口径统计的真实性和有效性。

（三）普惠金融口径数据统计标准不够一致

中国人民银行普惠金融统计口径（以下简称人行口径）关注普惠金融领域贷款统计的全面性，银保监会普惠金融统计口径（以下简称银保监口径）关注普惠金融重点领域贷款统计。人行口径与银保监口径在北京地区能够基本保持一致，但仍存在以下几个方面的差异。

1. 银行同业客户规模方面

对于银行同业客户规模划型，中国人民银行依据《金融业企业划型标准规定》（银发〔2015〕309 号）进行划分，银保监会依据《统计上大中小微型企业划分办法（2017）》（国统字〔2017〕213 号）进行划分。调查发现，

---

① 参见《中国银监会办公厅关于 2018 年推动银行业小微企业金融服务高质量发展的通知》（银监办发〔2018〕29 号文印发）。

② 参见《商业银行集团客户授信业务风险管理指引》（银监会令 2010 年第 4 号）。

可能会出现同一家企业以中国人民银行标准划入小微企业，但以银保监会的标准下则不属于小微企业。

2. 贷款业务方面

对于贴现和外币等两项业务，人行口径不包含以上业务，银保监口径包含以上业务。

对于创业担保（下岗失业人员）贷款、建档立卡贫困人口消费贷款和助学贷款三项业务，人行口径包含以上业务，银保监口径不包含以上业务。

对于农户生产经营贷款规定范围，人行口径的农户生产经营贷款额度没有规定具体范围，应为全部贷款，银保监口径只包括单户授信总额 500 万元以下（含）的普惠型农户经营性贷款，调查发现存在农户生产经营性贷款超过 500 万元的情况，造成两者数据口径不一致的情况。

3. 考核目标方面

对于各项贷款考核目标，中国人民银行制定了定向降准考核指标[1]，银保监会制定了"两增两控"考核目标，[2] 人行口径的各项贷款含同业借款业务，但不含外币业务，银保监口径的各项贷款含外币业务，不含同业借款业务。

三、改进思考

（一）加大信息披露力度方面

一是银行需继续加大信息披露力度。银行作为信息披露人需要承担信息披露的义务和责任，投资者享有获得信息的权利。银行的信息披露对于改善小微企业融资问题起着正向的支持作用。商业银行披露的贷款余额、贷款利率、贷款不良率等数据有助于了解小微企业"融资难"的问题；贷款利率等数据有助于了解小微企业"融资贵"的问题；客户数量、网点建设等数据有

---

[1] 参见《中国人民银行关于对普惠金融实施定向降准的通知》（银发〔2017〕222 号）以及《中国人民银行关于调整普惠金融定向降准有关考核标准的通知》（银发〔2018〕351 号）。

[2] 参见《关于 2018 年推动银行业小微企业金融服务高质量发展的通知》（银监办发〔2018〕29 号）。

助于了解小微企业"融资慢"的问题，贷款基本信息的披露为小微企业融资问题的相关研究提供了数据支持。加大信息披露力度有利于市场投资者深入了解公司的整体风险，有利于政策机关、社会群体的监督与扶持，有利于在行业内形成良性竞争，有利于将小微企业金融服务从"做慈善、做任务"转化为"盈利点、新亮点"。

二是进一步明确贷款数据披露口径。目前各银行提供贷款数据时使用的口径并不相同，给社会公众真实了解各家银行小微企业金融服务情况、进行比较分析等带来了困难。建议监管机构加强数据披露口径管理，进一步明确数据细项要求，既有利于银行具体操作，也有利于政策机关、社会群体的监督管理与扶持。

（二）加强贷款信息管理方面

1. 商业银行应进一步加强贷款管理

一是进一步增强贷前审查工作。加强纳入普惠金融口径贷款企业的资质管理，借助贷款企业的征信报告，详细调查信贷管理系统中贷款企业的贷款情况，真正全面了解企业的贷款情况。二是完善贷后征信检查机制。在贷后管理中及时更新了解跟进贷款企业在其他商业银行的总体信贷情况，确保普惠金融口径的有效性。

2. 进一步设定更加科学的普惠金融统计口径，提升数据管理水平

一是进一步细化普惠金融统计口径，设置合理授信区间。在目前实行的单家银行业金融机构普惠金融统计口径的基础上，增加多家银行业金融机构对单户客户表内外统一授信总额度金额的限制，避免出现部分贷款企业在多家银行贷款金额过大但仍纳入普惠金融口径中，影响普惠金融政策实施的发力精准度。二是加强数据管理系统建设管理，提高金融信用信息基础数据库中各银行贷款数据的及时性和准确性，方便银行进行贷款审查和贷后管理。三是完善普惠金融口径内业务规模种类的统计。增加票据贴现、保理等七类业务规模的统计，明确各贷款企业在银行的授信情况，保证银行上报的普惠口径贷款企业的确属于普惠金融口径业务统计范围。

（三）完善普惠金融统计口径方面

一是进一步统一普惠金融领域统计口径标准。目前不同部门对于普惠金

融政策的侧重点不同,监管重点也不大相同,造成普惠金融领域贷款统计口径存在一定差异,使社会公众对公布的数据产生误解。立足扶持小微企业、服务实体经济的角度,结合相关部门的实际需求,进一步明确普惠金融口径统计标准。从而有利于提高普惠金融领域政策实施的精准度,有利于商业银行提高工作效率。

二是提升普惠金融统计口径的前瞻性。当前我国经济面临着前所未有的机遇和复杂挑战,应该着眼未来,进一步提升普惠金融统计口径的弹性设计,提高统计标准的合理性和可实施性,使该标准在未来的经济形势中也能继续发挥作用。

第二篇

区域经济篇

Regional Economy

优先发展高端生产性服务业是北京市经济高质量发展的战略选择

梅国辉[*]

近年来，北京市经济增长速度缓慢下行，同时还面临着固定资产投资下滑，居民消费低速增长，地方财政收入下降、企业贷款需求趋缓等问题。如何破解这些制约北京市经济增长的"瓶颈"问题，是北京市能否实现经济高质量发展所面临的重大战略问题。量化分析显示，未来十年，如不采取任何措施，北京市经济增速将缓慢降至 5.3%；如要经济增长速度维持在 6% ~ 6.5%，有两条优先发展路径：一是优先发展高端制造业，其他产业保持现行趋势不变，要求第二产业增速逐步增至 8.5% ~ 10.8%；二是优先发展现代服务业，其他产业保持现行趋势不变，要求第三产业增速维持在 6.4% ~ 7.2% 即可。调研结果表明，实现这个增速则需要现代服务业突破固有格局，"补短板"、强优势，提质增效，对满足生产性需求和中高端消费性需求的高端生产性服务业加快政策支持、加大固定资产投资、加强金融支持力度。

一、服务业"大而不强"是经济增长稳中放缓的主要原因

（一）生产性服务业对第一、第二产业发展和升级的促进作用不强^①

北京市经济形成以服务业为主导产业之后，产业升级的主要动力来自生

　＊　梅国辉：中国人民银行营业管理部巡视员。
　①　北京市的高端生产性服务业包括现代金融业、信息服务业、科技服务业、租赁和商务服务业、教育培训等生产性服务业。基础教育、卫生和文化体育与娱乐业中具有生产性服务功能的行业，部分也具有高端生产性服务业的特征。

产性服务业与其他产业的融合。北京市最新投入产出表显示，第一产业和第二产业生产过程中对生产性服务业的直接依赖性都比较低，直接消耗生产性服务业产品比重分别为 16.8% 和 14.6%，第二产业对信息服务业、科技服务业等高端生产性服务行业的依赖程度更低，直接消耗服务业产品比重仅为 0.3% 和 0.9%。从产出来看，生产性服务业的产品主要供服务业本身使用，尤其是高端生产性服务业，第一产业和第二产业使用高端生产性服务业产品的比重仅为 0.3% 和 16%。

（二）生产性服务业优势行业国际竞争力不强

一是全球金融中心排名显示北京市金融业在国际竞争力和对其他产业的支撑方面的作用在不断下降。2012 年投入产出表显示北京市虚拟经济①存在一定程度上的"金融空转"现象，总部金融的辐射作用发挥不足。二是信息服务业规模、质量、龙头企业创新与效益方面与发达国家差距较大。三是北京市科技服务业以向国内输出技术为主，在国际上的竞争优势尚未建立起来。

（三）服务业要素投入的量和质均有提升空间

一是服务业固定资产投资总量偏少和结构不均。扣除房地产开发投资后，2017 年北京全社会固定资产投资额投向服务业的比重为 46.3%，投资额仅为金融支持服务业的 15.5%（剔除房地产贷款）。其中，投向高技术服务业的比重仅占 4.1%；生产性服务业仍处于投资效率上升区，科学研究、技术服务与地质勘查业，信息传输、计算机服务和软件业还有可提升的投资空间。二是劳动力和技术投入的比重还可以进一步提高。2017 年，北京市服务业从业人员的比重达到 80.6%（伦敦高达 92%），其中，基础性和应用性研发在人员和资金方面的投入均不足，不利于推动技术创新。

（四）金融支持服务业供给侧结构方面仍存在问题

2018 年，现代服务业整体的金融支持率为 44.2%，经济贡献率为 62.7%，金融对现代服务业的支持力度仍需加大。结构上，交通运输、仓储和邮政业、房地产业和租赁与商务服务业的资金支持率高，经济贡献率低；经济贡献率高的信息传输、计算机服务和软件业、科学技术服务业和教育业

---

① 这里的虚拟经济指金融业和房地产业。

金融支持率反而较低；满足人民生活需要的生活性服务业金融支持率 1.8%，生活性服务业的发展仍需要更多的资金支持。

二、"做大做强"服务业是北京市经济高质量发展的必由之路和必然选择

（一）服务业比重提高是北京市经济高质量发展的必由之路①

国际经验表明当服务业比重超过 85% 之后，服务业和制造业达到相互融合、相互促进的状态，当服务业占比超过 90% 以后，三次产业结构趋于稳定。从服务业比重和增速来看，东京服务业比重从 80% 提升至 85% 用时约 8 年，2008 年超过 85%。伦敦服务业比重从 88.0% 提升至 91.7% 用时约 12 年，2009 年达 91.7%。纽约服务业比重超过 80% 后增速放缓，比重从 80% 升至 90% 用时将近 20 年。从人均 GDP 来看，东京人均 GDP 超过 6 万美元，金融业与制造业呈现出同步发展趋势，比值相对稳定在 10∶6 左右。伦敦服务业当人均 GDP 达到 6.04 万美元时，服务业与制造业占比趋于稳定，互动融合的共生态势逐步形成。发达国家占据全球价值链顶端最重要的原因在于不断地投入服务业所内含的技术、知识和人力资本，使整体产业结构不断向"服务化"调整。

（二）服务业比重提高是北京市经济实现高质量发展的必然选择

未来十年，如不采取有力措施，北京市经济增速将缓慢降至 5.3%。如要经济增长速度稳定在 6% ~ 6.5%，资源有限的情况下有两条优先发展路径：一是优先发展高端制造业，其他产业保持现行趋势不变，要求第二产业增速逐步增至 8.5% ~ 10.8%，服务业占比将在 79.4% ~ 83.2%；二是优先发展现代服务业，其他产业保持现行趋势不变，要求第三产业增速维持在 6.4% ~ 7.2% 即可，服务业占比将升至 86.2% ~ 86.9%。无论是从国际大都市发展经

---

① 国际大都市服务业发展规律及启示 [J]．前线杂志，2018（9）．

経済結构调整下的首都金融研究与实践

验还是优先发展路径的难易程度均可看出，优先发展现代服务业是必然选择（见表1）。

表1 服务业未来发展路径情景测算

年份		2019	2020	2021	2022	2023	2024	2025	2026	2027	2028
情景一	地区生产总值增速	5.8	6.1	6.1	5.9	5.8	5.7	5.6	5.5	5.4	5.3
	第一产业增速	8.9	8.9	5.0	0.7	−2.1	−2.9	−2.2	−0.8	0.3	0.7
	第二产业增速	3.9	4.6	4.5	4.3	4.2	4.1	3.9	3.8	3.7	3.6
	第三产业增速	6.2	6.5	6.5	6.3	6.2	6.0	5.9	5.8	5.6	5.5
情景二	地区生产总值增速	6.5	6.5	6.5	6.5	6.5	6.5	6.5	6.5	6.5	6.5
	第一产业增速	8.9	8.9	5.0	0.7	−2.1	−2.9	−2.2	−0.8	0.3	0.7
	第二产业增速	3.9	4.6	4.5	4.3	4.2	4.1	3.9	3.8	3.7	3.6
	第三产业增速	7.2	7.0	7.0	7.0	7.0	7.0	7.0	7.0	6.9	6.9
情景三	地区生产总值增速	6.0	6.0	6.0	6.0	6.0	6.0	6.0	6.0	6.0	6.0
	第一产业增速	8.9	8.9	5.0	0.7	−2.1	−2.9	−2.2	−0.8	0.3	0.7
	第二产业增速	3.9	4.6	4.5	4.3	4.2	4.1	3.9	3.8	3.7	3.6
	第三产业增速	6.6	6.4	6.4	6.4	6.4	6.4	6.4	6.4	6.4	6.4
情景四	地区生产总值增速	6.5	6.5	6.5	6.5	6.5	6.5	6.5	6.5	6.5	6.5
	第一产业增速	8.9	8.9	5.0	0.7	−2.1	−2.9	−2.2	−0.8	0.3	0.7
	第二产业增速	8.1	6.9	7.2	8.0	8.6	9.2	9.7	10.1	10.5	10.8
	第三产业增速	6.2	6.5	6.5	6.3	6.2	6.0	5.9	5.8	5.6	5.5
情景五	地区生产总值增速	6.0	6.0	6.0	6.0	6.0	6.0	6.0	6.0	6.0	6.0
	第一产业增速	8.9	8.9	5.0	0.7	−2.1	−2.9	−2.2	−0.8	0.3	0.7
	第二产业增速	5.3	4.0	4.2	5.0	5.6	6.3	6.9	7.5	8.0	8.5
	第三产业增速	6.2	6.5	6.5	6.3	6.2	6.0	5.9	5.8	5.6	5.5

注：情景一为按2000~2018年增速趋势预测未来十年GDP和三产增速值；情景二为要保持地区生产总值6.5%增速，优先第三产业发展所需的三产增速值；情景三为要保持地区生产总值为6%增速，优先第三产业发展所需的三产增速值；情景四为要保持地区生产总值6.5%增速，优先第二产业发展所需的三产增速值；情景五为要保持地区生产总值为6%增速，优先第二产业发展所需的三产增速值。

三、服务业"增质提效"需在三个层面实现良性循环

（一）金融服务业自身的良性循环

一是继续推进资本市场改革在科创板基础上，继续大力推进资本市场的市场化、注册制改革，推动资本市场融资效率；发展私募股权融资，强化私募股权市场与境内外主板资本市场的连接和互动；加强债务融资支持，鼓励服务业企业贷款类资产证券化产品发行。二是大力发展保险业对实体经济的支持力度。从金融业增加值结构看，北京市银行业增加值占绝对主导地位，而其他世界一线城市保险及其他金融服务业也占了重要比重。三是推动金融业深度融入国际市场。支持设立人民币海外投贷基金，支持符合条件的机构开展合格境内有限合伙人境外投资试点，为服务业发展提供更全面的综合性金融服务。

（二）服务业内部各行业之间的良性循环

一是完善生产性服务尤其是高端生产性服务产业链，提升服务业的价值创造功能。以高端制造业为基础，各环节共同构成生产性服务产业链，进一步促进各生产性服务业行业基于知识服务流程和关联构成服务功能更强的产业链体系。二是进一步推动各生产性服务行业互动发展，提高整个服务业体系效率和效益。促进研发产业与流通产业相结合，提升研发产业的市场导向；推动商务服务业中的各项专业知识服务与服务业的全面融合，提高服务业知识化水平；以服务业信息化为契机，提高信息服务业的高端咨询与设计能力，延伸信息服务链。

（三）服务业与其他行业之间的良性循环

一是加强生产性服务业和高端制造业融合互动。北京应以高端制造业为基础，进一步向价值链两端延伸，提高服务业融合度，拓展价值链上的核心环节，例如，促进研发服务产业化，完善研发产业链结构。二是提高北京市制造业整个流程的效率和知识技术含量。推动物流、供应链管理等流通服务与制造业进一步融合互动；提高制造业管理技术水平，实现流程创新；充分发挥信息服务业优势，提高制造业生产和管理流程的信息化程度。

北京市固定资产投资特征及政策建议

马　冰*

一、对比上海看北京固定资产投资特征

（1）一线城市中，北京全社会固定资产投资规模最大，但由于固定资产投资500万元以下项目投资额远低于上海，使得北京"固定资本形成"长期低于上海。

自2010年以来，北京市全社会固定资产投资在一线城市中一直处于领先。2017年，北京市全社会固定资产投资完成额规模达到8307.3亿元，而同期的上海、广州、深圳只有7241亿元、5919.8亿元和5147.3亿元。然而，从"固定资本形成"看，北京却长期低于上海（见图1）。

利用"固定资产投资"和"固定资本形成"两指标的差异，我们可以建立"500万元以下项目固定资产投资"指标。

我们设定：500万元以下项目固定资产投资≈固定资本形成−（固定资产投资−土地购置费）。

观察发现，北京市500万元以下项目投资额常年低于上海，而且差距呈现逐步扩大的趋势。2017年，北京市"500万元以下固定资产投资额"仅为3138.7亿元，上海高达5783.6亿元，深圳超越北京达到3380.1亿元（见图2）。

500万元以下项目固定资产投资力度不足，使北京虽然固定资产投资完成额虽高，但"固定资本形成"长期低于上海。这也是北京投资增长波动较

---

　　* 马冰：供职于中国人民银行营业管理部调查统计处。

大的一个重要原因。从固定资产投资主体也可以看到，北京私营企业和个体投资占比显著低于上海。北京私营企业和个体固定资产投资占比常年维持在5%~6%，而上海高达15%~17%。

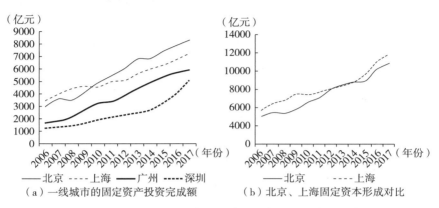

图1 一线城市的固定资产投资完成额和固定资本形成

资料来源：Wind 数据库，以下图表资料来源如非注明皆来自 Wind 数据库。

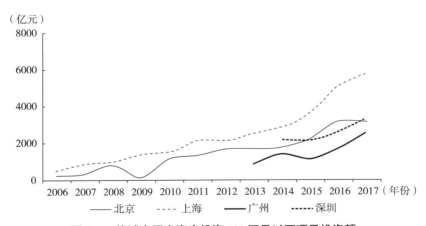

图2 一线城市固定资产投资 500 万元以下项目投资额

（2）500 万元以上项目的固定资产投资中依然体现出北京过于倚重大型投资项目的特点。中小项目占比小，不利于活跃经济生态的协调发展，不利于现金流再生循环，一旦缺乏大型投资项目对经济的影响过大。

统计数据显示，2017 年 10 亿元以上的投资项目金额占比高达 65.3%，较上海高出近 21 个百分点（见图 3）。

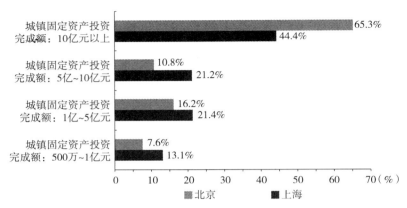

图 3　2017 年城镇固定资产投资项目金额分布——北京与上海对比

从结构的变化上看，北京市对于大型投资项目的依赖度仍在增加，10 亿元以上的投资项目占比在 2016 年和 2017 年明显上升。上海的占比稳定在 40%左右，投资结构更优更稳（见图 4）。

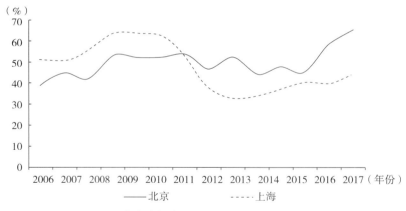

图 4　固定资产投资中 10 亿元以上项目金额占比

（3）从整体上看，北京和上海固定资产投资已经进入投资效率边际性下降、资本密度提升时期。北京资本密集度低于上海，较世界发达经济体差距更大，固定资产投资仍有较大空间。

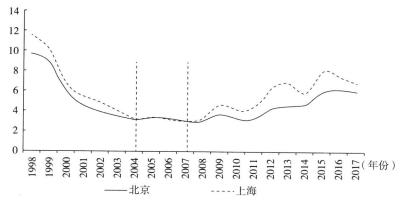

图5　北京、上海五年移动平均 ICOR 值

对比北京、上海的增量资本产出比（Incremental Capital-Out-put Ratio，ICOR）① 走势，2004 年之前，两城市都经历了投资效率的大幅提升，于 2004~2007 年同时达到了投资效率的顶峰，且 ICOR 值几乎相同。2007 年后，ICOR 趋势向上，代表资本密集度不断加大。从图5 中可见，上海的资本密集度一直高于北京。

世界银行提供的数据显示，按照五年移动平均计算，2011~2015 年发展中经济体 ICOR 为 6.1，发达经济体 ICOR 为 12.1。同期，北京的 ICOR 仅为 6。因此相对于发达经济体，北京的资本密集度还有很大的提升空间。

（4）从局部看，北京市生产性服务业尚处于效率提升阶段，生活性服务业进入资本密集度提升阶段；两者 ICOR 值很低，投资空间广阔。

我们将生产性服务业对应的统计行业设定为：交通运输、仓储和邮政业，信息传输、计算机服务和软件业，金融业，租赁和商务服务业，科学研究、技术服务和公共设施管理业和教育。生活性服务业对应的统计行业设定为：批发与零售业，住宿与餐饮业、居民服务和其他服务业，卫生、社会保障和社会福利业，文化、体育与娱乐业和公共管理与社会组织。将以上行业的 GDP 和固定资产投资数据汇总，并利用 CPI 指数以 2017 年为基期进行折算后，计算得到生产性和生活性服务业的 ICOR 值，如表1 所示。

---

① ICOR 是评价宏观投资效率的重要指标，反映资本增量（ΔI）和 GDP 增量（ΔG）之间的比例关系，即 ICOR = ΔI/ΔG。

表1 生产性和生活性服务业投资效率分析

年份	GDP：北京：生产性服务业	GDP：北京：生活性服务业	固定资产投资：北京：生产性服务业	固定资产投资：北京：生活性服务业	ICOR：五年移动平均：生产性服务业	ICOR：五年移动平均：生活性服务业
2011	8398.59	4255.23	1058.59	262.66	1.35	0.77
2012	9024.19	4439.16	1265.14	199.03	1.55	0.78
2013	9949.03	4606.75	1280.85	273.64	1.48	0.90
2014	11143.84	4685.74	1355.34	200.67	1.35	0.87
2015	12229.48	4862.06	1358.28	265.28	1.32	1.35
2016	13279.39	5058.05	1376.56	249.94	1.36	1.48
2017	15192.27	5262.91	1926.10	150.11	1.18	1.38

注：表中 GDP 和固定资产投资数据均利用 CPI 指数以 2017 年为基期进行折算。

北京生产性服务业的 ICOR 值很低且数值仍然呈下降趋势，说明生产性服务业仍处于投资效率上升区。生活性服务业的 ICOR 值呈上涨趋势，说明生活性服务业已经处于投资效率边际下降区域，但由于其 ICOR 值很低，对生活性服务业进行投资仍能获得很高的收益。

从细分行业看（见图 2），北京 2017 年投资效率最高的行业依次是科学研究、技术服务与地质勘查业，信息传输、计算机服务和软件业，租赁与商务服务业，教育，居民服务和其他服务业等。其中科学研究、技术服务与地质勘查业，信息传输、计算机服务和软件业，教育业，以及卫生、社会保障和社会福利业仍然处于效率提升阶段，应作为重点投资领域（见表 2）。

表2 第三产业 ICOR 值（按投资效率排序）

ICOR：五年移动平均：第三产业	2011 年	2012 年	2013 年	2014 年	2015 年	2016 年	2017 年
卫生、社会保障和社会福利业	1.39	1.09	0.66	0.40	0.17	—	—
科学研究、技术服务与地质勘查业	0.46	0.67	0.73	0.76	0.73	0.64	0.31
信息传输、计算机服务和软件业	0.89	1.07	1.25	1.09	0.99	0.98	0.81
租赁与商务服务业	0.31	0.29	0.26	0.29	0.40	0.59	1.13
教育	2.56	2.53	2.38	1.60	1.62	1.52	1.15
居民服务和其他服务业	—	64.41	2.10	1.00	4.12	2.51	1.73
文化、体育与娱乐业	2.64	2.78	3.79	2.38	2.75	2.71	3.50

续表

ICOR：五年移动平均：第三产业	2011 年	2012 年	2013 年	2014 年	2015 年	2016 年	2017 年
批发与零售业	0.12	0.14	0.23	0.29	1.40	—	9.04
交通运输、仓储及邮电通信业	11.18	14.05	11.35	11.88	22.66	23.95	13.55
水利、环境和公共设施管理业	46.67	54.92	52.93	30.48	24.16	25.21	21.70
房地产业	43.33	52.23	46.08	225.72	75.36	45.43	57.06
住宿和餐饮业	2.33	2.66	4.18	5.09	10.51	31.71	146.26

值得注意的是，交通运输、仓储和邮政业比较特殊，属于资本高耗费行业，其相当部分的经济效益并不体现在自身的产值中，因此不可简单以 ICOR 值作为其投资效率的评定标准。从世界各国大都市的投资经验来看，交通运输投资的外溢作用越发受到重视。

（5）北京房地产投资效率明显低于上海，年度间投资波动大可能是一个重要原因。

2017 年北京五年移动平均 ICOR 值高达 57.06，远高于上海的 30.96。北京与上海的房地产投资在投资金额、投资结构上相差不大，然而投资效率却差别很大，可能跟北京的房地产投资年度间波动更大，造成了资本浪费有关系（见图 6）。

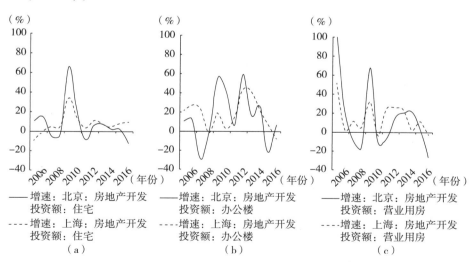

图 6 北京、上海房地产投资增速

房地产业投资效率低，但同交通运输、仓储和邮政业一样，其外溢的经济效益明显。而且"土地购置费用"作为财政收入的重要来源，发挥着支撑投资的重要作用，因此应在剔除土地价格影响下努力保持平稳增长，并努力提高房地产业的投资效率。

综上可见，北京市固定资产投资仍有较大的结构改善空间和投资空间，未来仍可以为经济的平稳增长保驾护航。

二、国际发达城市投资启示

纽约。以金融、房地产等核心产业为支撑，以改善交通等基础设施投资、提升城市空间和谐度为基础，以产学研合作为抓手，推动传统产业和高新产业深度融合和持续发展，促进产业发展升级。

伦敦。通过改善特定区域的基础设施，消除城市区域、产业间的不平衡不公平现象，改善经济生态，开放行政资源和金融资源支持小企业的发展，打造"金融科技城"。

东京。依靠帮助和推动中小企业的发展进一步提高城市中心集聚性，打造智慧能源领军城市。

对比三座国际城市的建设投资思路和做法，有如下共性：一是城市建设投资都以改善城市经济生态为理念，消除不平衡不公正现象，促进城市和谐；二是始终将改善交通运输作为城市基础设施建设的重头戏，保证城市良好的通达性，维护城市的吸引力和聚集性，促进产业集聚和高效率发展；三是关注和支持小微企业的发展，向小微倾斜资源，搞活底层经济；四是利用自身的金融优势支持实体经济发展，填补脱实入虚造成的高新产业空洞；五是善于利用政府的小投资撬动民间的大投资，因此在城市软环境的打造上，三座城市倾注了大量心力；六是经历了郊区化的三座城市都开始强调中心城区和社区的重新开发和布局，以高聚集酝酿引发产业的升级发展。

三、改善北京固定资产投资的建议

在理念转换上：一是应将固定资产投资的理念从大项目、大投资拉动

GDP 转变到改善城市经济生态理念上来，关注公平公正和产业和谐。二是从重视硬环境建设转变到注重软环境营造上来，以提升城市产业和人才的吸引力为目标，打造富有吸引力的生活、工作软环境。

在潜力挖掘上：一是推动政府与民营资本的合作，激活民间投资力量，增强北京经济应对不利经济环境的韧性。二是保证房地产业投资的平稳增长，带动其他产业的投资和为其他产业的投资提供弹药。三是大力提高生产性服务业和生活性服务业的投资，提高投资数量及占比。四是不应忽视工业的固定资产投资，应在推动发展十大高精尖产业过程中适度再工业化。

在新领域培育上：一是鼓励创业，支持小企业发展，降低企业运营成本，激发投资动力，为城市的长久发展提供不竭的投资源泉。二是推动金融与科创企业融合，改善科技创新企业融资体系，完善以风险投资为核心的融资环境。三是引导传统地产开发商向新经济服务商转变。将土地指标与高新产业发展和聚集相结合，引导房地产商为产业升级助力。

中关村示范区科技金融业务经营模式及优化科技金融专营组织机构评估工作的建议

汤　旸等*

一、专营组织机构科技金融业务经营模式和主要特点

（一）北京地区科技信贷集中度高，银行专营化的特点突出

截至 2019 年，中国人民银行中关村中心支行（以下简称中关村中心支行）专营组织机构监测范围从 2015 年的 47 家扩展至 66 家。2019 年 12 月末，中关村中心支行辖内 66 家专营组织机构中关村高新技术企业贷款余额占北京市高新技术产业人民币贷款余额的比重为 23.5%。初步估算①，专营组织机构所辖的营业网点数量约占北京市银行一线网点总数的 8.5%。纳入监测的专营组织机构，以 8.5% 的网点占比，贡献了近北京市 1/4 的高新技术企业贷款。由此可见，北京地区银行的科技信贷业务有三个基本特点：一是全市科技信贷业务集中度高，二是中关村示范区科技信贷业务在全市占比高，三是银行普遍采用专营模式开展科技信贷业务。中关村中心支行的科技金融监测评估工作，不仅可以成为深化示范区科技金融工作的有力抓手，而且也可以成为疏通全市科创企业金融服务"梗阻"、助力科创中心建设的重要着力点。

---

　*　汤旸、徐珊、陈百惠：供职于中国人民银行中关村中心支行。
　①　按照一家专营组织机构下辖四个网点估算。

（二）探索建立与科技金融业务相适应的组织架构

为适应科创型小微企业金融服务效率要求相对较高、单笔额度相对较低、企业经营专业技术强的特点，各专营组织机构积极在总分行和支行层面开展组织机构创新。

总分行层面，目前北京地区科技信贷经营的组织模式主要分为负责业务发展规划、营销推广，一般不承担审贷和风控职能的科技金融业务牵头部门和整合产品、营销、考核、风控等职能的管理中心、事业部（见表1）。

表1　银行组织架构创新模式及特点（总分行层面）

模式	组织架构	主要特点	实例
传统模式	牵头部门主要负责科技信贷业务发展规划、营销推广、数据统计等，不承担信贷审批及风险控制职责	优点：分工明确，营销、拓户与审批、风控相对隔离。 不足：部门间配合协调降低了业务效能；牵头部门与审批和风控部门的经营尺度不完全一致，导致信贷投向偏重于风险小、利润高的大中型企业现象	工商银行2017年6月成立普惠金融事业部，负责产品营销、数据统计，授信由中台授信审批部负责，风险控制由后台信贷与投资管理部负责
创新模式	设立相对独立的科技金融经营部门，配有独立的信贷审批权和专门负责小微企业的风险评审人员，以业务单元的形式直接对接一线经营网点	优点：拥有高度的自主经营权，一个部门完成科技信贷业务的所有环节，可以充分发挥部门的灵活性和创造性；业务专营性和专业性高。 不足：集合了信贷业务条线的所有功能，具有风险控制不到位的潜在风险	招商银行北京分行在分行层面成立小企业金融部，审贷官负责完成筛选客户、尽职调查、信贷决策与审批；杭州银行总行层面设立科技文创金融事业部，负责信贷产品设计、营销、风控和考核

在支行层面，经营模式主要分为两类。一类是特色支行模式。由分行牵头向支行派驻风控或者审贷人员，同支行信贷客户经理共同开展科技金融业务，实现科技金融专业能力向一线有效传导。另一类是直营中心模式、专营支行模式。该模式下，科技信贷业务的中后台职能均由分行统一承担，支行

负责科技信贷产品的营销和客户拓展，实现分行专业人员、优势资源的集中化利用。

（三）围绕科创企业特点推出了较为丰富的科技信贷产品和科技金融服务

科创型小微企业具有轻资产、研发技术强的特点，专营组织机构主动创新产品和服务，在拓展科技金融业务的同时，平衡科技信贷业务相对的高风险。

科技信贷产品层面，专营组织机构通过与政府部门、创投机构、担保公司合作，为种子期、初创期、成长期和成熟期的企业提供各具特色的信贷产品（见表2）。

表 2　科技信贷产品的类型和特点

企业发展阶段及特点	银行服务模式	信贷产品特点
种子期和初创期：前期投入大，技术创新不确定性高，产品销售少，盈利不稳定，高风险和高收益并存	通过园区、管委会、孵化器推荐，获取高成长性潜在用户，通过创业团队提供保证或与担保公司合作模式为企业提供贷款	一般为信用贷款，额度小、期限短
成长期：内部管理和核心技术趋于成熟，亟须扩大市场。仍有一定经营风险，科技金融业务投入产出比不高	与创投机构开展投贷联动，通过"跟贷""选择权贷款"等方式，分享科创型企业成长红利	额度较高，抵押物少，期限相对较长
	考察企业发展前景、信用情况、贷款记录和财务报表，与担保公司共同发放贷款	额度较低，需要企业实际控制人及配偶承担无限连带担保责任，并提供固定资产担保
	根据企业日常经营需要，提供应收账款贷、供应链贷、订单贷、知识产权贷等产品	需要应收账款、知识产权等对应抵押物，期限较短
成熟期：已确立品牌，经营业绩稳定，抵押物增多，融资能力达到最强，获贷能力强	提供信用贷款，或根据企业需要提供定制化产品	额度高、期限长

科技金融服务方面,专营组织机构立足实际,探索科技金融服务的可持续发展路径。一是利用自身渠道优势开展融资撮合、管理咨询等综合性服务,将创投机构、产业基金等资源推荐给重点企业,增加客户黏性,锁定企业未来现金流,缓释企业发展不确定性风险。二是运用互联网思维和大数据手段,整合银行内部数据和外部公共信息,为企业精准画像,提供便捷快速的线上服务。例如建设银行"小微快贷"业务,建立了针对小微企业的专属业务流程,实现贷款申请、审批全流程线上自动化办理。

(四)优化内部机制和资源配置,推进科技金融业务持续发展

为鼓励一线经营机构持续开展科技信贷业务,部分银行在资金、考核等方面,加大对科创小微信贷业务条线的倾斜支持,实现服务科创小微企业向内生动力转变。具体的机制和措施主要包括:实施内部资金转移价格优惠,合理管控小微企业贷款的内部筹资成本①;单列信贷计划,专项配置资源②;加大考核激励,实行差异化管理③。

二、专营组织机构科技金融业务发展中存在的主要问题

一是中关村科技信贷总量稳步提升,但信贷资源对科创型企业的倾斜支持还有待提升。从监测数据来看,专营组织机构对科创型企业信贷支持力度持续加大,但增速放缓。从专营组织的科技信贷结构来看,近五年专营组织

---

① 如建设银行内部转移价格 FTP 降低 100~150BP,兴业银行内部转移价格 FTP 降低 15 个 BP,浦发银行短期贷款 FTP 下调 150BPS,中长期贷款 FTP 下调 100BPS。浙商银行虽然贷款 FTP 未区分企业类型差别定价,但小微企业经济资本成本率按大中型企业 53 折执行。

② 杭州银行规定每月单列公司条线信贷规模的 20%作为科技文创金融专项信贷额度。兴业银行对科技企业信贷投放单列信贷计划,对符合条件的中小微科技型企业,有权向总行逐月申请专项信贷规模。

③ 工商银行在科技金融和中小企业普惠金融业务均设立单独考核办法,相关权重不低于 10%;在中小企业贷款增长指标中,为新市场领域及科技金融普惠企业贷款增长设置 1.2 倍系数。北京银行对小微支行分别按一般支行绩效考核政策、小微支行差异化考核政策计算小微支行绩效,按照孰高原则对小微专营支行进行考核。招商银行调整考核体系,对于拓展大中型企业和小微企业给予相同薪酬奖励。

机构中关村高新技术企业贷款余额，在各项贷款余额中的占比为22%~24%，相对稳定。但高新技术企业贷款余额占比在50%以上和20%以下的专营组织机构均有20多家，还有相当数量的银行在信贷支持科创企业方面有潜力可供挖掘。

二是银行经营理念与政策导向、区域发展不完全匹配。有的银行在差异化信贷管理政策、尽职免责、考核激励等制度安排上还未进行改革，有的银行仍采用传统的信贷员线下跑企业的模式，一线营业网点仍存在服务科创型小微企业"不愿贷、不会贷"的问题。例如，某注册地在北京的股份制银行目前主要目标客户仍为大型央企国企，加之科创类企业有较强的专业性，银行从业人员对科技行业发展及特点缺乏了解，未形成整体的营销意识及知识体系，导致服务科创企业陷入"恶性循环"。

三是现有的科技信贷产品服务在模式、条件方面还可以进一步优化。调研中我们发现，银行对科创型企业的发展潜力、人才储备、技术能力等"软信息"的评估和精细化分析能力不强，风险定价模式单一，缺少差异化、针对性的信贷产品和服务方式创新，与科创型小微企业的发展特点和融资需求不相适。例如，某国有银行早在2012年就有知识产权类贷款"科技通"，但该产品仍主要以固定资产为抵押品，知识产权只是作为增信方式，对改善科技企业融资作用有限。

四是票据市场融资作用未完全发挥。票据具有期限短、便利性高、流动性好等优点，能够较好契合小微企业生产经营特点和融资需求。通过调研①我们发现，专营组织机构贴现业务规模不高，票据融资在企业中普及度较低，银行拓户难。

三、政策建议

建议围绕三个方面，进一步优化科技金融专营组织监测评估工作：一是晒好"成绩单"，各银行履行支持科创企业的主体责任，干与不干不一样，

① 2019年上半年，中国人民银行中关村中心支行对示范区80家企业开展了票据融资需求问卷调查（其中，小微企业占比五成），调查结果显示，六成被调查对象不了解商业汇票，签收过商业汇票的企业中仅四成向银行申请贴现。

干多干少不一样；二是当好"导航仪"，通过指标和分数权重设计，指明银行在科技信贷经营中的发力重点；三是用好"指挥棒"，通过差异化管理，鼓励专营组织机构创优争先，服务科创小微企业。具体而言：

一是以专营组织机构评估工作为抓手，进行差异化管理，形成鼓励服务科创、鼓励创新的政策环境。约束机制方面，建议设立专营组织机构认定和退出机制，对不同类型、规模的银行实行分类化评估与管理，提升评估压力。差异化管理方面，对于在年度评估中名次突出的机构，建议在再贴现业务办理方面给予额度、期限方面的支持，在参与营业管理部大数据试点方面给予优先地位，协调中关村管委会给予科技金融信贷风险补贴资金倾斜支持等奖励。

二是细化监测指标，着重考核银行产品服务创新，增加小微企业金融服务获得感。鼓励创新方面，建议提高银行组织机制、产品服务创新在评估指标中的权重。提升服务方面，建议将信用贷款、知识产权质押贷款等信贷产品报送增加纳入季度监测，并在监测报告中予以体现；同时将"科技信贷产品"考核纳入年度定性评估。

三是加大货币政策工具宣传力度，发挥结构性货币政策工具精准滴灌的作用。在定量评估中，建议通过与同类参评机构的横向比较，以及与自身往年的纵向比较两个维度，对银行高新技术企业票据贴现业务予以考核。

北京市居民消费与经济增长、产业升级的关系研究

钱　珍　陈　娇[*]

一、北京市居民消费的基本情况

（一）北京市居民消费现状

北京市经济的平稳发展和收入的较快增长带来人均消费的增加以及居民消费的升级。2018 年 1~3 季度，北京市居民人均消费支出 29298 元，同比增长 6.7%，占人均可支配收入的 63.1%；其中，城镇居民人均消费支出 31592 元，同比增长 6.7%，占城镇居民人均可支配收入的 62.68%。

居民服务性消费水平持续提升。随着生活水平的提高，居民消费形态从单一物质生活需求向多样化服务需求转变，信息、旅游、娱乐等满足精神生活需求的服务性消费成为新的消费增长点。2017 年，北京市居民人均服务性消费支出占人均消费支出的比重为 52.5%，较 2016 年提高 2.2 个百分点；2018 年 1~3 季度，居民人均服务性消费支出同比增长 14.6%，占消费支出的比重扩大至 56.5%，较 2017 年同期提高 3.9 个百分点。

（二）北京市居民消费特点分析

第一，居民消费层次已经领先全国进入富足型消费。从恩格尔系数的走势来看，北京市城镇居民和农村居民消费层次的差距相对较小，并且城镇化

---

　　*　钱珍、陈娇：供职于中国人民银行营业管理部调查统计处。

率较高，整体消费层次介于富足型和极其富裕型之间，领先于全国两年时间进入富足型消费层次。

第二，消费质量由低端向中高端转变。从饮食结构来看，北京市城镇居民在粮食、食用油方面消费占比有所下降，在肉、蔬菜和食用菌、糖果糕点等方面的消费有所增加，并且在饮食服务方面的支出加大。从居住环境来看，同样有了明显改善。

第三，消费形态从物质型消费向服务型消费转变，从生存型消费向发展和享受型消费拓展。在居民端，2018 年前三季度，居民"生存型"消费占比为 66.5%，较 2015 年初下降 2.6 个百分点；居民"发展和享受型"消费占比为 30.6%，较 2015 年初上升 3.2 个百分点。

第四，消费方式由简单的线下或线上转变为线上、线下相结合的方式。互联网在促进居民消费方面发挥了巨大作用。2017 年，北京市居民人均通过互联网购买的商品或服务支出为 952 元，同比增长 16.7%，比 2016 年提高 9.5 个百分点。

二、居民消费对经济增长及产业协同的意义

（一）居民消费对经济增长的意义

从拉动经济增长的三大需求来看，消费支出对经济的贡献作用不断增强。北京市经济总量中，主要依靠投资和消费来拉动，进出口在部分年度的贡献甚至是负的。2006 年以前，北京市经济增长的主要贡献较多来自投资，2007 年开始，消费支出对拉动经济的作用凸显，首次超过投资对经济增长的贡献。此后，消费支出的贡献度越来越高，2017 年末，消费支出占 GDP 的比重为 60.1%，较 2007 年上升 10.7 个百分点。

（二）居民消费对产业协同的意义

本文以真实运转的经济社会体系作为一个系统，在系统中来综合考察居民消费对产业结构协同性的影响，通过测算产业结构信息熵，探究北京市整体以及各区三次产业发展的协同性和结构效益。结果显示：

一是北京市产业协同性总体较好，但各功能区相差较大。根据数据的可

得性，2016 年北京市全市产业结构信息熵为 0.52。按照功能区划分，首都功能核心区信息熵为 0.25，城市功能拓展区为 0.35，城市发展新区为 0.76，生态涵养发展区为 0.85，总体来看，首都功能核心区和城市功能拓展区的产业结构协同性较好，结构效益较高，而城市发展新区和生态涵养发展区产业结构协同性较差，结构效益相对较低。

二是从整体来看，对北京市产业结构协同性有显著影响的是指标是经济、人民生活、科技、社会保障和常住人口，其中，人民生活的代表性指标是居民消费、收入、资产和负债。社会保障和常住人口对产业结构协同的影响是反向的。被剔除的不显著的指标有文化、教育和卫生。

三是具体到功能区，首都功能核心区产业协同的主要影响因素是人民生活和社会保障，都是和民生相关的；城市功能拓展区产业协同的主要影响因素是经济和社会保障；城市发展新区产业协同的主要影响因素是经济和常住人口；生态涵养发展区产业协同的主要影响因素是经济和人民生活。

四是具体到行政区，东城区、西城区产业结构协同的主要影响因素是经济和人民生活；朝阳区、昌平区、房山区、顺义区的主要影响因素是经济、人民生活和社会保障；海淀区的主要影响因素是人民生活和社会保障；丰台区、大兴区、通州区的主要影响因素是经济和社会保障；石景山区、门头沟区的主要影响因素是经济、社会保障和常住人口；密云、平谷、怀柔和延庆等区的产业协同影响因素较为相似，主要影响因素是经济、常住人口、人民生活和社会保障。

三、未来北京市居民消费增长的潜力分析

居民消费对经济增长和产业结构协同的作用是不言而喻的，当前北京市消费不足仍是拉动经济增长的主要问题：

第一，北京市居民消费增长乏力。2017 年北京市居民消费支出实际增长率为 6.2%，低于 GDP 实际增长率 0.5 个百分点，与 2016 年同期保持相同的增速。从历史趋势来看，北京市居民消费支出实际增长率 2002 年开始一直保持较快增长速度，2002~2011 年，基本保持两位数增速，2012 年以来实际增长率降至 10% 以下，2016 年开始实际增长率出现新低，2016 年和 2017 年均为 6.2%。

第二，社会消费品零售总额增速趋缓。2018 年 1～11 月，北京市实现社会消费品零售总额 10652.6 亿元，同比增长 3%，较 2017 年同期下降 2.7 个百分点，连续八个季度持续回落。2018 年 11 月社会消费品零售总额下降主要由于零售业和住宿业较 2017 年同期分别减少 4.3% 和 6.7%，按商品用途来看，吃、穿、烧等必需品消费保持较为稳定的增速，用类消费品减少 5.6%。

第三，北京市城镇和农村居民消费倾向持续走低。居民平均消费倾向不断下降，由 2015 年同期的 68.5% 降至 2018 年第三季度末的 63.1%，实际消费能力走低；具体来看，北京市城镇居民的消费倾向持续走低，以每年约 1 个百分点的速度下降，农村居民的消费倾向下降较为缓慢，以每年约 0.1 个百分点的速度下降。

第四，部分商品及服务价格的上涨，使居民实际消费能力有所下降。2015 年初至 2018 年第三季度北京市居民物价指数总体上累计上涨 8.6%，其中，居住价格指数、医疗保健价格指数、食品价格指数、教育文化和娱乐价格指数累计分别上涨 15.1%、13.2%、7.7% 和 6.7%，居民实际购买力随着房价和物价的上涨有不同程度的下降。

四、政策建议

（1）继续完善社会保障体系、增加居民可支配收入，减少居民在消费支出方面的顾虑。居民在居住、养老、看病等方面仍然存在诸多顾虑，不敢放心消费，建立完善的社会保障体系以及有效增加居民可支配收入对于保证人民生活水平、稳定居民消费支出预期进而推动地区经济增长具有十分重要的意义。

（2）稳定居住类产品和价格，防止"居住"类支出对居民其他消费造成挤出效应，尤其是对教育、文化和娱乐以及交通通信等发展型消费支出的挤占。为防止居民在居住支出上的进一步增加，影响居民在其他方面的消费支出，有必要保持当前住房以及租房价格水平的稳定，以此稳定居民的在居住消费支出方面的预期。

（3）提高居民消费产品和服务的质量，加强高品质、高标准产品和有效的服务供给。一是结合全国文化中心建设，积极探索旅游、文化、体育休闲、娱乐跨界融合提升发展的新模式，培育新消费增长点。二是积极扶持健康、休闲度假等消费业态，培育多层次的服务性消费市场。三是加快运用现代科技改造传统服务业，重点借鉴纽约对传统服务业创新发展的经验。

（4）优化升级产业结构，培育发展新动能。针对首都功能核心区，要大力发展生活性服务业，注重高附加值、高品质生活性服务业的打造；针对城市功能拓展区，提升对外开放程度和服务水平，优先发展先进制造技术、电子信息、生物工程和新医药等产业；针对城市发展新区，加快高新技术产业和现代制造业基地的建设，完善和加强公共服务体系、生活性服务体系以及生产性服务体系；针对生态涵养区，增加常住人口数和社会保障力度，大力发展经济和改善人民生活水平，重点培育旅游、休闲、康体、文化创意等产业。

地方政府对企业补贴情况研究
——以北京市为例

陈永波等[*]

一、北京市政府对企业补贴及管理情况

(一) 北京市企业补贴政策及资金管理情况

一是围绕政策目标制定补贴政策并设立专项资金，种类繁多。从近年的市区两级政府对企业的补贴政策看，围绕着不同的政策目标，出台专门的补贴政策和资金管理办法。从市级层面看，北京市围绕着高精尖产业发展、商业流通发展、文化创意产业发展、外经贸发展等制定了专门的政策支持和专项资金管理办法。从区级层面看，各区除了市级要求的配套政策外，还围绕着自身发展的重点，制定或者配套了很多具有区域发展特色的政策办法。

二是由行业主管部门负责并在部门预算中安排，涉及部门多。地方政府对企业补贴并不由财政部门负责具体实施，而是由行业主管部门负责具体管理，在本部门预算内对资金进行安排，对补贴项目进行审核，而财政部门负责预算资金保障、拨付和监督。例如，北京市高精尖产业发展资金由北京市经济信息化委负责组织实施，并纳入部门预算管理；海淀区核心区自主创新和产业发展专项资金由海淀园管委会（区科委）、区金融办、区商务委共同负责实施；东城区旅游发展专项资金由区旅游委实施。其中，各级财政部门作为资金预算的管理部门，与行业主管部门共同参与资金监管，但资金监管

---

[*] 陈永波、翟盼盼、魏超然：供职于中国人民银行营业管理部国库处。

经济结构调整下的首都金融研究与实践

的主体仍是行业主管部门。

三是财政资金对企业进行补贴或支持的方式多样，以以下四类为主。各专项资金的支持方式各异，比较集中的方式是拨款补助、费用补贴、贷款贴息和政府奖励。拨款补助，多为根据项目投资情况，按照投资额一定比例进行补助；费用补贴，主要为降低企业费用，如办公用房的购置、租赁费等；贷款贴息，主要为降低企业通过银行贷款获得融资的成本，多以中长期贷款基准利率为参考，分年度予以贴息；政府奖励，主要依据企业贡献（尤其是对区域财税和产业发展的贡献），给予一定额度的奖励。

（二）财政预算中对企业补助的情况

从北京市调研情况看，地方政府对企业的补贴基本均通过行业主管部门具体实施，因此，对企业补贴的预算内财政性资金基本都纳入相关单位的部门预算。从部门预算看，部门预算支出经济分类科目下的费用补贴（科目代码31204）、利息补贴（31205）、其他对企业补助（科目代码31299），对应的政府预算支出经济分类对应的科目分别为50701、50702和50799。也就是说，政府预算支出经济分类科目的507科目用于核算政府对各类企业的补助（不含对企业的资本性支出）。通过对2018年北京市市级可能涉及企业补助的23个职能部门的预算数据进行整理，发现政府对企业补助主要集中于交通、商务、经信等12个部门预算中。

一是分部门看，对企业补助主要集中在交通、经信、商务、环保等部门。从统计的23个市级部门2018年预算看，企业补助分布在12个部门中，合计147亿元，其中，交通委对企业补助66.8亿元，规模最大，占45.4%；经信委对企业补助31亿元，占21.1%；商务委19.4亿元，占13.2%；环保局对企业补助10.7亿元，占7.3%（见表1）。

表1 2018年北京市部分市级部门预算中对企业补助安排

单位：万元

支出经济分类科目	507	50701	50702	50799
	对企业补助	费用补贴	利息补贴	其他对企业补助
北京市交通委	668044.75	241435.68	—	426609.07
北京市经信委	310477.74	235000.00	—	75477.74

续表

支出经济分类科目	507	50701	50702	50799
	对企业补助	费用补贴	利息补贴	其他对企业补助
北京市商务委	193718.41	—	—	193718.41
北京市环保局	106882.62	—	—	106882.62
北京市文资办	85000.00	—	—	85000.00
北京市委办公厅等三十六部门	72868.76	39435.70	5192.13	28240.93
北京市文化局	13971.22	—	—	13971.22
北京市农业局	7207.50	—	—	7207.50
北京市住建委	6720.00	—	—	6720.00
北京市科委	2936.75	—	—	2936.75
北京市园林局	1630.23	1360.23	270.00	—
北京市文物局	500.00	—	—	500.00
合计	1469957.98	517231.61	5462.13	947264.24

二是分类型看，以其他对企业补助和费用补贴为主。按照预算支出经济分类看，12个部门对企业补助中，费用补贴51.7亿元，占35.2%；利息补贴0.5亿元；其他对企业补助94.7亿元，占64.4%（见表1）。费用补贴主要为对能源节约利用、公共交通运营的费用补贴和农业保险保费补贴。

三是分项目看，对企业补助集中在公共事业和产业发展方面。从政府对企业补助的项目领域看，资金涉及多个专项和领域，但基本可以分为公共事业和产业发展两个方面。在公共事业方面，主要有由交通委主导的对公共交通运营的补助59.7亿元；由经信委、科委主导的能源节约利用方面的补助20.1亿元；由环保局、市委办公厅及下属单位、交通委等主导的治理空气污染方面的补助12.3亿元；由市交通委主导的对出租车运营补助6.6亿元；由市委办公厅及下属单位园林绿化局主导的对农业保险保费补贴4.1亿元。在产业发展方面，主要有由商务委主导的商业流通发展专项补助11.4亿元；由文资办、文化局、商务委主导的文化产业发展专项9亿元；由经信委主导的科技重大专项4.6亿元；由经信委主导的工业和信息产业支持3.7亿元；由商务委主导的外经贸发展专项补助3.1亿元；由经信委主导的企业改革发展补助2亿元；由商务委主导的中小企业发展专项0.9亿元。

（三）北京市上市公司政府补贴情况

据 Wind 数据库，北京市上市公司共 319 家，于 2015~2018 年披露了政府补助数据的共 308 家，披露税收返还、减免数据的上市企业共 14 家。2015~2018 年分别有 296 家、295 家、304 家和 197 家上市公司存在政府补助，补助金额分别为 283.8 亿元、280.4 亿元、237.5 亿元和 234.8 亿元；分别有 7 家、10 家、10 家和 9 家存在税收返还、减免，税收返还、减免金额分别为 9702.2 万元、9622.4 万元、4577.9 万元和 4030.3 万元（见表 2）。

表 2　2015~2018 年北京市上市公司政府补贴统计

		2015 年	2016 年	2017 年	2018 年
政府补助	个数（个）	296	295	304	197
	金额（万元）	2837611.8	2803749.2	2374591.3	2347969.3
税收返还、减免	个数（个）	7	10	10	9
	金额（万元）	9702.2	9622.4	4577.9	4030.3

一是分公司属性看，中央国有企业受益最多。308 家上市公司中，有 89 家中央国有企业、37 家地方国有企业、159 家民营企业、15 家公众企业、2 家外资企业、1 家集体企业和 5 家其他企业。政府补助中，中央国有企业受益最多，2015~2018 年金额分别为 227.6 亿元、209.7 亿元、172.7 亿元和 172.7 亿元，占比分别为 80.2%、74.8%、72.7% 和 73.6%；民营企业受益较少，2015~2018 年金额分别为 22.5 亿元、24.1 亿元、23.9 亿元和 16.8 亿元，占比分别为 7.9%、8.6%、10.1% 和 7.2%（见表 3）。税收返还、减免中，受益最多的仍为中央国有企业，2015~2018 年金额分别为 9693.0 万元、5565.3 万元、3893.3 万元和 3900.0 万元，占比分别为 99.9%、57.8%、85.0% 和 96.8%（见表 4）。

表 3　2015~2018 年北京市上市公司政府补助统计表——分公司属性

单位：万元

公司属性	2015 年	2016 年	2017 年	2018 年
中央国有企业	2276310.9	2097088.3	1726968.7	1727091.0

公司属性	2015 年	2016 年	2017 年	2018 年
地方国有企业	311181. 2	436037. 8	304405. 5	380995. 2
民营企业	224647. 1	240945. 1	238921. 8	168114. 9
公众企业	21210. 1	23527. 3	99107. 5	64694. 6
外资企业	637. 6	2174. 5	1306. 8	3377. 3
集体企业	307. 5	74. 0	50. 9	1431. 0
其他企业	3317. 5	3902. 1	3830. 0	2265. 2

表 4　2015~2018 年北京市上市公司税收返还、减免统计表——分公司属性

单位：万元

公司属性	2015 年	2016 年	2017 年	2018 年
中央国有企业	9693. 0	5565. 3	3893. 3	3900. 0
地方国有企业	2. 6	3698. 5	7. 8	0. 0
民营企业	6. 6	358. 5	676. 8	58. 0
公众企业	0. 0	0. 0	0. 0	72. 3

　　二是分所属行业来看，采矿业和制造业受益最多。政府补助中，受益较多的是采矿业和制造业，2015~2018 年合计金额分别为 201. 6 亿元、199. 8 亿元、153. 6 亿元和 168. 6 亿元，占比分别为 71. 0%、71. 2%、64. 7% 和 71. 8%（见表 5）。税收返还、减免中，受益较多的仍为采矿和制造业，2015~2018 年合计金额分别为 3674. 9 万元、7756. 2 万元、1584. 6 万元和 2530. 3 万元，占比分别为 37. 9%、80. 6%、34. 6% 和 62. 8%（见表 6）。

表 5　2015~2018 年北京市上市公司政府补助统计表——分所属行业

单位：万元

所属行业	2015 年	2016 年	2017 年	2018 年
农、林、牧、渔业	4649. 5	3027. 3	2945. 1	230. 6
采矿业	1110887. 7	1075658. 2	673171. 6	953415. 8
制造业	904942. 9	921892. 4	863132. 8	733032. 9

续表

所属行业	2015 年	2016 年	2017 年	2018 年
电力、热力、燃气及水生产和供应业	154010.3	82121.4	115770.9	111047.3
房地产业	18285.3	14153.1	18146.8	22298.9
建筑业	276853.4	291846.1	298745.3	205718.9
批发和零售业	14019.7	10633.5	14184.3	20850.5
交通运输、仓储和邮政业	93933.2	100042.3	39572.8	62805.4
住宿和餐饮业	860.3	6129.2	5390.6	5065.4
信息传输、软件和信息技术服务业	133719.6	118073.5	94139.4	89708.1
金融业	32720.9	39749.1	124037.4	92728.4
租赁和商务服务业	21733.2	35424.0	39627.7	28798.3
科学研究和技术服务业	8062.0	7450.0	7251.9	7897.0
文化、体育和娱乐业	59261.8	92382.6	66380.1	1151.6
水利、环境和公共设施管理业	2563.0	4515.7	11169.5	4483.0
居民服务、修理和其他服务业	0.0	0.0	301.7	1020.8
教育	1109.0	650.7	623.4	7716.3

表 6　2015~2018 年北京市上市公司税收返还、减免统计表——分所属行业

单位：万元

所属行业	2015 年	2016 年	2017 年	2018 年
采矿业	3502.5	4000.0	900.0	1958.0
制造业	172.4	3756.2	684.6	572.3
房地产业	0.0	133.8	0.0	0.0
信息传输、软件和信息技术服务业	4.1	224.7	0.0	0.0
金融业	6000.0	1500.0	2900.0	1500.0
租赁和商务服务业	23.2	7.7	93.3	0.0

二、政府对企业补贴存在的主要问题

（一）地方政府对企业补贴分散在多个职能部门，存在"撒胡椒面"问题

从北京市调研情况看，目前没有机构统一管理政府对企业的补助，而是由交通、商务、环保等行业主管部门按照职责对所管理行业的企业进行补助资金安排。财政补助资金使用分散化，以北京市商务委公示的项目为例，补助的项目多达 20 余个，每个项目又包括几个甚至数百个企业，一个企业获得的补助从几百元到数百万元不等。

（二）政策设计上的漏洞导致一些企业跨区域"套补"

一些企业利用不同区域之间的补助政策漏洞，通过设立公司、转移数据等方式，满足政策要求"套补"。2018 年，北京外汇管理部通过核查发现部分企业存在"公司出口、个人收汇"，并且利用北京市商委鼓励出口优惠政策获取大额补助的情况，涉及补助金额 2000 多万元。

（三）对企业补贴项目公开的覆盖面较少，透明度有待提高

其一，从公开的北京市政府预算看，北京市市级政府预算支出功能分类查阅，但是市级政府预算支出经济分类支出却只有基本支出的情况，不包含项目支出。政府对企业补助情况涉及基本支出的很少，绝大部分都是项目支出。公开的政府预算支出功能分类与经济分类在数据上不能对应，对掌握政府对企业补助情况造成较大困难。其二，从公开的部门预算情况看，政府对企业补助预算支出公开的覆盖范围也不足。例如，北京市商务委 2017 年共公示 2254 家（次），涉及资金 6 亿元；2018 年共公示 1227 家（次），涉及资金 6.1 亿元。但是，相对于全市财政资金对企业的支持项目来说，覆盖范围过小。商务委 2018 年预算支出对企业的补助为 19.4 亿元，但公示项目涉及的资金仅为 6.1 亿元（其中还包含中央财政的资金）。

三、政策建议

一是设立或指定专门的机构对政府给企业的补助资金进行统一管理，这一机构既可在财政部门内设，也可作为专门机构特设。统一管理政府对企业补贴的统计、评价、监督和申请政策。

二是提高政府对企业补贴资金的公开透明度，首先应在政府预算报告中公开预算支出经济分类科目的具体安排，使之能与预算支出功能分类科目对应起来。

三是通过多部门数据共享加强对企业享受补贴资金的审核监管。做好政策沟通顶层规划，在审核条件上要"准"，同时通过多部门的大数据资源，加强对申补企业的审核和对资金的监管。

北京市小微企业发展状况及问题研究

陈永波等[*]

一、北京市小微企业发展现状与特征

截至 2017 年末，北京市规模以上中小微企业 3.2 万个；其中，小型和微型企业 2.3 万个，占比近 3/4，达到 72.7%[①]。截至 2019 年 5 月，北京市规模以上工业小型企业 2351 个，占规模以上工业企业的 3/4 以上，达 76.3%[②]。

（一）北京市小微企业经营现状与特征

1. 小微企业盈利能力较强，微型企业高于中小企业

2018 年第一至第三季度，北京市规模以上中小微企业实现营业收入 37397.8 万亿元[③]；其中，小型和微型企业营业收入合计 12474.4 亿元，占比 33.4%，约 1/3。但是，小微企业利润总额的占比却正好相反。2018 年第一至第三季度，规模以上中小微企业实现利润总额 2423.9 亿元；其中，小型和微型企业合计实现利润总额 1419.9 亿元，占比近六成，达到 58.6%。也就是说，占营业收入 1/3 的小微企业创造了 2/3 的利润总额。尤其是微型企业营业收入与利润总额的反差更为明显。

从利润率[④]看，2018 年第一至第三季度，北京市规模以上中小微企业的

---

  [*] 陈永波、魏超然、翟盼盼、曹甜甜：供职于中国人民银行营业管理部国库处。
  ① 参见《北京统计年鉴 2019》。
  ② 规模以上工业企业相关数据来源于北京市统计局月度数据，下同。
  ③ 规模以上中小微企业经济指标数据来源于北京市统计局季度数据，下同。
  ④ 利润率=利润总额/营业收入。

平均利润率为 6.5%。其中，中型企业利润率为 4%，较 2017 年末下降了 2.3 个百分点，小型企业利润率为 7%，较 2017 年末下降了 2.6 个百分点，而微型企业的利润率最高，达到 32.3%，较 2017 年末上升了 16.8 个百分点。

2. 中小微企业主要集中在四大行业，行业利润率差异较大

从分布行业看，北京市规模以上中小微企业主要集中在批发零售业，工业，租赁和商务服务业，信息传输、软件和信息技术服务业四个行业。四大行业合计营业收入占比超过九成，达到 90.4%，合计利润总额占比也高达 85.2%。

但是，四大行业的营业收入和利润总额占比的对比差异十分明显，营业收入规模最大的批发和零售业反差强烈。数据显示，2018 年第一至第三季度，批发和零售业实现营业收入 19447.0 亿元，规模接近北京市规模以上中小微企业营业收入的一半，高达 52.0%；但实现利润总额 392.8 亿元，只占 16.2%（见表 1）。

表 1 四大行业营业收入及利润总额情况

行业	营业收入		利润总额		利润率
	规模（亿元）	占比（%）	规模（亿元）	占比（%）	（%）
批发和零售业	19447.0	52.0	392.8	16.2	2.0
工业	5382.7	14.4	392.3	16.2	7.3
租赁和商务服务业	3751.2	10.0	755.7	31.2	20.1
信息传输、软件和信息技术服务业	2716.2	7.3	524.0	21.6	19.3

3. 中小微企业营业收入集中于朝阳海淀等城市功能拓展区，但利润集中于东城西城等核心功能区

从功能区域看，北京市规模以上中小微企业营业收入主要集中在城市功能拓展区，2018 年第一至第三季度合计实现营业收入 20865.8 亿元，占比超过一半，达 55.8%；实现利润总额 616.1 亿元，占比约 1/4，为 25.4%。城市发展新区营业收入合计实现 8785.3 亿元，占比 23.5%；实现利润总额 412.4 亿元，占比 17%。首都功能核心区营业收入合计实现 6262.1 亿元，占比 16.7%；实现利润总额 1342.1 亿元，占比 55.4%。生态涵养发展区营业收

入合计实现 1484.5 亿元，占比 4%；实现利润总额 53.2 亿元，占比 2.2%。

从行政区域看，朝阳区规模以上中小微企业实现营业收入 9140.6 亿元，占比 24.4%，近 1/4；实现利润总额 292.8 亿元，占比 12.1%。海淀区实现营业收入 8534.9 亿元，占比 22.8%；实现利润总额 183.6 亿元，占比 7.6%。西城区实现营业收入 3293.9 亿元，占比 8.8%；实现利润总额 988.8 亿元，占比 40.9%。东城区实现营业收入 2968.2 亿元，占比 7.9%；实现利润总额 353.3 亿元，占比 14.6%。"东、西、朝、海"四区合计实现营业收入占比近 2/3，达 63.9%；实现利润总额占比超 3/4，达 75.2%。

4. 工业中小型企业财务费用规模远低于大型企业

从反映企业融资规模和融资成本情况的财务费用情况看，中小型工业企业的财务费用规模和占比远低于大型工业企业。

2019 年上半年，北京市规模以上大中型工业企业的财务费用分别为 772.0 亿元、174.0 亿元和 149.4 亿元，分别占各自三项费用（销售费用、管理费用、财务费用）的 13.0%、6.6% 和 6.4%。无论是从规模上还是从费用占比上，中小型企业的财务费用都远不及大型企业，说明其融资规模远小于大型企业。

（二）北京市小微企业税负及融资现状

1. 企业税费负担总体依然偏重

问卷调查数据显示，超六成企业认为当下税收负担偏重。在 85 家样本企业（含 60 家小微企业）中，认为税收负担较重的有 54 家，占 63.5%；认为税收负担基本合理的有 27 家，占 31.8%；认为税收负担非常重的有 1 家，认为较轻的有 3 家。

2. 企业税收负担因行业而不同

调研发现，针对税收项目不同的行业区别较大，主要取决于该企业在整个贸易链条中所处的地位和行业特征。贸易流通、批发零售类的企业，由于行业特点，其进货能够得到增值税发票，出货开具相应的发票，进销项相抵，能够享受税改政策带来的实惠。但对于交通运输业特别是物流企业，其主要的成本是雇用司机、租用车辆、加油费用、租用场地、仓库费用，主要的收入是商户付的运输费。由于行业特点，许多进销项无法相抵，税改对其影响不大。

3. 企业融资结构以内源融资为主

由于小微企业本身实力较弱、资金需求相对零散，缺乏外源融资所需的信用记录和相对合乎标准的财务信息，信用担保能力不强，缺乏外源融资所需要的条件。再加上外源融资容易受到金融环境松紧变化的影响，因此企业在发展过程中往往通过内源融资来解决资金需求。在 60 家样本小微企业中，有 54 家小微企业表示银行不能满足其融资需求是因为其抵押物不充足；51 家小微企业表示由于小微企业市场准入门槛较低，企业规模小，未来经营不确定性较大，导致金融机构无法满足其融资需求；48 家小微企业采取个人化管理模式，经营管理不规范，信息不透明。

4. 银行贷款成本高于大中型企业，但远低于民间融资

初步统计显示，60 家小微企业银行贷款一年期平均融资成本高于大中型企业一年期平均融资成本 0.57 个百分点，但远低于民间融资的成本。

一方面，小微企业银行贷款融资成本高于大中型企业银行贷款融资成本。大中型企业的一年期平均银行贷款成本约为 4.73%，小微企业的一年期平均银行贷款成本较大中型企业高出 0.57 个百分点。另一方面，小微企业银行贷款融资成本远低于民间借贷融资成本。调研发现，小微企业银行贷款一年期平均融资成本约为 5.3%，而民间融资成本相对较高，平均约为 18.3%，两者相差 13 个百分点。

二、北京市小微企业发展中面临的主要问题

（一）政策辅导缺失及办理手续烦琐影响减税政策落地

调查显示，小微企业认为税费优惠政策效果不明显的主要原因有以下两点：一是不了解税费优惠政策。60 家被调研小微企业中，35 家企业财务负责人以及管理人员表示对目前税费优惠政策不了解，促使其认为税费优惠政策效果不明显。二是手续烦琐；32 家小微企业表示若想享受税费优惠政策，必须提供相应的财务数据以及证明材料，由于申报手续烦琐，导致部分小微企业放弃享受优惠政策。

（二）弱势的中小企业税费优惠效果被关联大企业挤占

在产业链中的地位对企业实际享受到的税费优惠影响较大。以朝阳区某快运企业为例，2018年企业缴纳增值税28.37万元，较上年下降了55.16万元；2018年企业缴纳所得税21.24万元，较上年下降了8.35万元。从数据上看企业税费减少明显，但实际运行中，企业表示由于其在整个交易链条中所处地位不高，可替代性较强，税改后，货运雇主及时地要求降低货运费用，其实际每单业务的利润率基本保持不变，税改政策的益处实际上被上游大企业挤占。

（三）第三方收费加重小微企业融资负担

小微企业在地方性金融机构的信贷融资综合成本中，第三方收费对小微企业的融资形成新的负担。一是抵押物评估费，收费标准通常为抵押物评估金额的0.1%~0.25%。二是抵质押品登记费，由登记机关按评估额的0.1%~0.3%收取。三是审计报告费用，按照公司资产比例来收取，大约是0.4%。四是担保公司费用，担保费率普遍在2%左右。

（四）小微企业资产权益确权和评估困难加大融资难度

调研发现，很多小微企业作为上游供应商，其下游合作客户（国企和政府部门）往往比较强势。小微企业销售款项回流受制于人。这在加剧小微企业资金流紧张的同时，还带来了应收账款的权益难以保障。小微企业通过应收账款融资在确权上遇到许多障碍。此外，对于许多科技型小微企业而言，知识产权是重要的资产，但是由于评估没有量化标准，在融资中不能作为抵押资产。

三、政策建议

一是优化小微企业营商环境，提高小微企业发展质量。北京市小微企业在行业、区域等方面存在较大的不平衡性。建议进一步引导小微企业从利润率较低的批发零售业向租赁商务、信息技术等高利润率行业转移。

二是增强小微企业减税降费政策的解读和辅导。近年来，企业减税降费的政策出台密集，小微企业对政策的把握和使用能力较弱。既想享受政策优惠，又怕承担税务风险，是许多小微企业面临的困境。建议增强对减税降费政策的解读和操作指引，为小微企业提供更多的线上线下纳税指导服务。

三是扩大金融机构享受小微企业贷款利息收入免征增值税的覆盖范围。适当调整金融机构小微企业贷款利息收入免征增值税优惠的认定条件，提高对小微企业授信额上限的认定，扩大金融机构享受小微企业贷款免征增值税的覆盖范围。此外，考虑一些出口型小微企业日常外币贷款需求，建议将外币贷款也纳入小微企业贷款利息收入免征增值税范围。

四是创新小微企业融资服务，拓展小微企业融资渠道。加强对小微企业应收账款、知识产权等资产权益的确权保障，增加企业融资抵押品范围，丰富小微企业贷款产品。同时，依托大数据等技术手段，降低小微企业融资的"第三方"费用，便捷融资流程，优化融资服务。

国家级经济技术开发区财税问题研究
——以北京经济技术开发区为例

陈永波等[*]

一、国家级经济技术开发区财税管理体制

（一）设立开发区管委会并配置专门的财税机构

北京经济技术开发区的管理机构是中共北京市委经济技术开发区工作委员会和北京经济技术开发区管理委员会（以下简称开发区工委和开发区管委会）。开发区工委是北京市委的派出机构；开发区管委会代表市政府对北京经济技术开发区进行统一管理，是市政府的派出机构。

（二）预决算编制上执行部门预决算并纳入市本级管理

北京经济技术开发区执行部门预决算而非政府预决算，开发区财政局作为预决算主体，代表北京经济技术开发区管委会作为北京市政府的一级预算单位。北京经济技术开发区部门预决算以北京经济技术开发区财政局名义申报，并由北京市财政局批复下达。

在预决算编制上，北京经济技术开发区与东城、西城等行政区是有本质区别的。行政区单独编制政府预决算，并由本级人大审议批准执行。行政区预决算是作为全市预决算的一部分，与市本级预算一起构成全市预决算，而北京经济技术开发区预决算则是以专项资金的形式纳入市本级预决算，接受北京市人大的监督审核。

---

[*] 陈永波、翟盼盼、魏超然：供职于中国人民银行营业管理部国库处。

（三）预算资金管理上参考政府预算管理模式实施

在对外预决算编制上，开发区管委会作为北京市政府一级预算单位编制部门预决算，但在内部职能部门的预算资金管理上，北京经济技术开发区又有新的特征，即参考政府预决算管理模式进行管理。形成这一特征的主要原因是，尽管北京经济技术开发区无行政区划，但实际管理着约 60 平方千米的地域，内设多个职能部门，而部门预算管理方式不适合这一实际情况。因此，开发区财政在开发区管委会内部便参照政府预算模式进行管理。

其一，开发区财政局按照政府预算管理模式组织开发区管委会所属部门及单位编制部门预算。其二，为了规范内部职能部门预决算管理，开发区财政局 2009 年参考北京市及区县政府预算管理系统，结合自身特点建立了北京经济技术开发区预算管理系统。开发区内部职能部门每年根据重点工作，按照预算管理相关要求据实在系统中申报预算。

（四）预算收支政策根据发展实际调整

各级政府间的财税收支政策关系到政府间财权、事权及支出责任的划分，会随着经济社会发展实际而进行调整。由于开发区的特殊性，其财税收支政策的调整更多，形成了当前主要的财税收支政策（见表1）。

表 1　北京经济技术开发区财税收支政策

政策依据	发布时间	政策要点
经济技术开发区财政管理暂行办法	2005 年	开发区管理范围（不含光机电一体化基地）内形成的地方财政收入，包括：增值税（含出口退税）地方留成部分、营业税、企业所得税和个人所得税的地方留成部分；印花税、资源税、房产税、车船使用和牌照税、耕地占用税、土地增值税、城镇土地使用税、契税和非税收入等，全部留归开发区使用
		开发区与其他区县间发生税源户转移，市财政将依据该税源户的税收缴纳情况做必要的调整
		开发区财政支出范围包括为保证开发区管委会及所属机构正常运转的基本支出；开发区促进经济建设、城市管理及各项社会公共事业发展的项目支出；以及根据开发区债务负担情况，需要由财政资金安排偿还的债务支出

续表

政策依据	发布时间	政策要点
经济技术开发区财政管理暂行办法	2005 年	开发区土地收入按照有关土地政策，在扣除上缴中央及划转其他用途因素外，留归开发区使用，实行"收支两条线"管理
		自 2006 年 1 月 1 日起开始执行，执行时间暂定五年
关于进一步加快推进北京经济技术开发区发展的意见	2012 年	延续北京经济技术开发区现行财政管理体制三年
		对北京经济技术开发区土地出让收入市级留成部分，在扣除按国家规定和市政府对北京经济技术开发区的专项规定计提后全额返还
		随着北京经济技术开发区产业空间范围的不断扩展，将财政资金使用范围相应扩大至"六园"、综合服务配套区和市政府批准的新拓展区域
北京市财政局关于对北京经济技术开发区营改增改革政策性增收实行滚动上缴的通知	2016 年	北京经济技术开发区营改增改革政策性增收实行滚动上缴

二、国家级经济技术开发区财税管理及发展中的问题

（一）开发区发展和管理缺少统一的法律法规指引

一直以来，对于国家级经济技术开发区发展和管理没有权威、统一的法律法规进行规范和指引，开发区及其管理机构的定位、性质等核心问题一直没有得到实际解决，这也就导致了开发区相应的行政管理、财税管理、国库管理等问题处于不明确的状态，对开发区的进一步发展形成掣肘。

目前，开发区的管理机构定位基本是所在地级市以上政府的派出机构，根据授权行使行政审批、经济协调与管理等职能。但这中间授权的政府级别、派出机构的职权（与派出机关相区别）、授权的范围等没有得到明确，不少地方与开发区的实际并不相符。以派出机构为例，一般意义上的派出机构是

由政府职能部门派出，行使的职权单一集中，这明显与开发区目前多种职能交叉的现状不符。一级政府派出的应该为"派出机关"，但法定的派出机关类型中又没有包含开发区这种情况。国家级经济技术开发区到底是"派出机构"还是"派出机关"需要尽快明确。

（二）不畅的管理体制不利于国库经理职能发挥

依照《中华人民共和国预算法》等规定，我国实行的是"一级政府一级预算"，从财政体制上，我国形成了"一级政府一级财政"的传统，因而一般是"一级政府一级财政一级预算"；从预算体制上来说，一级政府由同级财政部门编制政府预算报同级人大审批，政府职能部门编制部门预算报同级财政部门审批；从国库管理体制上，根据《中华人民共和国国家金库条例》等规定，国库机构按照国家财政管理体制设立，原则上是一级财政设立一级国库，县设支库，支库以下国库经收业务由专业银行代理。以上形成了比较顺畅的政府、财税、国库管理体制。

但是，国家级经济技术开发区的性质和功能使传统的政府—财税—国库管理体制在开发区内运行不畅，经过不断的调整变通，形成了混乱的模式。以北京经济技术开发区为例，开发区管委会不是一级政府，因此不能设立一级财政，但却设立开发区财政局；没有一级财政就不设一级国库，但为了实现财税对应的国库收支，由建设银行北京经济技术开发区代理国库业务；开发区虽然设立代理支库，但和东城、西城等行政区的代理支库不一样，没有金库，区域收缴的税费直接进入北京市国库。

这种模式下，一方面信息不对称对于国库监督管理职能的发挥形成障碍，如开发区代理支库不是真正意义上的金库，不形成国库支出数据，没有库存余额，因此无法发挥国库经理职能；另一方面，对于下一步转换 TCBS 会计核算系统造成不便。例如，北京经济技术开发区代理支库目前使用的是 TBS 会计核算系统，但又不是区级代理支库，在下一步 TBS 转 TCBS 核算系统中不能实现统一操作。

（三）财政预算管理与政府预算或部门预算相比都存在差异

由于国家级经济技术开发区性质的特殊性，开发区的预算管理体制既不是完全是政府预算，也不完全是部门预算，而是政府预算和部门预算的混合体。

也就是说，北京经济技术开发区在预算收支情况的申报、批复、执行的额度和范围与市财政保持了一致，但在具体口径和构成上无法达到一一对应。这种混合了政府预算和部门预算的模式既不利于人大对财政预算收支的监督，尤其是对开发区财政预算的监督，也影响预算信息公开的可比较性，对预算的监督和管理效果较差。

（四）部门预算反映的数据不能真实反映财政收支状况

由于开发区在预算编制和执行时是部门预算，对区域内的财政收支情况进行系统、真实、清晰的反映。

以北京经济技术开发区为例，由于是部门预算，在收入端不存在税收收入和非税收入的收入科目，北京经济技术开发区 2019 年 196.9 亿元的预算收入只是反映在北京市财政预算支出的科学技术支出一个科目下，在北京经济技术开发区建设发展支出（科目代码 20697）下核算；而在支出端，虽然开发区承担着经济社会民生职能，但反映在北京市政府预算支出里只是作为其他支出（科目代码 59999），对应的部门预算代码也是其他支出（科目代码 39999），下分机构运行保障类项目，推动创新创业、构建高精尖经济结构，加强重点项目建设、促进经济稳增长，破解城市发展难题、建设和谐宜居之区，保障和改善民生、促进基本公共服务均等化，机动财力及总预备费六个笼统的项目来核算反映。[①]

（五）开发区税源集中导致税收风险较大

国家级经济技术开发区在多年的发展中形成外向型经济结构，集中瞄准信息技术、新材料、新能源、生物技术、环境保护、医药、航空航天、海洋产业等现代高端制造产业以及现代服务业。这种集中的产业结构，也带来税源过于集中，税收风险较大。

以北京经济技术开发区为例，开发区第二产业的产值占 2/3，工业总产值占全市的 1/5。其中汽车及交通设备产业、电子信息产业、装备制造产业、生物工程和医药产业四大主导产业的工业总产值占开发区规模以上总产值的比重达到 92.5%。可以说四大主导产业的发展直接决定了开发区的税收形势。调研发现，开发区的税源集中不仅体现在产业上，还体现在企业上，北京奔

---

① 资料来源：北京市 2019 年预算报告及北京经济技术开发区 2019 年部门预算报告。

驰汽车有限公司的税收贡献占到开发区税收收入的一半左右。一旦北京奔驰汽车有限公司经营有所变动，开发区的税收形势将随之转变。过窄的税收回旋余地，导致税收风险较大。

三、政策建议

一是尽快启动国家级经济技术开发区相关法律法规的研究立法，对全国国家级经济技术开发区的管理体制现状进行全面分析，加快制定《国家级经济技术开发区管理条例》，明确开发区的定位、性质、行政管理、财税管理等核心问题。

二是按照"一级政府一级财政一级国库"的顺畅机制，对国家级经济技术开发区的财税库关系进行统一设计，理顺财税库的对接关系，有效发挥国库经理职责。

三是加强国家级经济技术开发区的财政预算管理，最紧迫的要在法律框架内明确开发区财政预算管理方式，明确划分政府预算和部门预算，并依法对预算进行编制、审批、执行和监督。

关于北京地区普惠型小微企业贷款有关情况的调查报告

张英男[*]

一、北京地区银行普惠型小微企业贷款情况及特点

（一）国有银行普惠型小微企业贷款价低量少

一是国有银行普惠型小微企业贷款利率和贷款发放额普遍较低。2018年12月，大部分国有银行北京市分行的普惠型小微企业贷款利率均在5%以下，平均较北京地区中资银行普惠型小微企业贷款加权平均利率6.45%低近2个百分点；当月贷款发放额均未超过8亿元，在其贷款总发放额中的占比平均仅为2%。

二是多数股份制和城商行普惠型小微企业贷款利率高于中资银行利率均值，其贷款发放额占比相对较高。2018年12月，某股份制银行北京分行贷款发放额居首位，贷款利率为6.79%；某城商行当月发放额占比达12.8%，贷款利率为5.37%。

（二）低利率银行多面临业务亏损，国有银行亏损较小

2018年12月，北京地区普惠口径小微企业贷款加权平均利率为6.69%，本次调研的十家银行中有八家银行普惠型小微企业贷款利率低于6%，其中六家银行普惠型小微企业贷款业务面临亏损，亏损率在0.02%~2.73%。国

---

* 张英男：供职于中国人民银行营业管理部货币信贷管理处。

有银行中有三家面临亏损，亏损率在 0.02%~0.35%，低于城商行和农商行 1%~2.73% 的亏损率。主要原因是国有银行负债成本和风险成本较低。城商行平均负债成本较国有银行高出约 70 个基点。

（三）客户类型各有侧重，但行业集中于批发零售业

从客户类型和单笔贷款发放金额看，不同类型银行的贷款客户群各有侧重。国有银行、城商行和农商行主要客户类型为小微企业。股份制银行主要客户类型为小微企业主和个体工商户。从贷款投向看，各银行普惠型小微企业贷款占比最高行业均为批发零售业。六家银行批发零售业贷款占比高于 50%。

（四）抵押保证类贷款居多，且常附带增信要求

从担保方式看，多数银行仍以抵押贷款为主，其次是质押贷款和保证贷款，信用贷款占比最低。通常在抵押担保方式基础上仍需企业实际控制人提供增信，增信方式主要涉及企业实际控制人以个人名义担保或提供个人名下房产作为抵押。此外，部分抵质押登记手续的办理时长超过银行审批放款时间。据调查，七家银行审批放款全程不超 10 个工作日，部分低风险业务审批放款全程可低于 5 个工作日；而办理房产抵押时间一般为 7~20 个工作日，专利权质押手续由于涉及查重、评估等事项，办理时间长达 90 天左右。

（五）低利率银行贷款多为单笔单贷，灵活性较低

从授信方式看，部分银行单笔单贷业务占比较高，尤其是贷款利率较低的银行。贷款利率由低到高排前三的银行单笔单贷业务占比分别为 100%、72.5% 和 71.2%。由于单笔单贷业务在授信期内只能借贷一次固定期限的贷款，到期后如需再次借款，必须重新申请授信审批，因此灵活性较在授信期和授信额度内可以多次借贷无须重新授信审批的随借随还方式低。

（六）大数据应用较为局限，外部信用信息仍显不足

大数据应用较少，多局限于挖掘已有优质客户或贷款评级环节。其中，五家银行开始探索大数据技术应用，三家银行针对已有优质客户，探索通过结算、代缴税和资产等信息，实现线上秒贷；一家银行将大数据应用于提高评级效率，在零售业务审批系统中布设风险等级评分模块，对客户进行自动

化等级划分，确定授信限额；一家银行借助与网商银行合作放贷，间接实现对商务平台销售大数据的应用。

目前银行能获取的外部信用信息仍较有限，尚不足以支撑其利用大数据识别风险。贷款评级和授信除了利用人民银行征信系统信息外，仍主要依靠银行内部数据积累和企业提交资料，数据形式依然为传统的企业经营收入、资产负债和资金结算量等。在税务、工商、抵质押登记、法院"查冻扣"等信息查询方面，存在开放信息字段有限或手续不便等问题。银行尚不能利用大数据为企业画像，因此银行往往更依赖于强抵押、强担保，以及附加增信机制、开户和结算量等要求。

二、银行开展普惠型小微企业贷款业务存在的问题

（一）国有银行低利率定价对中小银行形成压力，普惠型小微企业贷款亏损经营不利于业务持续发展

目前多数银行主要围绕本行大企业集团或核心企业客户上下游拓展小微企业贷款业务，国有银行拥有资金成本和营运成本低、存量优质客户资源多等优势，能将普惠型小微企业贷款利率降至较低水平，对中小银行在利率定价和业务拓展方面形成一定压力。不同类型银行的资源差异，可能形成优质小微客户集中于国有银行，高风险小微客户集中于中小银行的局面，从而提高中小银行风险成本及利率定价。为达到利率考核要求，中小银行可能面临定价无法覆盖成本的困境，限制其拓展小微企业贷款业务的积极性。

调研发现，多数实行低利率定价的银行均面临业务亏损，两家未亏损银行也仅处于保本状态，利润率不到 0.3%。多数低利率银行实际贷款量较小，惠及的小微企业数量有限。利率定价作为风险补偿的主要手段，如果长期无法覆盖风险成本，将不利于普惠型小微企业贷款业务的稳健持续发展。

（二）贷款期限较短无法满足企业长期资金需求，贷款行业集中度高且不符合北京发展定位

银行为控制风险，发放的小微企业贷款多在一年期以内。北京辖内中资银行一年期以内的普惠型小微企业贷款占比高达 70%以上，国有银行、股份

制银行和城商行占比分别在 85%、70% 和 86% 以上。由于贷款期限较短，多数企业只能依靠续贷满足长期资金需求。续贷时往往不仅要面临筹集资金还贷的压力，还要承担续贷利率波动的风险。调研发现，北京地区普惠型小微企业贷款主要集中于批发零售业，而信息传输业、软件和信息技术服务业、科研和技术服务业、文化、体育和娱乐业贷款合计占比不足 10%。贷款行业过度集中于批发零售业，既不利于行业风险分散，也不利于银行间形成差异化竞争格局，与北京科技中心和文化中心的发展定位也不相符。

（三）过于依赖强抵押、强担保和增信机制，且抵押、质押办理时间较长，涉及收费较多

为防控信用风险，多数银行主要采取增信力度最强的抵押和担保公司担保方式发放普惠型小微企业贷款，且需要企业实际控制人做出无限连带责任保证或抵押个人名下房产。这种强抵押、强担保方式增加了小微企业的贷款难度和融资成本，银行小微企业贷款业务的持续拓展受到局限。此外，由于程序繁杂和人工操作较多，抵押和专利权质押手续办理时间较长，降低了普惠型小微企业贷款的发放效率。抵押涉及收费项目较多，无形中增加了增信成本。例如，贷款企业需向保险公司支付抵押物财产保险费（约占押品价值 0.01%~0.1%/年），银行需向住建委支付抵押登记费（个人房产约为 80 元/套，公司房产约为 550 元/套）、向公证处支付强制执行公证费（约占债权金额的 0.1%），向评估公司支付房产评估费（个人房产约为 0.01%，公司房产约为 0.1%）。

（四）中小银行尚未建立普惠金融业务统计核算机制，大数据在降成本、控风险方面应用较为有限

调研的中小银行均未建立专门的普惠金融业务统计核算机制，未定期生成普惠金融事业部的统计核算报表，仅能粗略匡算普惠金融业务条线的风险成本和营运费用，普惠金融业务的成本、收益和风险状况无法得到真实反映，将影响成本控制及合理定价。由于大数据的应用范围有限，银行能获取的外部信用信息不足，导致既无法替代尽职调查、现场核查、面签和抵押担保等人工成本较高的环节，也未实现降低贷款不良率的核心技术突破，对风险成本和运营成本的节约贡献较小。

三、政策建议

（一）以解决融资难为首要目标，增强利率定价弹性，提高银行开展小微企业贷款的积极性和可持续性

从普惠型小微企业贷款发放量看，融资难仍是首要问题。如果利率定价长期无法有效覆盖风险成本，则可能出现价低、量少、惠及企业面窄、低风险客户挤出相对高风险客户等现象，客观上加剧融资难。建议中国人民银行和监管部门进一步优化普惠型小微企业贷款利率引导和考核机制，增强不同类型银行、不同类别业务利率定价弹性。例如，对中小型银行、长期限或信用类高风险贷款增加利率变化容忍度。进一步放宽支小再贷款申请和使用条件，降低小微贷款余额占比不低于20%的比例要求，鼓励银行根据实际贷款风险溢价制定灵活的利率最高加点值。

（二）设立期限考核指标，推广无还本续贷等创新方式，鼓励银行延长贷款期限

建议中国人民银行和监管部门设立一年期以上普惠型小微企业贷款占比考核要求，并将长期限贷款占比比例与利率指导目标相协调，推广无还本续贷等创新方式，鼓励银行给予小微企业长期信贷支持。

（三）推动银行探索多样化增信方式，推行电子化操作有效缩短抵质押手续时间

建议中国人民银行、监管部门和行业协会联合推动银行探索履约保证保险、企业担保、应收账款质押、知识产权质押等多样化增信方式。协调相关政府部门通过全面推行线上电子化操作简化手续，有效缩短办理抵质押登记时间，降低相关费用。协调住建部门加快推进房产信息电子化登记，实现抵押和查封扣查询全流程线上操作；知识产权局研究简化知识产权质押操作程序。

（四）加强对商业银行普惠金融业务统计核算机制建设跟踪督导

建议中国人民银行对于未定期生成普惠金融业务统计核算报表的银行加强指导，督促其明确普惠金融事业部与其他部门之间的成本分摊，建立相关核算系统，完善小微企业贷款业务统计核算机制。

（五）优化营商环境，推动建立企业信息数据共享平台，利用大数据切实降低实体经济融资成本

建议政府部门整合工商、税务、财政、住建委、国土、知识产权等部门信息，以及企业用电、用工和订单等商业信息，推动建立企业信息数据共享平台，降低金融机构数据获取难度和成本，推动银行利用大数据识别和管理风险，切实降低实体经济融资成本。

从国际比较视角看北京市产业发展中应关注的问题

杨小玄[*]

一、发达国家和世界一线城市产业结构演进特征

(一) 从三大产业比重看,服务业比重不断上升是产业结构发展的总体趋势

产业结构的演进是一个有序的阶段性过程,形成服务业为主的产业结构,是受经济发展内在逻辑驱使的,是人均收入水平、需求结构提升后的自然现象。发达国家产业结构的演进形态逐渐从"一二三"变化到"二三一",再变化到"三二一",对应的经济发展也先后经历了以农业经济、工业经济、服务业经济为主导的时代。2017 年,美国全国的服务业比重已超过 80%,纽约、华盛顿比重已超过 90%,东京、伦敦比重也已接近 90%。服务业已成为发达国家和世界一线城市的主导产业。

(二) 第一产业:农业占 GDP 比重虽然减小,但实现高度现代化,劳动生产率不断提高

从当前三次产业的比重来看,发达国家第一产业占比持续下降,其中美国第一产业占比已下降至 1% 以下,但其农业实现了高度机械化、智能化、信息化,不仅产量大,生产效率也非常高。2017 年,美国农业劳动生产率达到 27.9 万美元,为三产业之首。

---

* 杨小玄:供职于中国人民银行营业管理部金融研究处。

（三）第二产业：由劳动驱动向创新驱动转变，由中低端制造业向高端制造业转变

国际经验显示，制造业从低端向高端转型经历了"劳动驱动—资本驱动—技术驱动—创新驱动"的升级过程，最终实现高质量生产和信息化智能生产的高端制造业。韩国在 1990 年以前，主导产业经历了以纺织、服装为代表的劳动密集型轻工业向钢铁、汽车为代表的机械类重工业转变；1990～2000 年，制造业由中低端向中高端转型升级，经济转向技术驱动型，半导体、高端家电、移动通信、生物科技等产业逐渐成为主导；2000 年后，经济进一步转向创新驱动，LCD 等高端电子设备、新材料、文化产业等逐渐成为韩国经济主导产业。

制造业在美国第二产业①中长期占据较高的比重，1947 年占比高达77.4%，此后制造业占比逐年有所下降，2008 年该比重下降至 58.4%。金融危机后，美国政府提出再工业化发展战略，大力发展新兴产业、鼓励科技创新、支持中小企业发展，重构制造业产业链，打造生产高附加值产品的高端制造业，制造业比重逐渐回升。从制造业内部结构看，耐用品产业中计算机及电子产品产业发展迅速，在耐用品中的比重从 1977 年的 10.2% 上升到2017 年的 22.9%，成为耐用品产业中占比最高的行业；非耐用品产业中，化工品产业表现突出，在非耐用品中的占比由 1977 年的 23% 增长到 2017 年的37%。工业结构持续向高附加值化、集约化的方向演进。

（四）第三产业：由批发零售为主导的传统服务业转为金融和房地产、专业商业服务、教育医疗为主的新兴服务业，生产性服务业与第一、第二产业深度融合

与第二产业类似，发达国家第三产业内部结构由传统服务业向新兴服务业演变的特征显著。

以美国为例，批发零售业②在第三产业的占比由 1947 年的 26.8% 下降到

① 美国第二产业由采矿业、公用事业、建筑业、制造业构成。
② 由于我国统计口径将批发零售业作为整体统计，此处将美国批发贸易业增加值与零售贸易业增加值加总，作为批发零售业增加值。

2017 年的 14.3%；相比之下，金融和保险业、房地产和租赁业、专业和商用服务、教育服务、卫生个保健和社会救助业在第三产业中的占比由 1947 年的 4.1%、13.7%、5.63% 和 3.34% 分别上升到 2017 年的 9.3%、16.4%、15.4% 和 10.8%，尤其是专业和商用服务、教育医疗在第三产业中的占比增加了近两倍。

纽约、东京等城市的高端服务业在拉动经济增长、提高就业中发挥日益重要的作用。金融保险业、房地产与租赁业是纽约规模最大的两个行业，2017 年占 GDP 的比重均超过 16%。2002~2017 年，纽约零售贸易业占 GDP 比重从 5.2% 下降到 4.7%；专业及科技服务业从 8.4% 上升到 9.3%；医疗与社会救助业从 6.1% 上升到 6.8%；教育从 1.0% 上升到 1.5%。东京的信息通信、专业服务业发展迅猛，1986~2014 年，信息通信业占 GDP 比重从 8.7% 上升到 12.2%，专业服务业从 18.5% 上升到 21.1%。

发达国家服务业的另一个显著特点是：生产性服务业与其他产业融合发展。制造业发展过程中，制造业和服务业分工与专业化程度不断提高，生产性服务业逐步"自立"为现代服务业部门，并与第一、第二产业深度融合。以德国为例，1990 年之前，德国服务业在规模上落后英美，在进出口上长期保持服务业逆差。进入 20 世纪 90 年代，德国强大的制造业基础和两德合并的一系列改革红利带动了生产性服务业的快速发展。目前，德国的交通运输服务、金融中介辅助服务、机器设备租赁服务等生产性服务业的中间需求率①最高，均超过了 90%，为第一、第二产业提供了大量高效的服务。

二、北京地区产业结构的国际比较

（一）构建北京现代产业体系，第三产业仍有发展空间

与世界一线城市产业基本发展规律一致，北京也逐渐形成了以服务业为主导、以工业为重要支柱的产业体系。其中，服务业比重超过 80%，接近发

---

① 中间需求率是指某一产业的中间需求与总需求的比例，反映了该产业产品作为生产资料和消费资料的比例。中间需求率越高，表明该产业提供生产资料越多，反映该产业为其他产业提供的产品和服务越多。

达国家水平，但是与世界一线城市90%的水平尚有差距。

（二）劳动生产率①远低于发达国家，第三产业劳动生产率增速低

劳动生产率远低于发达国家。2017年，北京市第一、第二、第三产业劳动生产率分别为0.39万美元/人、3.86万美元/人、3.17万美元/人。同期，美国农业劳动生产率为27.9万美元，约是北京的70倍；工业劳动生产率达到17.41万美元，约是北京的4倍；服务业劳动生产率达到15.03万美元，约是北京的5倍。日本、韩国、英国、法国等发达国家的三大产业劳动生产率也都远在北京之上（见图1）。

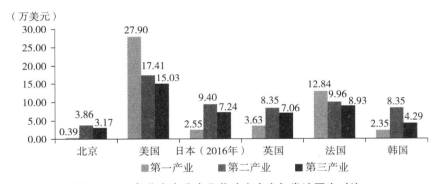

图1　2017年北京市分产业劳动生产率与发达国家对比

第三产业劳动生产率增速低。2015～2017年，北京市第二产业劳动生产率年均增长5.6%，增速居于三大产业之首；第三产业劳动生产率年均增长3.9%，低于第二产业1.7个百分点（见图2），第三产业劳动生产率低、国际竞争力弱，容易导致北京市服务贸易逆差继续扩大。

（三）优势制造业可持续性弱，设备制造业增长乏力

优势制造业可持续性弱，计算机、电子设备制造业经历快速发展阶段后，未持续保持重点支柱产业的地位。北京计算机、电子设备制造业虽然在1993～2000年经历了迅速发展，在规模以上工业增加值的占比迅速由7.4%上

---

① 劳动生产率定义为每一单位劳动力创造的行业增加值，计算公式为：劳动生产率=行业增加值/行业从业人数。

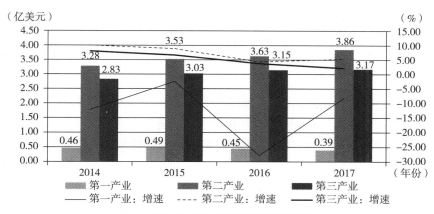

图 2　北京市分产业劳动生产率及增速

升到 24.7%；但 2001 年开始逐步下滑，2016 年，计算机、电子设备制造业增加值为 185.2 亿元，略低于 2000 年，占规模以上工业增加值的比重仅为 4.9%，比 2000 年低近 20 个百分点（见图 3）。

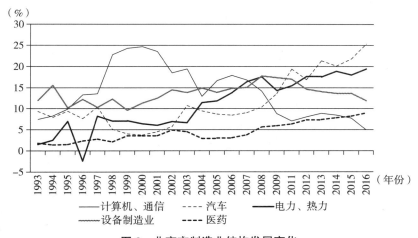

图 3　北京市制造业结构发展变化

设备制造业增长乏力。北京设备制造业（包括通用设备、专用设备、电气机械和器材以及仪器仪表制造业）"十二五"期间累计实现增加值 2418.7 亿元，比"十一五"期间增加 586.2 亿元，但是在规模以上工业增加值中的合计占比仅为 4%，比"十一五""九五"期间分别下降了 0.2 个和 2.3 个百分点，比"十五"期间增加了 0.5 个百分点。设备制造业作为拉动制造业增长的动力之一，增长较为乏力。

（四）服务业结构应继续优化，生产性服务业与制造业融合度欠缺

与纽约、东京的多元化服务业结构相比，在高端服务业领域，北京仅金融业达到一定规模，专业和商业服务、医疗、科技服务等高端服务业尚不成熟，且生产性服务业，特别是金融业对制造业的服务和支持仍需加强。

一是北京金融业占 GDP 比重较高，金融业内部结构待优化。从金融业增加值占比看，2015 年，北京金融业占 GDP 比重达到 17.06% 的高点，随后两年小幅下降，2017 年为 16.62%。这一比重超过了发达国家的平均水平和部分世界一线城市（见图 4），如新加坡、东京，与中国香港、纽约相近。虽然北京金融业已达到一定规模，但发展水平与国际金融中心城市仍有差距。从金融业增加值结构看，北京市银行业增加值占绝对主导地位，而其他世界一线城市保险及其他金融服务业也占了重要比重，如香港在 2017 年银行、保险、其他金融服务占 GDP 的比重分别为 12.3%、3.7%、3%。

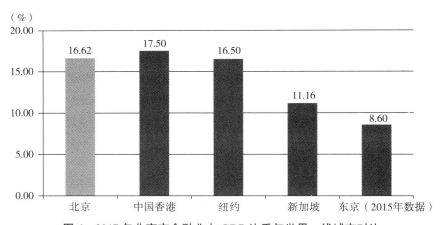

（%）

图 4　2017 年北京市金融业占 GDP 比重与世界一线城市对比

二是专业和商业服务、医疗等高端服务业与世界一线城市相比差距较大。2017 年，纽约医疗业增加值占比达到 6.8%，北京的卫生、社会保障和社会福利业增加值占比为 2.5%，不足纽约的一半；东京的商业服务业增加值占比达到 21.1%，北京租赁与商务服务业增加值占比为 6.8%，仅为东京的 32%。

三是生产性服务业有待进一步发展。近十年来，北京生产性服务业占服务业比重逐渐从四成提升到了五成以上，在拉动经济增长中发挥的作用逐渐显著，但以德国为代表的发达国家，其生产性服务业占服务业比重都在70%以上，北京尚有差距。

三、构建北京现代化产业体系的启示和建议

通过与发达国家及世界一线城市的对比看出，北京市产业发展总体趋势是与国际经验相一致的，且金融业已具备了相当规模，但是产业内部结构仍然存在一些问题，包括劳动生产率较低、优势制造业可持续性弱、服务业与制造业融合不足等。为此，我们建议：

一是围绕"四个中心"建设的战略定位，坚持做强第三产业，优化结构、提高劳动生产率。服务业比重不断提高是世界城市的发展趋势，未来北京产业发展宜遵循以服务业为主的格局，但应注意结构优化和劳动生产率的提高。继续做强金融业，做好首都金融工作，努力在推进金融改革和高质量发展上走在全国前列，建立与北京"四个中心"和京津冀协同发展定位相匹配的金融体系，注重优化金融业结构。继续发展教育、医疗、专业和商业服务业，实现从传统服务业到新兴服务业的转变。以落实北京市新一轮服务业扩大开放综合试点工作方案为主线，加大服务业改革、开放和制度创新的力度，积极引导服务业集聚、集群、集约发展，激发改革红利对提升服务业劳动生产率的促进作用。

二是把握趋势，对于制造业应发展与疏解并行，重点提升创新引领能力。在发展阶段上，认识到北京全面进入工业化发展后期，制造业增速从快速增长到中低速增长的变化趋势，关注重点从增长速度转移到劳动生产率的提高以及增长的质量结构上；在发展模式上，顺应制造业从低端向高端转型的逻辑，引领制造业从劳动、资本、技术驱动向创新驱动转型，最终实现高质量生产和信息化智能生产的高端制造业。

三是推进生产性服务业与高端制造业深度融合，形成制造业升级—对生产性服务业质、量需求提升—生产性服务业加快发展—进一步促进制造业升级的良性循环。大力支持科研机构与企业的对接。推动科研机构、行业协会及企业等不同创新主体联合，实现创新资源的整合优化；建设通畅的信息交

换及交易平台，使有商业化前景的研究成果可以快速得到转化和实施。发挥北京生产性服务业对津冀地区的辐射作用。津冀地区制造业比重较高，其发展离不开北京生产性服务业的推动，也为北京生产性服务业创造大量潜在需求，促进北京生产性服务业进一步扩大升级，实现良性互动与协同发展。

北京市消费金融发展情况、普惠金融特征分析及建议

王 京[*]

一、北京市消费金融市场发展情况

（1）北京市消费金融市场仍以银行业为主，且商业银行不断在互联网消费金融平台寻求渠道出口。2014 年至今，北京市商业银行发放个人消费贷款占比达七成以上，银行业占据了消费金融信贷发放的主导地位（见表1）。其原因在于，一是住房贷款仍为个人消费贷款支柱，自 2016 年开始，住房贷款始终占据银行业消费贷款的近九成；二是商业银行不断与寻求互联网消费金融平台合作，探索消费金融线上场景创新。住房贷款在北京市银行业个人消费贷款比重过大，使得个人消费贷款整体受住房贷款发放走势影响过大；商业银行与互联网消费金融平台合作一方面使银行一定程度上绕过政策对场景建设的部分限制，另一方面使得互联网消费金融平台的资金来源及业务模式更加复杂，对监管形成挑战。

表 1　北京市个人消费贷款余额机构占比　　　　　　　　　　单位 : %

机构类型	2014 年	2015 年	2016 年	2017 年	2018 年
商业银行	77.33	76.27	77.86	77.35	72.43
消费金融公司及互联网平台	22.76	23.73	22.14	22.55	27.57

（2）剔除住房贷款等部分，北京市实际用于日常消费品购买的大件耐用消费品贷款和其他贷款并未显著增长。各银行在日常报表中对个人综合消费

---

* 王京：供职于中国人民银行营业管理部法律事务处（金融消费权益保护处）。

贷款等贷款种类未实际区分其用途，在大件耐用消费品贷款和其他贷款两个项目中填报并不统一。剔除住房贷款、汽车贷款、助学贷款及旅游贷款等因素显示北京市商业银行个人贷款部门发放的用于日常消费的个人消费贷款并未显著增长（见表2）。此外，存在部分银行未将贷款人将个人综合消费贷款转用于企业经营的部分剔除，一定程度上影响了大件耐用消费品贷款及其他贷款的真实性。

表2　北京市银行业大件耐用消费品贷款及其他贷款余额
单位：亿元

项目名称	2014年末	2015年末	2016年末	2017年末	2018年末	2019年6月末
大件耐用消费品贷款及其他贷款	1136.64	1137.53	1002.15	1059.24	1090.20	1189.63

（3）银行业个人消费贷款业务场景拓展不力，影响银行个贷部门消费贷款业务增长。消费金融场景化是消费金融发展的趋势和着力点，为银行带来更多获客渠道的同时，其真实的场景优势为银行风控带来便利。商业银行个人消费贷款场景拓展面临的挑战，一是线上及线下场景受信用卡、消费金融公司、互联网消费金融平台的挤压；二是因银保监会"三个办法一个指引"等相关规定，线上贷款需要客户后补发票，线下贷款需面谈面签，在贷款流程及体验上远不及信用卡、消费金融公司、互联网消费金融平台；三是因上述原因，面对大型线下商超、建材市场等缺乏议价能力，拓展渠道需要支付相关的渠道费用，并一定程度上增加了资金成本。

（4）各消费金融主体金融风控逐步完善，但在金融科技运用上、贷后监测等方面存在不同程度欠缺。被调研的商业银行、北银消费金融公司及京东白条均建立了较为完善的风控体系。部分商业银行如各国有银行北京市分行、北京银行均运用金融科技建立了贷前审核、贷中管理、贷后催收及风控环节反馈闭环，并且利用大数据、人工智能建立信用风险体系、反欺诈风险体系、贷后管理体系等，在防止消费者过度负债和多头负债、确定授信额度、反欺诈等方面做出了实际的应用。但大多数银行在运用金融科技建立风控体系方面仍存在欠缺。在预防消费金融贷款进入房市股市等贷后监测方面，商业银行及消费金融公司均存在不同程度的滞后。线上消费贷款缺乏场景支持，借款人在借款成功并实际用于消费后，再将消费发票上传到银行网站由银行进行审核，审核与消费存在时间差，因而有消费金融贷款进入房市、股市的情况。

（5）各消费金融主体能综合运用各类数据服务，但信息割裂影响仍较大。在授信及信用风险评估方面，各消费金融主体均能在一定程度上利用中国人民银行征信数据、互金数据、百行数据等数据服务，但仍存在数据来源有限、难以互通、数据采购成本高等问题。商业银行更多依赖收入证明、纳税、公积金、社保及自身信贷数据；京东白条则主要依赖商城交易数据；北银消费金融公司更多依靠购买外部数据，数据获取成本较高，准确性和合规性难以把控。

（6）各消费金融主体逐步回归消费金融小额、分散的本质，但消费金融创新带来一定程度监管盲区。2019 年上半年北京市银行业大件耐用消费品贷款及其他贷款单笔金额平均 1.6 万元。被调研银行中，建行北分、中行北分、华夏北分大件耐用消费品贷款及其他贷款单笔金额 5000 元以下为主。北银消费金融公司自 2018 年业务转型后，线上业务贷款笔均由 2018 年末 3000 元下降至目前 1200 余元；平均期限从 14.19 期降至 8.3 期。京东白条呈现典型的场景化消费金融特征，近两年大件耐用品和小件易耗品单笔金融小于 200 元的消费贷款笔数分别超 60% 和 76%。与此同时，商业银行个贷部门基于拓展场景和规避监管限制等原因，纷纷与互联网消费金融平台开展合作创新；互联网消费金融平台等方面，如京东白条消费金融虽在客户端体验相同，但一方面利用供应链金融进行商业赊销，另一方面以京东金融旗下众多小贷公司及部分商业银行（信用卡及个贷部门）合作发放消费贷款；各消费金融主体也于近年陆续开展了消费金融贷款的资产证券化业务，相关金融创新均造成了一定的监管盲区。

（7）消费金融贷款具有额度小、期限短等特点，现有统计制度难以对银行业及互联网消费金融平台消费金融业务及模式进行有效监测。目前，消费金融公司建立了完善的统计制度，能针对线上及线下、各类贷款用途、产品种类等不同维度对当年累计贷款发放情况、平均期限、年化利率、资产质量进行统计分析。目前，商业银行个人消费贷款业务的统计报表存在以下问题，一是缺乏对贷款用途的分类，难以得到消费贷款用于教育、装修、旅游、电器、数码产品购买等的区分；二是银行业消费金融月度报表大额消费品贷款和其他贷款具体内容不明确，影响其真实性；三是缺乏当年累计发放贷款数据的统计，消费贷款额度小、期限短，年末贷款余额并不能真实反映银行当年消费贷款发放情况；四是缺乏对互联网消费金融平台的业务监管，相关数据较难获取。

二、消费金融的普惠金融特征分析

消费金融的目标对象广泛。从金融排斥的角度，消费金融所能覆盖的，被传统金融排斥的目标群体包括：农民、征信白户及低收入人群，目标是为其提供"小额、分散、便利"的消费信贷，满足其日益增长的消费信贷需求，因而对消费金融的普惠金融特征分析应注意以下几个方面：

（一）授信额度非决定消费金融普惠性质的关键

信用卡、银行业消费金融、消费金融公司消费金融以及京东白条在人均授信额度方面差距较大。银行方面，以建行北分为例，2017 年末信用卡卡均授信额度为 1.32 万元；2018 年末信用卡卡均授信额度为 1.44 万元；2017 年末银行消费贷款人均授信额度为 66.99 万元；2018 年末银行消费贷款人均授信额度为 69.10 万元。北银消费金融有限公司 2017 年末消费贷款人均授信额度为 6800 元，2018 年末消费贷款人均授信额度为 6500 元。京东白条则根据京东商城历史消费数据给予授信，2018 年末白条人均授信额度 1 万元左右。从本质上来看，授信额度并不决定普惠金融目标群体，目前消费金融行业普遍授信额度均满足为其提供"小额、分散、便利"的消费信贷的信贷需求。

（二）从主要目标客户群体来看，消费金融公司和互联网平台相较银行更具有普惠特征

目前，消费金融市场主体并未区分农村地区和城镇地区，对农村地区单独设置消费贷款产品并无必要。从性别来看，银行业、消费金融公司和互联网平台的消费金融客户男性居多。从年龄区间来看，银行业消费金融客户年龄区间以 30~39 岁为主，20~29 岁次之；消费金融公司和互联网平台消费金融客户年龄区间则以 30 岁以下年龄段为主。从经营战略选择来看，银行经营以安全性为主，以 30~39 岁年龄段客户收入稳定，具有较高消费意愿；消费金融公司和互联网平台则瞄准 30 岁以下年龄段客户，相较而言更具有低收入特征。

（三）从对征信白户的排斥来看，消费金融公司和互联网平台相较银行更愿意为征信白户服务

从对北京辖内部分银行、消费金融公司及京东白条的调研来看，商业银行普遍不对征信白户发放个人消费金融贷款。北银消费金融公司 2018 年征信白户约占授信总客户数的 20% 左右，客户数量约为 48900 人左右，人均授信金额约为 6200 元。征信白户客户平均年龄约为 25 岁。针对信用白户的客户，消费金融公司更多利用外部数据源，多维度综合审核客户资质，重点关注客户工作收入稳定性、居住地址稳定性、近期信用查询次数等方面的信息，对信用白户客户做出合理的审批决策。京东白条在授信时，并未将征信纳入主要因素，更多基于客户在京东商城的消费记录，客观上覆盖了一部分征信白户群体。

三、关于消费金融发展的政策建议

一是完善统计制度。现有的银行业消费金融月度报表并不适应消费金融的统计和研究，大额消费品贷款和其他贷款不明确，银行存在数据硬靠现象。建议借鉴消费金融公司用途分类完善银行业消费金融相关统计制度。

二是完善监管政策。按照"金融业务由持牌机构开展"的总体原则，出台相应管理办法对电商消费金融平台、分期购物平台、互联网金融平台以及其他主体开展消费金融业务进行规范，对相关资产证券化进行摸底。

三是鼓励场景支撑。引导消费金融机构以真实消费场景为支撑拓展业务，通过线上、线下等多种渠道建立消费场景，实现消费金融业务与消费场景的融合，引导资金真正流向消费领域。降低和限制无特定用途的消费贷款业务占比。

四是加强消费者权益保护。建议加强金融消费者的教育工作，普及金融知识，增强风险意识；加强对消费者个人隐私信息的保护，防止利用消费者个人信息牟利；加强跨部门金融消费权益保护监管协调，加强对消费金融机构营销规范。

五是充分利用金融科技。鼓励金融科技在消费金融行业获客营销及风险控制方面的作用。鼓励消费金融行业借助大数据手段，了解客户整体金融行

为，对用户的行为、偏好、习惯进行画像，对用户的信用风险和欺诈风险通过模型的方式进行科学的计量，进一步发挥消费金融服务征信白户的能力。

六是加强消费金融普惠金融属性研究。建议进一步研究消费金融行业在消除金融排斥，满足提供"小额、分散、便利"的消费信贷需求的作用，并提供可能的政策支持，为充分发挥消费对经济的引领作用提供助力。

北京市与上海市制造业发展分析及国际经验借鉴

于庆蕊[*]

一、近五年北京市工业发展速度优于上海市

上海市工业基础雄厚，近五年工业对经济的平均贡献率高于北京市 12.8 个百分点，但第二产业下降幅度高于北京市 0.78 个百分点，工业增加值年均增速低于北京市 1.1 个百分点。

2018 年[①]，北京市第二产业占比为 18.6%，较 2014 年下降 2.7 个百分点；上海市第二产业占比为 29.8%，较 2014 年下降 4.9 个百分点。从工业[②]发展情况来，2018 年，北京地区工业生产总值增加值为 4464.6 亿元，较 2014 年增长 15.7%，近五年年均增速为 4.8%；上海地区工业生产总值增加值达到 8695.0 亿元，较 2014 年增长 14.1%，近五年年均增速为 3.7%。从工业对经济的贡献率来看，近五年北京地区工业对经济的平均贡献率为 15.8%。2018 年北京地区工业对经济的贡献率为 15.9%，较 2015 年下降 1.2 个百分点，较 2014 年上升 3.6 个百分点，北京地区工业对经济的贡献率自 2015 年以来呈逐年下降的趋势；近五年上海地区工业对经济的平均贡献率为 28.6%，2018 年上海地区工业对经济贡献率为 26.6%，较 2015 年下降 3.1 个百分点，较 2014 年上升 5.1 个百分点。

---

[*] 于庆蕊：供职于中国人民银行营业管理部调查统计处。

① 2018 年数据为北京市国民经济和社会发展统计公报；2018 年以前年份数据为《北京市统计年鉴》数据；2018 年数据为上海市国民经济和社会发展统计公报；2018 年以前年份数据为《上海市统计年鉴》数据。

② 上海市工业占第二产业比重接近 90%。

二、北京市重点产业发展势头强劲

京沪两地重点发展的行业有异有同，北京市与上海市均选取了电子、汽车、医药为重点行业。具体来看，北京市以电子、汽车、医药、装备为工业增长的重要支撑点，上海市以电子、汽车、石化、精品钢材、设备制造、生物医药六个行业作为重点发展的行业。近五年，重点产业对于两地制造业的贡献率均超过60%，但是北京市重点产业利润占规模以上制造业的70%，高出上海市约10个百分点，北京市重点发展的产业对制造业利润的拉动作用明显高于上海。

北京市之所以能够在疏解非首都功能、传统制造业大量外迁的背景下，不断缩小与传统制造业中心的差距，甚至在某些行业有所超越，主要得益于北京根据首都城市功能定位发展与自身经济条件相适合的产业，利用自身科研优势促进医药、电子行业发展，对经济起到了明显的拉动作用。相较于北京，上海一方面重工业占比更大，不符合国际大都市发展趋势；另一方面过于依赖汽车及其相关产业，导致工业发展受汽车市场影响较大。北京的工业结构调整方式对经济的拉动作用更为显著。

三、医药、电子设备制造业作为北京市优势产业发展迅猛，发展速度领先于上海市

（一）北京市医药制造业产业规模与实力均领先上海市

京沪两地医药制造业产业基础牢固，北京市医药制造业产业规模与实力均领先上海市。2014～2018年，北京市医药制造业产值增速一直快于上海，2017年两市增速差距达到最大值，为12.2个百分点，2017年北京市医药制造业产值为981.6亿元，而上海市为765.2亿元。从企业数量和知名度来看，在全国6000多家医药企业中，北京市拥有近500家医药企业，上海市仅拥有300家医药企业，并且北京市医药企业知名度较高。从企业利润情况来看，北京市医药制造业利润总额自2016年以来一直高于上海市，且差距不断扩

大，2018 年两地医药制造业利润总额差额达到 86.4 亿元。

北京市医药制造业发展势头迅猛，医药制造业产值增速一直维持较高水平，企业盈利情况较好，对于制造业拉动作用显著。近五年，北京市规模以上医药制造业产值增速最低为 7.2%（2015 年），最高为 18.8%（2017 年），增幅在 11.6 个百分点。上海市医药制造业发展较为平稳，医药制造业产值增速保持上升趋势，但企业盈利情况增长较慢。2014 年以来，上海市规模以上医药制造业产值增速最低为 3.5%（2015 年），最高为 10%（2018 年），增幅在 6.5 个百分点。

（二）北京市电子设备制造业产值增速领先上海

近年来，京沪两地电子设备制造业结构调整成效显著，行业发展均呈现"V"字趋势，北京市电子设备制造业产值增速领先上海，2018 年两地电子设备制造业产值增速差额为 13.9 个百分点。从企业盈利情况来看，北京企业盈利能力虽不及上海，2018 年北京市电子设备制造业利润总额较上海市低 56.8 亿元，但从近五年利润增速来看，北京市电子设备制造业利润增速远远快于上海。

北京市电子设备制造业自 2016 年跌入谷底后持续反弹，发展势头强劲。从近五年发展情况来看，以 2016 年为"分水岭"，2016 年之前，北京市电子设备制造业产值增速从 17% 跌落至 1%，下降了 16 个百分点；2016 年之后，电子设备制造业开始出现反弹，2018 年北京市规模以上电子设备制造业增速为 15.2%，增幅较 2017 年扩大 4.4 个百分点。上海市电子设备制造业发展轨迹与北京市相一致，均在 2016 年开始出现反弹，但是 2018 年上海市电子设备制造业发展受阻，电子设备制造业增速仅为 1.3%，增幅较 2017 年收窄 7.3 个百分点。

四、北京市汽车制造业发展不及上海市

2014 年以来，受全球汽车市场不景气等因素影响，京沪两市汽车制造行业的发展都经历了不同程度的下滑，尤其是 2017～2018 年，下滑幅度显著。但是得益于发展较早、体量较大且拥有国内最大的汽车上市公司等优势，上海市汽车制造业产值增速及企业盈利下滑幅度均小于北京市。2017 年北京市

汽车制造业产值为 4492.5 亿元，上海为 6774.3 亿元。从两地重点企业销售情况来看，2018 年北汽集团销售整车 240.2 万辆，仅为上汽集团销量的 34%；作为国内最大的汽车上市公司的上汽集团，2018 年销售整车 705.2 万辆，市场占有率更是超过 24%。

近年来，北京市汽车制造业发展出现下滑，企业盈利情况不佳。2018 年末，北京市规模以上汽车制造业增速为 -5.8%，降幅较 2017 年扩大 2.9 个百分点，而 2014~2016 年北京市规模以上汽车制造业增速均为正值。上海市汽车制造业发展情况与北京市趋同。2018 年末，上海市规模以上汽车制造业增速为 0.8%，增幅较 2017 年收窄 18.3 个百分点，较 2016 年、2014 年分别收窄 11.8 个和 9.7 百分点。

五、纽约、东京、伦敦制造业发展历程

从纽约、东京、伦敦三大城市制造业发展的过程来看，不同大城市在制造业回归的模式并不完全一致，总体上可分为两类。第一类，以纽约、伦敦为代表，随着所在国家产业结构的调整，制造业的经济总量不断减少，在城市经济中的比重也不断下降，但是对城市经济的贡献仍然巨大，一些高附加值的制造业在一定区域乃至全球都占有重要的地位。第二类，以东京为代表的大都市，尽管制造业的比重不断下滑，但在下降到一定比重后趋于稳定，其制造业占比也保持较高的水平。

（一）纽约

随着产业结构的调整及传统工业部门的衰落，制造业借助于纽约作为时装设计中心、旅游中心、文化娱乐中心、广告咨询中心的优势，逐步从最早面向全美市场服务的大型工厂，转变为以本地需求为主、以出口产值为导向的产业部门，2015 年纽约 GDP 已达到 1.6 万亿美元，其中制造业为 655.9 亿美元，占全美制造业产值的 30% 以上。

（二）东京

受石油危机影响，制造业逐渐从劳动密集型、原材料能源消费型向大都市型和加工组装型转变，并通过技术创新提高产品附加值，如今已形成以出版印刷、电气、运输机械制造及食品加工等为主导的产业体系结构，2015 年东京 GDP 已达到 104.3 万亿日元，其中制造业为 9 万亿日元。

（三）伦敦

随着大规模工业改造进程的开始，伦敦逐步从传统制造业为主转为高附加值制造业为主的发展模式，近年来，在政府扶持措施的背景下，伦敦制造业正进一步向生产性服务业延伸发展，制造业整体呈现高端化、服务化的大趋势。

（四）纽约、东京、伦敦制造业发展模式对北京的启示

从纽约、东京、伦敦制造业发展的经验来看，三大城市虽然以服务业为主，但并未完全放弃制造业，只是从传统工业向都市型工业转型，全球城市仍重视制造业，减少的只是制造业的制造环节，因此北京市在疏解非首都功能的过程中，仍应保留适合北京市定位的高精尖制造业产业及制造业服务环节。

六、政策建议

（1）结合功能定位，大力发展与北京市定位相匹配的制造业，加大政策倾斜，扶植重点产业形成产业集群。第一，要按照"四个中心"的战略定位，最终建立以服务业为主，制造业为辅的发展模式；第二，北京市政府应促进重点制造业形成产业集群，打通上下游产业链，实现集聚式发展；第三，应持续优化营商环境，对重点制造业企业，予以资金补贴、税费减免及差别化信贷等政策优惠，推进北京市高端制造业加速健康发展。

（2）推进产研融合，促进制造业与服务业一体化发展，推进制造业整体迈向高端化、服务化。一方面，北京市应充分发挥"科技创新中心"的优势，利用高校及科研院所的科研优势，促进科研机构与企业开展新合作模式，实现制造业整体迈向高端化；另一方面，应促进制造业与生产性服务业加快融合，使企业由以产品为导向发展成为以产品及服务为导向，实现制造业整体迈向服务化。

（3）优化产业布局，充分发挥京津冀一体化的作用，大幅度提升资源配

置效率，实现与三地协同错位发展。围绕京津冀三地城市功能的总体定位，考虑各区域的资源、产业基础和环境容量等因素，充分发挥京津冀一体化的作用，进一步优化三地区域发展布局，实现与津、冀两地协同错位发展。一方面，北京市应重点布局高附加值都市型工业和高端生产性服务业；另一方面，应促进高新技术配套产业向津、冀转移，带动相关产业发展。

关于推动北京金融业高质量发展的思考

高 菲*

一、金融业高质量发展的内在要求和具体特征

（一）金融业高质量发展的内在要求

高质量发展的金融业应贯彻创新、协调、绿色、开放、共享的新发展理念，在高效服务实体经济发展及满足人民美好生活需要的基础上，提高自身竞争能力和防风险能力，进而实现可持续发展。

一是高效率地服务实体经济。以服务供给侧结构性改革为主线，聚焦重点领域精准施策，创新金融产品与服务，发挥货币政策工具的引导作用，通过资金跨期、跨部门的流动，实现对各类经济资源的分配，推动资源向利用效率高的领域转移，进而实现经济发展的质量变革、效率变革、动力变革。

二是满足人民美好生活需要。提高人民群众金融服务的可获得水平，提升金融服务的质量和效率，提供更为丰富的差异化、个性化金融产品；畅通投资渠道，降低交易成本，稳定金融市场，提高人民群众投资的获益水平。

三是实现风险自控、可持续发展。没有稳定性与安全性，效率和效益就无从谈起，主动防范和化解自身风险是金融业高质量发展的必然选择；在最大限度地满足实体经济需要和人民美好生活需求的同时，金融业应获得自身效益和效率的叠加，实现商业可持续发展。

---

* 高菲：供职于中国人民银行营业管理部金融研究处。

（二）金融业高质量发展的具体特征

一是具有"分工合理、相互补充的金融机构体系"。在利率市场化过程中，分工合理、相互补充的金融机构体系有利于畅通资金流动，在直接融资和间接融资之间、货币市场和资本市场之间、商业银行和政策银行之间、银行机构与非银行机构之间和"银证保"产业之间形成分工合理、相互协调、彼此配合的结构体系，促进各业态、各板块、各机构联动互补，协调发展。

二是具有"规范、透明、开放、有活力、有韧性的资本市场"。提高直接融资比重，促进多层次资本市场健康发展能够提升人民群众在资本市场的获得感，让广大投资者分享到经济发展的红利；能够为创新企业提供更宽的融资渠道，更低的资本成本，并且能将创新活动带来的风险转移并分散到众多投资者身上；能够降低过度集中于银行体系的金融风险，更加有效地控制全社会及实体企业的债务杠杆水平。

三是具有"多层次、广覆盖、有差异的银行系统"。目前间接融资仍然要发挥主力军作用，从顶层设计上打破传统商业银行的垄断地位，有利于解决中小微企业融资难、融资贵问题，更好地服务不同经济群体、经济层次、不同产业、不同领域、不同地域的金融投资者和消费者。

四是具有"个性化、差异化、定制化的金融产品"。个性化、差异化、定制化的金融产品有利于增强金融服务实体经济的能力，把更多金融资源配置到经济社会发展重点领域和薄弱环节，更好地满足人民群众和实体经济多样化的金融需求，增强人民群众和实体经济的获得感。

二、北京市金融业高质量发展的现状及问题

（一）北京市金融业发展现状

一是金融业已成长为重要支柱产业。北京金融业发展在全国居于领先地位，对北京经济增长的贡献率高达18.4%，对首都经济发展具有举足轻重的作用。北京是"一委一行两会一局"等国家金融管理部门所在地，辖内金融机构金融资源集聚、总部特征明显。作为服务业对外开放试点城市，177项对外开放措施里有超过1/4属于金融业事项，外汇管理具有系统重要性。

二是金融市场体系优化。北京在产权交易市场发展方面走在全国前列，建立了包括物权、债权、股权、知识产权、环境排污权等在内的综合产权交易体系，形成了较为成熟的商业模式和业务品种体系。民营、科创、小微企业金融市场创新产品在京落地，民营企业债券融资支持工具得到推广使用。

三是金融服务持续改进。2018 年，人民币非金融企业及机关团体贷款余额同比增长 14.8%，非银行业金融机构贷款余额同比下降 34.4%，反映出金融资本"体内循环"情况减少，对实体经济的支持力度加大。新兴金融业态发展迅速、绿色金融、普惠金融持续引领首都金融创新，普惠金融服务的广度和深度进一步拓展，为北京市重大项目和民生工程开展提供了重要支持。

四是科技金融创新中心建设成效显著。启动北京金融科技创新核心区建设，发布《北京市促进金融科技发展规划》，明确提出建设北京金融科技与专业服务创新示范区及核心区。以中关村国家自主创新示范区为例，2018 年，金融服务中关村国家自主创新示范区高新技术企业贷款实现了"两增"（贷款余额与户数增）、"一降"（贷款加权平均利率低于全市 55 个基点）、"一低"（不良贷款低于全市 0.31 个百分点）和"一优化"（信用贷款占比较高）。

五是金融服务业扩大对外开放，国际化水平进一步提高。外资金融机构引入工作有序推进，继亚洲基础设施投资银行之后，亚洲金融合作协会总部选址北京，全球最大的信用卡组织 VISA 在京设立中国总部。2018 年，益博睿征信（北京）有限公司完成企业征信机构业务备案，标志着北京地区首家外资征信机构获准在国内开展企业征信业务；两家清算机构和三家评级机构在京注册公司，对于提升北京金融国际化水平、完善多元化金融机构具有重要意义。

（二）北京市金融业实现高质量发展尚存在的问题

一是金融业的产业结构有待优化。2018 年，北京金融业占 GDP 比重 17%，超过了部分发达国家平均水平和部分世界一线城市。从金融业内部结构看，北京市银行业增加值占绝对主导地位，保险业规模显著高于上海和深圳，但北京的证券业、基金业与期货业较沪深差距较大，其他金融服务业发展也与世界一线城市相差较远。

二是银行业可持续发展的结构体系应进一步完善。高质量发展在时间维度上表现为可持续发展，既能满足当前发展要求，又能维续未来发展潜力。

経済結構調整下的首都金融研究与实践

从机构类型看，中小银行类金融机构、非正规金融机构扩张迅速，部分脱离金融服务实体经济本质，带来金融风险。从产品结构看，商业银行市场定位趋同，产品差异化不足。

三是金融市场层次单一。以银行为代表的间接融资占据主导地位，一级市场直接融资规模与全球主要金融中心相比存在一定差距。北京市信贷规模与GDP之比超过全球主要金融中心水平，但上市公司数量远低于香港和东京。近年来，虽然北京在产权交易市场方面取得一定发展，但交易不活跃，金融市场层次较为单一。

四是资源分布不合理，金融资金利用效率低。经中国人民银行营业管理部课题组测算，1979~2017年，北京市资本对经济增长的贡献率平均为70%，是经济增长的主要动力强。北京市较高的资本贡献率表明金融对经济发展的支撑作用强，但较低的TFP贡献率则在一定程度上反映出金融资源分布不合理、资金利用效率低等结构性问题。

五是金融业集聚效应不足，空间布局存在雷同。金融中心是较高等级的金融功能和服务集聚区，伦敦、纽约都是世界性的国际金融中心城市，而真正的"金融中心"实则是这些城市中很小的一块区域。从"十三五"时期金融业发展规划看，区县发展规划存在雷同，这容易引发金融资源的内部争夺和过度分散，引起城市不必要的内耗，削弱城市竞争力。

三、北京实现金融高质量发展的举措

（一）建立与高质量发展相匹配的结构体系

一是资本市场方面，扶持"新三板"发展壮大，推动"四板"市场规范，发挥北京市自身在产权交易市场的核心优势，提升首都要素市场的定价话语权和全国影响力。二是监管机构根据不同类型银行业金融机构特点进行分类指导、精准施策，中小金融机构应当坚守市场定位、深耕当地市场、避免盲目扩张、提高服务实体经济质效。三是围绕服务好中关村国家自主创新示范区建设，找准核心技术与应用平台的结合点，加强重大科技成果的增值应用，破除金融服务"瓶颈"。四是培育绿色金融组织体系，推动形成绿色金融中心，把握建设通州副中心的机会，加大绿色金融参与力度。

（二）提升效率，充分发挥金融对经济转型的带动作用

加大金融业对高端制造业的支持力度，充分利用各方金融资源，提供包括咨询、融资、避险在内的全面金融服务，为北京制造业转型升级提供保障；推进生产性服务业与高端制造业深度融合，形成制造业升级—生产性服务业质、量需求提升—生产性服务业加快发展—进一步促进制造业升级的良性循环。

（三）整合资源，科学规划金融业发展布局

推动各金融功能区进一步明确发展定位，坚持"差异化"和"特色化"并重，制定适合本区域资源禀赋特点和区位发展优势的规划。在发展过程中注意明确发展层级，将强化首都国家金融管理中心职能摆在首要地位，建设好国家科技金融创新中心。在"京津冀一体化"国家战略背景下，北京金融业功能区定位也需与时俱进，将科学规划产业布局进一步提高到服务国家战略和全国金融发展高度，促进金融服务正向溢出效应扩大。

（四）推进金融业扩大开放相关工作落地实施

一是优化发展环境，吸引并鼓励国内外金融总部向北京金融管理中心聚集，在提升总部金融机构的基础上，发挥国际交往中心作用，吸引各类国际金融组织在北京发展。二是提高服务水平，进一步优化银行"一带一路"项目境外投资外汇登记和资金汇兑服务；扩大支付机构跨境外汇支付业务范围与交易金额；推进资本项目便利化政策试点，吸引更多外资金融及服务机构落户北京；促进人民币国际投贷基金设立，推动绿色金融发展工作与金融支持京津冀协同发展工作有机融合。

（五）建设金融安全首善之区

作为全国政治中心，北京要重点维护首都金融安全，建设金融安全首善之区，为全国树立金融风险防控标杆。做好防范化解金融风险攻坚战各项工作，制订《北京防范化解重大风险行动实施方案》，推动建立金融协调信息共享机制、债券市场信息共享机制、金融消费者权益保护协调机制、反洗钱监管协调机制，加强对不从事金融活动企业注册行为的前置管理，稳步推进互联网资管清理整顿工作等，守住不发生区域性、系统性风险的底线。

北京地区民营企业融资情况调研报告

周 凯 赵 睿*

一、北京民营企业融资现状

（一）民营企业整体融资情况

截至 2018 年末，北京地区私人控股企业人民币贷款余额 8349.4 亿元，同比增长 16.8%，高出各项贷款增速 4.3 个百分点。受市场环境影响，非金融民营企业发债 533.7 亿元，净融资额为 -66.6 亿元，较 2017 年减少 41.6 亿元。上市公司方面，2018 年民营上市公司股权融资金额较 2017 年呈现下降趋势，民营上市公司通过资本市场累计股权融资金额 177.49 亿元。

（二）民营企业融资的主要来源

北京地区民营企业融资主要依靠银行贷款，而债券、股票等公开市场融资方式在民营企业融资来源中占比较低。经调查，约 78% 的企业通过银行贷款进行融资，而通过债券、股权、应收账款进行融资的企业分别仅占 5%、0.02% 和 3%。

（三）民营企业融资成本情况

在被调查企业中，共有 116 家企业通过银行贷款，平均利率介于 5.31%

---

* 周凯：供职于中国人民银行营业管理部货币信贷管理处。赵睿：供职于中国人民银行营业管理部征信管理处。

和 7.12% 之间。其中，11 家企业的贷款利率低于 5%，89 家企业的贷款利率介于 5% 和 7% 之间，14 家企业的贷款利率介于 7% 和 9% 之间，2 家企业的贷款利率介于 9% 和 11% 之间。仅有 8 家企业通过发债融资，平均发债利率介于 5.75% 和 7.75% 之间。其中，5 家企业的发债利率介于 5% 和 7% 之间，3 家企业的发债利率介于 7% 和 9% 之间。仅有 5 家企业通过应收账款融资，平均应收账款融资利率介于 6.6% 和 7.8% 之间。其中，1 家企业应收账款融资利率在 5% 以内，2 家企业的应收账款融资利率介于 5% 和 7% 之间，1 家企业的应收账款融资利率介于 7% 和 9% 之间，1 家企业的应收账款融资利率大于 11%。

（四）民营企业融资的结构性分析

一是从不同行业看，传统制造业、高技术制造业、服务业融资渠道较为单一，建筑行业融资方式相对丰富。其中，传统制造业、高技术制造业、服务业融资主要以银行贷款为主，通过债券和应收账款等方式进行融资的占比较低；在建筑行业中，银行贷款、债券融资方式占比较高。但建筑行业融资的综合成本相对于其他行业高出 1~2 个百分点。

二是从不同规模看，大型企业的融资手段相对于中小微企业更为丰富。其中，有 86% 的大型企业使用银行贷款，40% 通过债券融资，40% 通过应收账款融资。在贷款成本方面，大型企业之间差异较大。其中，30% 大型企业的综合融资成本在 5% 以下，38% 大型企业的综合融资成本介于 5% 和 7% 之间，30% 大型企业的综合融资成本介于 7% 和 9% 之间。中小型企业融资方式较为单一，主要以银行贷款为主，通过债券、应收账款进行融资的比例极低。其中，分别有 84% 的中型企业和 74% 的小型企业使用银行贷款。

二、民营企业融资需求侧面临的问题和障碍

（1）贷款短期化严重，续贷难度大、成本高。北京四达时代公司反映，2018 年下半年以来，企业中长期贷款到期续贷时，银行要求增加房产抵押或是担保增信，获批的贷款也大多数都是一年期的流动资金贷款。北京臻迪科技反映，续贷难度明显增大，企业由于缺少抵押品无法从银行获得贷款，不得不推迟新品研发及量产计划。北京启慧生物表示，企业从银行获批的贷款

経済結構調整下的首都金融研究与実践

多为短期流动资金贷款，每年须进行"调头"续贷。北京合众思壮反映，2019 年以来，在续贷过程中银行普遍在原有贷款条件基础上提出新的增信要求。

（2）融资缺乏抵押物，获得银行贷款难度大。北京蓝天清科反映，在缺乏房产抵押的情况下很难从银行获得贷款，知识产权质押贷款手续复杂、贷款额度较小，难以满足企业需求。北京捷成世纪公司表示，公司主营文化产业具备较好的现金流，但由于缺乏抵押物，很难获得银行贷款。北京四达时代公司反映，公司的大部分业务在国外，大量境外资产无法作为境内融资抵押品，融资较为困难。

（3）担保增信成本高，往往要求大股东承担连带责任。北京启慧生物公司表示，由于初创型企业没有足够的资产和现金收益做背书，需要引入担保机构进行担保。上浮的银行利率加上担保费、评审费等，实际的贷款利率超过 8%，增加了企业的实际负担。北京爱博诺德公司反映，除了用土地、厂房、设备等做抵押担保以外，银行还要求企业实际控制人用家庭资产甚至个人财产做担保，才可获批贷款，将企业的"有限责任"变成了个人的"无限责任"。北京臻迪科技表示，实际控制人的个人股份占比不到 20%，也被银行要求为公司融资提供个人无限连带担保责任。

（4）拖欠民企账款情况较为普遍，应收账款融资难。据北京证监局统计，截至 2018 年第三季度末，北京地区存在应收政府部门和国企款项的上市民企 138 家，应收金融 750.5 亿元。北京碧水源公司表示，受经济下行及去杠杆政策影响，银行对 PPP 项目的融资意愿骤降，母公司不得不向项目子公司提供借款垫资，其中包括政府应出资的部分。目前，公司还有 300 多亿元的 PPP 项目在途，融资缺口达 200 多亿元。在公司的应收账款中，70%左右为京外地方政府欠款，跨省清收难度大。北京佳讯飞鸿电气表示，由于公司客户主要为大中型国企，比较强势，并不愿意为供应链上下游民营和小微企业的应收账款确权，因此无法通过应收账款质押方式从银行融资。

（5）地方政府纾困基金成本高。北京碧水源公司表示，虽然北京市设立了上市民营企业股权质押融资风险纾困基金，但是纾困基金成本过高（12%～15%），超出企业承受能力。

（6）民营企业债券融资难、融资贵问题依然突出。北京碧水源公司表示，2019 年 4 月该公司拟发行一期 10 亿元的短期融资券，因投资人认购金额不到发行额的一半而被迫取消，而同期国企可低 1.5～2.5 个百分点发债成

功。捷成世纪表示，企业于 2018 年 11 月在交易所发行的公司债发行成本约
10.5%（7.5%的票面利率+3%的发行费用），较银行贷款 6.33%的利息成本
高 4 个多百分点。

三、民营企业金融服务供给侧面临的困难和约束

（1）银行获取企业信息的渠道少、难度大，信息不对称导致银企对接不
畅。建行北分、工行北分、华夏北分等多家机构反映，虽然银行一直在探索
基于大数据应用来提高企业信用贷款的投放能力和效率，但公积金、社保、
税务、工商、海关、司法等重要的企业经营数据都分布在各相关政府部门，
很难通过正规渠道获得，而通过购买第三方服务获得的数据稳定性差、成本
高且存在较大的法律风险。平安银行北京分行希望能将非银机构业务数据纳
入征信体系的覆盖范围，提升通过征信系统对信贷判断的支持力度。

（2）知识产权的评估、处置体系不完善，质押贷款业务操作复杂、成本
较高。浙商银行北京分行表示，市场化的知识产权评估机构较为缺乏，知识
产权处置难导致银行在知识产权处置环节存在很大障碍。北京银行反映，知
识产权质押贷款业务手续复杂，评估公司进行评估至少需要 1~2 周，在知识
产权管理部门质押登记时间长（专利权 7 个工作日，商标权 15 个工作日，著
作权约 2 个月），如涉及解押后再重新质押，办理周期将会更长。北京银行反
映，知识产权质押融资的评估费一般为贷款金额的 2%左右，部分区县政府
虽有补贴，但受众面较窄，发放周期也相对滞后。

（3）政策措施协调性仍需加强，银政企信息沟通机制还需完善。北京市
再担保公司表示，由于信息不对称，商业银行对于企业只能采用较为粗糙的
信贷风控技术，而企业尤其是负责人对于政府最新政策、金融创新产品的了
解不足，导致政策的实施效果和精准性大打折扣。民生银行北京分行反馈，
以文化金融业务为例，银行单方面也很难在第一时间了解各项文化金融的政
策、信息，普遍存在信息滞后、无法及时申请政府专项资金等情况。

（4）融资担保机构进一步降低担保费率面临障碍。目前北京地区企业通
过担保公司对银行贷款进行担保的费率在 2.5%左右，政府性担保机构担保
费率在 2%左右。北京中关村科技担保公司、北京再担保公司反映，担保公
司在与银行合作中需要承担 100%的担保责任，且信息采集成本高达 0.5%~

1%，从而导致企业贷款的担保费率居高不下。

（5）信用风险缓释凭证在支持民企发债上仍需破除部分障碍。中债信用增进公司、交行北分等多家机构表示，目前信用风险缓释凭证创设及投资的资本计提规则不明、创设机构范围仅局限于部分商业银行、二级市场交易不活跃、政府融资性担保机构参与度较低等是造成信用风险缓释凭证落地速度放缓的重要原因。

四、相关政策建议

一是通过政府部门"几家抬"方式完善信用信息整合共享机制，支持银行有能力、有条件发放信用贷款，并研究制定具有高法律层级的信息保护制度。

二是金融管理部门督导银行业金融机构建立"敢贷、愿贷、能贷"长效机制，落实尽职免责、减责制度。鼓励银行业金融机构通过信息技术提高信贷业务操作的标准化程度，探索采用定量方式进行尽职免责的认定与量化。

三是财政部门加强政府性融资担保机构的资本实力，引导设立多层次、多类型融资担保机构，提升其服务不同行业、不同发展阶段民营企业的能力。

四是政府相关部门定期开展面向供应链核心企业的宣传推广和培训，引导供应链核心企业、金融机构对接应收账款融资服务平台，推动政府采购单位及时在政府采购网依法公开采购合同金额、账期等信息，督促国企按期完成对民企的应收账款清欠或确权工作。

五是交易商协会加快债券注册发行速度，对符合条件的民营企业开辟绿色通道，简化办理流程、缩短注册周期，将券商、政府性担保机构纳入创设范畴。银监部门尽快明确信用风险缓释凭证的资本占用规则，提高银行创设的积极性。

北京市现金运行特点及影响因素分析

王 超*

一、北京市现金流通基本情况及运行规律

（一）流通中现金总量呈现波动下降态势

2011 年，北京市现金投回总规模达到峰值，之后现金投回总规模呈现波动下降的趋势。2012~2014 年，在 100 亿元上下波动；2015 年、2016 年持续回落，2016 年降幅最大，较上一年度同比下降 19.62%；2017 年度又有所回升，同比增长 4.27%；2018 年同比下降 5.27%，2018 年较 2016 年同比下降 1.2%，较为平稳。

（二）现金净投放呈回落趋势

2009~2018 年现金净投放量总体呈倒"U"型。2009~2016 年，现金净投放逐年增加；2015 年，北京市现金投放量和回笼量出现双降，且回笼下降量更为突出；2016 年，现金投放量、回笼量进一步下降，但全市现金净投放创下历史新高，首次突破 500 亿元；2017 年、2018 年现金净投放连续两年负增长，2017 年净投放比上年下降 28.2%，近 10 年以来下降幅度最大。

（三）投放回笼的周期性变化依旧明显

从最近 18 个月现金运行的趋势看，北京市全年的现金运行模式为"投

---

* 王超：供职于中国人民银行营业管理部货币金银处。

放—回笼—投放—回笼—投放"五个明显节点,总体体现为"节前大投放、节后大回笼"的趋势和规律。元旦、春节期间的投放量在节后 2~3 个月内基本全部回笼,即年后回笼总量已经与年前投放总量持平,并出现拐点,全年现金运行方向由投放转为回笼,回笼持续到 5 月。

二、经济发展与现金运行关系研究

(一) GDP 增长与现金需求增长同步

数据表明:经济发展速度对现金运行具有很大影响。GDP 作为衡量国民经济发展情况的重要指标,与现金运行数据进行对比分析,十年间,北京市 GDP 以年均 7.82% 的增速上升,特别是 2009 年、2010 年增速很快,2011 年开始增速放缓,总量上升,增长率开始下降,维持在 7% 左右,2018 年达到十年最低水平 6.6%。2009~2016 年北京市 GDP 增长趋势与同期现金投放回笼增长趋势基本吻合,但是自 2017 年开始出现明显背离。

(二) CPI 波动与现金回笼量相关性较高

数据表明:2009~2018 年,北京市居民消费价格增长率波动幅度很大,2009 年为十年间最低水平 -1.5%,2011 年达到峰值 5.6%,2012 年下降到 3.3%,2014~2017 年 CPI 在 1.4%~1.9% 波动,2018 年上升至 2.5%。十年间北京市 CPI 增长率波动变化与现金回笼量变化相关度较高,趋势基本一致。

(三) 近年来国家宏观政策与现金运行关系

现金运行受不同时期国家宏观调控政策影响明显。根据北京市十年的现金运行情况看,现金需求与国民生产总值、固定资产投资、财政收入、城镇居民人均可支配收入等指标大体匹配,十年间保持了稳中有升趋势,但是不同时期有所不同,如 2006 年、2007 年经济过热,国家实行紧缩货币政策,北京市现金投放、回笼增长较慢,且处于净回笼状态;2008 年实行宽松货币政策,北京市首次出现净投放,2009 年国家采取适度宽松货币政策,北京市投放、回笼增长较快;2011 年起实行稳健货币政策,北京市现金投放和回笼处于相对平稳态势;2016 年,国家实施稳健中性货币政策,北京市投放、回笼下降幅度较大，之后全市现金运行更趋平稳。

三、影响现金运行的因素分析

（一）"四个重要指标"的影响

从中国人民银行营业管理部研究看①，现金投放的增速主要受物价涨幅、固定资产投资增速、消费品零售总额增量以及累计进口和累计出口增速的影响，其中固定资产投资增速对现金投放增速影响最大。北京市现金投放增速与物价涨幅、固定资产投资增速及累计出口增速呈同向变动，与消费品零售总额变化量、累计进口增速呈反向变动。近年来，随着我国经济发展进入新常态，经济增长方式从靠投资、出口拉动向依靠投资、出口、消费协调拉动转变，北京市固定资产投资增速也同全国情况一样出现下降。2014～2018年北京市全社会固定资产投资增速分别为 7.5%、5.7%、5.9%、5.7% 和 -9.9%。投资带动的现金投放减少，伴生的现金回笼也随之减少。

（二）互联网金融快速发展的影响

（1）日益便捷的非现金支付特别是移动支付，明显挤占了现金的存在空间。iiMedia Research 数据显示，中国移动支付用户规模呈逐年增长的趋势，预计 2020 年中国移动支付用户将达到 7.9 亿人。网络支付用户规模增加引起的互联网支付金额数量不断扩大，非现金支付发展迅速，对现金替代作用明显。据中国人民银行定期发布的《支付体系运行总体情况》，2017 年移动支付 375.52 亿笔，202.93 万亿元，同比分别增长 46.06% 和 28.80%。2018 年移动支付 605.31 亿笔，277.39 万亿元，同比分别增长 61.19% 和 36.69%。2016 年之后，北京市净投放量大幅下降也说明了人们的支付习惯已发生大范围的改变。

（2）模糊货币层次划分，现金需求预测难度加大。就传统的货币供应量来看，M0（流通中的现金）与 M1（狭义货币）一般较为活跃，并且两者之

---

① 参见段云峰：《现金投放与主要宏观经济指标关系初探——以北京为例》，营业管理部 2014 年调研报告。

间的转化发生得频繁而迅速。M2（广义货币）其内部结构的多种变化并不会对其整体产生太大的影响，M2 总体而言较为稳定。但是由于互联网金融的冲击，现金与存款、投资理财产品之间的转化渠道拓宽使得三者的转化速度变得极快，进而导致它们之间的界限变得模糊，最终反映到市场上的结果是市场预估难度空前提高，会导致相关工作的准确性与有效性降低。

（3）拓宽现金流动渠道，增加现金供应危机风险。互联网金融的发展也有一定的风险性。目前，现行的人民币流通监管体系和相关法律法规缺乏对网络资金流动的监控和约束。例如，有些人使用购物回扣，在线虚拟货币和众筹等资金来筹集资金。这些融资方式的特点是风险高，资金量大，不处于人民币流通监测系统监测范围内。如果资金运作出现问题，没有事先分配现金，将不可避免地导致现金供应危机，如排队取款和大量现金提取。

（三）相关政策的影响

（1）对回收现金实现全额清分政策。2012 年，中国人民银行出台《中国人民银行办公厅关于开展银行业金融机构对外误付假币专项治理工作的通知》，明确要求银行业金融机构对回收现金实现全额清分，确保不对外支付假币和残损币。在此政策下，纸币清分机在银行现金运营中得到了大范围应用。这就促使一部分社会上流通的现金在银行网点"自循环"而不再回到中国人民银行发行库，这也是现金回笼量下降的一个因素。

（2）疏解非首都核心功能政策。随着疏解非首都功能、京津冀协同发展战略的实施，动物园批发市场、大红门服装批发市场等低端产业大量外迁，一些街道和小区的菜市场也随着政策实施被疏解，每个人生活中使用现金的场合减少了。据调查，动物园批发市场周边银行网点现金收入下降幅度较大，有的网点下降 30%。北京市常住人口也在逐年减少，2018 年末北京市常住人口 2154.2 万人，比上年度末减少 16.5 万人。随着人口数量减少，北京地区整体的现金需求也相应减弱。

（3）推动数字货币研究发展政策。目前，中国人民银行正在进行数字货币发行模式研究，这一政策的主要出发点之一即为通过发行数字货币替代实物现金，降低传统纸币发行、流通成本，提高便利性。人民银行作为人民币现钞的发行者，公开提出逐步减少现钞使用，有很强的政策导向作用。未来如能实现发行数字货币，将进一步推动现金使用的减少。

四、加强现金运行管理的几点建议

（一）完善现金统计制度，提高现金保障能力

一方面，应进一步完善现金统计制度，加强与银行业金融机构信息互联互通，多维度挖掘分析现金在行业、区域、券别结构等方面的变化，在综合分析经济运行、物价水平、居民收入水平、信贷资金投放等传统指标的基础上，及时追踪影响现金运行主要因素的变化情况，补充对网上银行、移动支付等非现金支付交易量的统计，逐步健全监测指标，全面、科学地分析预测现金需求。另一方面，应增加调拨工作的前瞻性和主动性，重点防范发行基金库存保障能力无法满足地方经济发展的增量现金需求的情况，提高现金供应对市场需求变化的快速响应能力，提升发行基金使用效率和防范风险能力。

（二）密切关注经济指标，发挥各方优势，提高现金运行分析水平

一是加快推进与统计、财税、民政、海关、银保监会等其他政府部门间的合作，建立综合数据管理系统，把握影响辖区现金投放与回笼的新情况、新变化，为做好现金总量供应和券别结构搭配提供数据支持和决策参考。二是建立现金使用调查制度。可利用新媒体网络，强化针对社会公众的抽样调查，与腾讯、阿里巴巴公司合作，借助互联网、手机微信和支付宝等应用的公众号发布专项现金使用（或非现金支付方式）的调查问卷，对个人现金使用行为进行典型性调查追踪，了解居民使用现金的偏好和行为特征，为民众提供优质现金服务。

（三）加强对现金处理设备的管理

随着自动存取款机、清分机、硬币兑换机等现金处理设备处理的业务量越来越大，对人工的替代越来越显著，现金处理设备的管理水平成为决定现金服务质量的关键因素。一是应加强调查统计，及时掌握现金处理设备的品牌分布、技术指标、业务量等重要信息。二是应加强对商业银行和中国人民银行现金服务管理人员的培训，掌握必要的现金处理设备知识。三是应建立健全现金处理设备性能检查和通报机制，引导商业银行选配性能好的设备。

第三篇

金融监管与金融稳定篇

Financial Supervision and Financial Stability

关于将大数据纳入征信
规制化管理的思考

马玉兰*

习近平总书记提出，"要加快建立覆盖全社会的征信系统"。近年来，随着大数据及云计算的发展，信息在界定、流转、交易、挖掘等方面形成新突破。一方面，非负债可替代性数据对补充传统征信信息、促进"薄信用记录"的民营和小微企业融资发展提供了新支持。另一方面，大量的信息采集留存，给信息主体权益保护带来新挑战，也对征信业发展提出新课题。为贯彻落实好习近平总书记的重要指示，本文研究通过实地走访、现场座谈、问卷调查等方式，对北京地区征信机构和金融机构开展调研，提出要把握好创新发展与风险防范的平衡，强化"功能监管"，将金融领域数据服务有序纳入规制化管理，引导大数据在征信业务中合规运用，更好地推动我国征信业实现高质量发展。

一、大数据是实现征信高质量发展的重要助推器

以中国人民银行征信中心为代表的传统征信业务，主要是通过信用交易双方之外的独立第三方机构收集、整理、保存、加工并分析信用信息，揭示信息主体的信用状况，其核心是利用与信用状况有强关联的历史借贷数据，为信用交易中的授信方进行授信决策和风险管理提供信息服务，同时也为信息主体的权益依法提供保护，征信权威性来自数据的真实性和客观性。

根据中国人民银行征信中心 2018 年年报显示，截至 2018 年末，我国的金融信用信息基础数据库已收录了 9.8 亿自然人和 2582.8 万户企业及其他组织的信息，其中有信贷记录的自然人 5.3 亿人，有信贷记录的企业及其他组

---

* 马玉兰：中国人民银行营业管理部副主任。

织 862.8 万户。个人征信系统累计接入机构 3531 家，全年日均查询 482 万余次；企业征信系统累计接入机构 3438 家，全年日均查询为 30 万余次。我国金融信用信息基础数据库已经成为世界上收录人数最多，数据规模最大，覆盖范围最广的征信系统。

随着"金融+信息+科技"三箭齐发，金融业对征信的有效供给需求显著增长。由于兼具速度、广度、深度优势，大数据成为推动征信业发展的重要助推器。一是大数据技术提高了征信服务效率。面对征信数据的指数级增长，大数据技术的引入加快了信息流动的速度，为数据的准确性与时效性提供了保障。信息的高速流动促进征信服务更迅速地对客户偿债意愿和偿债能力做出判断，在提升信贷效率的同时，更充分地发挥了征信服务揭示风险的作用。二是大数据的发展有效地扩大了征信产品和服务覆盖面。大数据技术扩大了信息的来源和数据的类别，更多类型的非负债可替代数据在金融信贷领域应用。目前，已有征信机构通过使用政务数据和非负债可替代数据（如支付、税务、水电气等公共事业缴费、社保缴费信息等）解决民营和小微企业融资的信息不对称和风险防控问题，为"簿信用记录"的客群提供多维度的信用评价，提升了"获得信贷"的可得性和易获性。三是大数据进一步丰富了数据的深层内涵和关联关系，赋予了征信信息更高的价值。金融机构将相关征信产品和服务作为企业贷前、贷中、贷后全风控的重要参考，进一步提高了风险定价的准确性，扩大了融资服务覆盖面。

二、征信中应用大数据的合规性和有效性问题应予以高度关注

原中国人民银行副行长朱鹤新强调："确保征信高质量发展，必须做到三个尊重：尊重原理、尊重市场、尊重监管。"征信中应用大数据，必须按照科学办事的原则，以市场需求为导向，坚持商业可持续的原则，把握好信息主体权益保护与业务创新之间的平衡。征信监管应按照"坚持征信业公正性要求，提高征信活动科学性"的原则，对大数据应用予以规范。

一是由于缺乏规制，大数据在数据采集环节易出现违规采集、过度采集、甚至滥用个人隐私信息和商业机密的问题。随着互联网技术的发展，数据公司对个人及企业信息的采集遍布生活的各个方面，传统的隐私权保护框架不

断地受到冲击，现有的立法实践已不能充分适应我国在大数据时代下对于隐私权的保护需求。

二是大数据的发展为数据安全保护问题提出了更大的挑战。海量信息的存储极易因受到网络攻击而发生大规模的信息泄露事件。征信行业拥有的大量敏感度高、私密性强的信用信息，一旦发生信息泄露，则将造成非常严重的后果。2018 年 3 月，美国互联网公司 Facebook 上超过 5000 万用户的信息数据遭到泄露。2018 年 9 月，美国三大征信机构之一的艾可飞公司称其系统被黑客攻破，可能有超过 1.4 亿消费者的个人信息遭到侵害。信息泄露不再是单纯的商业事件，已演变成为经济金融及重大政治事件。

三是大数据的数据来源难以做到清晰、准确、可控，数据质量难以得到保障。目前，大数据的数据来源多为网络爬取获得，数据整体呈碎片化，其准确性、完整性、时效性无法得到保证。在应用于征信领域时，数据质量的不稳定将对征信产品和服务的公正性和有效性产生影响。

四是与传统金融数据不同，现有的大数据操作缺乏统一的采集、加工、保送及提供的标准规范，不利于市场统一秩序的形成。传统金融业务形成的数据标准化和格式化程度高，对不同来源数据的整理保存也较为便捷。大数据行业目前缺乏统一的行业标准及行为规范，不利于数据的流动和融合使用，导致了"信息孤岛"的形成。

三、坚持"功能监管"，将大数据纳入征信规制化管理

规范是为了更好地发展。在征信服务中规范使用非负债可替代数据可以对传统金融信贷数据形成有效补充。将大数据从"功能监管"的角度纳入监管范畴，才能更好地发挥大数据促进征信系统建设的作用。

一是应明确征信服务中应用大数据的数据范畴。征信服务中的非负债可替代性数据，即非传统借贷信用数据，目前没有统一明确的定义，泛指区别于传统金融数据的有价值的信息。但对于大数据技术的应用，应谨慎使用"征信"字眼，只有少部分符合《征信业管理条例》中对于征信数据定义与金融相关性强的非负债可替代性数据可以使用，其基本要求是数据来源明确、客观、准确。

　　二是大数据征信的发展应进一步加强对信息主体权益和信息安全的保护。首先要做好商业化应用场景中对获取数据便利化需求与信息主体权益保护之间的平衡，充分做好信息提供方、信息采集方、信息使用方等各方利益诉求的协调工作，确保信息主体权益得到尊重和维护的同时，打破"信息孤岛"，建立健全信息共享的良性互动机制。

　　三是对大数据征信产品和服务实施标准化管理。提供征信产品和服务的大数据公司应"持牌经营"；征信服务使用独立第三方数据源时，应通过合同、外部接口规范、数据库审计等方式进行管理，使信息可追溯、可异议、可纠错；对信息的数字权利应实施制度化保护。

四、政策建议

　　一是中国人民银行应积极参与和推动个人数据保护、数据跨境流动、数据网络安全国际标准的制定，加强征信体系建设中的信息保护制度建设，建立完善数据泄露通知制度和应急补救预案，实现数据来源的清晰、准确、可控，确保数据在安全、合规的前提下自由流动。

　　二是要平衡好创新和规范发展的关系。充分发挥征信机构总经理联席会等自律机制为大数据在征信应用创造良好的政策和管理环境，进一步规范征信机构行为，按照"合理、正当、必要"的原则采集和使用信息主体的信息；对于出现信息泄露的机构，实施"一票否决"。

　　三是围绕深化民营和小微企业金融服务，积极扩大征信有效供给。按照"促进各方给予数据支持、自身技术优势独特、围绕解决小微企业融资高质量发展和防风险提供征信服务"的原则，积极推动在科技创新、改革开放重点试验区域开展试点，推动使用非负债可替代性数据增加金融机构放贷支持，引导市场利用更加灵活的市场化征信服务来解决小微和普惠金融中的信息不对称问题，为征信行业发展提供新动能。

大数据在金融监管领域的应用、问题及建议

曾志诚*

为贯彻习近平总书记"实施国家大数据战略"的重要指示精神，落实"适时动态监管线上线下国际国内资金流向流量"的基本要求，本文以构建大数据促进央行履职为出发点，向 21 家支付系统参与机构发放了问卷调查，并实地调研了民生银行和京东数科公司，初步形成了大数据在金融监管中应用的构想与建议。

一、大数据在金融监管领域中的应用场景

调查机构反映，监管部门掌握着大量有价值的金融数据资源，包括存贷款、资产负债、外汇交易、企业账户、支付清算、征信资信等数据，还包括各种跨部门共享数据。通过大数据技术将这些数据整合在一起，至少可支持三个应用场景：一是动态监管线上线下、国内国际资金流向流量。经过明细数据的采集、整合和治理，既可做到实时反洗钱、反欺诈及反规避等道德风险，也可提早预警系统性金融风险。二是为宏观调控的科学性和前瞻性提供支持。通过分析多样化的海量数据资源，可为金融调控决策提供全方位、多层次的数据支撑，提升宏观调控效果。三是提升金融服务水平。强化大数据在信用评估、风险评估、信贷管理等服务场景中的应用，不仅能有效降低金融风险和运营成本，还提供精准化、多元化的金融服务，拓宽金融受益群体覆盖面。

---

* 曾志诚：中国人民银行营业管理部副主任。

二、大数据在金融监管中的应用现状及相关问题

在调研中，各机构也对中国人民银行数据资源开发利用提出了意见建议。归纳起来，可总结为五个方面：

（1）数据资源丰富，但数据治理起步较晚。调查机构反映，中国人民银行支付、账户等系统中均蕴含了宝贵的数据资源，但其潜在的应用价值有待进一步挖掘，例如支付系统记录了所有跨行清算数据，但这些数据的利用仅限于一般意义上的统计分析，缺乏跨区域、跨行业资金流量流向及支付行为等方面的深度应用。2018 年 9 月《中国人民银行办公厅关于扩大大数据应用试点推进数字央行建设的通知》（银办发〔2018〕173 号文）发布以来，除中国人民银行贵阳中心支行外，仅十家分支机构开展了大数据建设试点，仍处于应用探索阶段。

（2）数据类型多样，但整合效果尚需提高。机构认为，中国人民银行现有数据类似"数据孤岛"，无法实现有效共享，也没有实现高效整合。自身生产的数据涉及征信、支付、反洗钱、外汇等多领域，数据分散管理，开放性不足。中国人民银行数据还包括各金融机构报送的各类统计数据。这部分数据尚未与中国人民银行内部业务条线数据实现有效整合联动，存在数据追踪链条不完整等问题。

（3）数据分析多维，但分类标准有待统一规范。机构提出，从多样化海量数据中挖掘有价值的数据，需要制定统一的数据标准。如果数据标准不统一，会在很大程度上影响数据采集的准确性和有效性，这也是中国人民银行数据采集的"痛点"。原因有三：一是目前中国人民银行主要基于各业务条线自身的统计口径开展数据统计分析，业务条线之间存在标准不一的情况。二是中国人民银行与银保监会、税务总局、财政部等部门及金融机构等监管对象在数据采集标准上未形成共识。三是金融市场多元化，跨行业、跨区域企业集团很难进行清洗的标准界定。

（4）大数据理念已形成，但监管应用思路有待明晰。近年来，中国人民银行在大数据制度建设等九方面已启动试点工作，加大了金融科技投入力度，也取得了一定成效。但与金融机构和科技公司相比，监管部门在技术创新及大数据应用方面尚未进入大规模实用阶段。机构认为，监管部门强化大数据

技术应用理念已经形成，但是应用思路缺乏顶层设计和统筹规划。主要表现在各地各条线分散开发大数据平台，缺乏目标明确的大数据应用模型，私密数据、市场数据、监管数据等应用边界不清晰。

（5）开始重视大数据工作，但人才储备相对薄弱。调研了解到，多数中国人民银行各分支机构确立了大数据应用理念，也正在加快推进大数据平台开发建设工作，但存在人才储备不足现象，数据治理、应用开发等工作瓶颈难以突破。由于中国人民银行人才培养模式相对固定分割，人才的知识结构、从业经历相对单一，大数据等新兴技术的人才储备与知识积累较薄弱，复合人才也相对缺乏。

三、大数据在金融监管领域应用构架与思路

综合考虑实际情况、市场机制、投入成本等约束条件，为充分利用大数据技术加强金融监管，本文认为，应当在监管思路上明确按照"一统一、三原则、三支柱"的大框架，规划建设金融监管大数据应用体系。

"一统一"：构建统一完备的金融数据标准体系。强化顶层设计，由国家层面指定牵头部门，协调中国人民银行、银保监会、财政税务、市场监管等部门，组织金融市场参与主体、各业务条线共同研究，制定统一的金融数据标准，清晰界定数据边界，消除各参与主体、各业务条线、各行业之间标准的差异，确保数据标准一致、统一好用。

"三原则"：按照"谁生产谁负责"、互联共享和按需授权使用等原则强化大数据应用管理。综合考虑金融数据现状，本文认为，目前实行统一管理、集中管理的难度较大，也容易产生责任不明、相互推诿的现象。应按照"谁生产谁负责"原则，规范界定各单位的主体职责，明确权利义务关系，降低数据管理应用成本；由国家层面出台数据互联共享规则，指导参与主体加快数据共享，打破"信息孤岛"；按照按需授权使用原则，加强数据私密性和安全性保护，使用者应当按数据主体的授权查询使用相关数据。

"三支柱"：建立以机构内部数据平台、公开数据平台和监管数据平台为支柱的金融大数据应用体系。金融大数据量大、维多、分散，在当前形势下很难建成包罗万象的大数据平台，应鼓励金融机构、企事业单位等加快整合所掌握的数据资源；鼓励市场化大数据服务机构发展，加快整合利用散落在各市场、

各领域、各部门的公开数据资源；对于金融监管部门而言，应尽快打通各部门、各系统、各环节的大数据信息，建立互联共享的大数据应用平台。

四、对中国人民银行建设大数据平台的建议

（一）将大数据平台建设确定为"总行级战略"

当前中国人民银行的数据分散在各条线、各部门，各单位也在竞相建设大数据平台，为集中优势力量、强化顶层设计，建议将平台建设确定为"总行级战略"。只有上升为"总行级战略"，才能有效整合数据资源；只有高层全力推动，才能调动全系统优秀人才，开发设计出高效实用的大数据平台。

（二）成立专门组织负责整合内部数据资源

调研中了解到，银保监部门的 EAST 系统收集了金融机构的明细数据，通过竞赛的办法鼓励金融机构设计应用模型，开发出了客户关系拓扑图、非现场实时监测等多种应用场景。建议抓紧改变目前分散投资各自建设大数据平台的状况，成立专门组织负责大数据平台建设工作，并调动全行力量加快应用模型开发，提高大数据开发应用效率。

（三）加强协调，整合各部门数据资源纳入平台

在建成中国人民银行大数据平台的基础上，可先行制定统一的金融数据标准，主动协调财政税务、市场监管、金融监管等部门，将各部门所掌握的数据资源逐步纳入平台，扩大大数据采集范围。同时，支持各部门开发使用大数据资源，以吸引符合标准的各类数据主动加入平台。

（四）建立安全可控的风险管理体系，按授权使用原则给金融机构提供相关服务

按照强化金融安全的要求，加强关键信息基础设施安全保护，建立安全可控的风险管理体系，对各参与主体、各业务条线的数据资源进行分级分类管理。同时，基于"按需授权使用"原则确定各参与主体数据使用权限，明确各类数据资源使用范围，加大对关键数据、敏感信息的安全管理，切实加强数据风险管控。

金融市场基础设施法规制度国际比较与研究

姚　力*

　　国际通行的《金融市场基础设施原则》（PFMI）要求金融市场基础设施①具有稳健、清晰、透明、可执行的法律基础，然而从有关评估情况看，我国金融市场基础设施法律基础薄弱的问题还比较突出。本文选取美国、欧盟、瑞士、新加坡、澳大利亚五个典型国家（地区）的相关法规制度进行比较分析，进而对照审视我国现存问题，以期借鉴国际经验为完善我国金融市场基础设施法规制度提供有益参考。

一、部分国家（地区）金融市场基础设施法规制度比较

表1　有关国家（地区）法规制度概况

国别 比较项	美国	欧盟	瑞士	新加坡	澳大利亚
法规 体系	《多德—弗兰克法案》《商品交易法》《HH条例》等涵盖各类设施	《中央证券存管规定》《欧洲市场基础设施规定》《重要支付系统监管规定》等涵盖各类设施	《金融市场基础设施法》涵盖各类设施	《支付系统（监管）法》《证券与期货法》等涵盖各类设施	《支付系统（监管）法》《公司法》等涵盖各类设施

---

　　*　姚力：中国人民银行营业管理部副主任。

　　①　根据PFMI，金融市场基础设施指为市场参与者或参与者与中央对手方之间的金融交易提供清算、结算和记录的多边系统，包括重要支付系统（PS）、中央证券存管系统（CSD）、证券结算系统（SSS）、中央对手方（CCP）和交易数据库（TR）。

比较项 ＼ 国别	美国	欧盟	瑞士	新加坡	澳大利亚
监管体制	PS 由美联储监管；其他设施由证监会和/或期监会监管，但在规定情形下由美联储监管或者参与监管	PS 由欧央行体系监管；其他设施联盟层面由欧洲证券和市场管理局监管，欧央行参与，成员国层面有不同模式	央行运行的 PS 由其监管，TR 由金管局监管，其他设施两者共同监管	各类设施均由金管局监管	PS 由央行监管，TR 由证券和投资委员会监管，其他设施两者共同监管
系统重要性设施	认定由金融稳定监督委员会负责，认定后纳入美联储宏观审慎管理范畴	认定由成员国有关机构（包括央行）负责，认定后须遵守欧盟及成员国的特别管理要求	认定由央行负责，认定后须遵守央行制定的特别管理要求	认定由金管局负责，认定后须实施 PFMI，其他设施不作此要求	认定由央行负责，认定后须遵守特别的风险管理要求
互联互通	《HH 条例》等规定了互联互通规则	《中央证券存管规定》等规定了互联互通规则	《金融市场基础设施法》规定了互联互通规则	《证券与期货法》配套规定有互联互通规则	《公司法》配套规定有互联互通规则
市场准入	实行准入制，如成为衍生品交易 CCP，必须向商品期货交易委员会申请牌照	实行准入制，如成为 CSD，要向其所在成员国监管机构申请牌照，境外 CSD 可申请牌照在其境内服务	实行准入制，须向金管局申请牌照，境外设施可申请牌照在其境内服务	实行准入制，如设立 TR 必须向金管局申请牌照，境外 TR 可申请牌照在其境内服务	实行准入制，如设立 CCP，需向证券和投资委员会提出申请，境外 CCP 可申请牌照在其境内服务

对比分析上述国家（地区）的相关情况（见表 1），有如下特点：

一是立法全覆盖，效力等级高但模式有差异。上述国家（地区）的立法已涵盖 PFMI 所明确的五类基础设施，并且均以高效力等级的立法形式实施立法，为各类设施运行提供有力法律保障。在立法模式上，存在就各类设施统一立法（如瑞士）和就一类或几类设施分别立法（如欧盟）的差异。

二是央行负责监管重要支付系统（PS），并参与其他设施的监管，但参与程度有所不同。除央行直接运营的情况外，CSD、SSS、CCP 等设施多由金融监管机构为主监管，央行参与监管，但参与程度存在差异。参与方式包括参与制定监管规则、共同实施审批和联合开展检查等。

三是央行在系统重要性设施的管理方面扮演重要角色。系统重要性金融市场基础设施是央行实施宏观审慎管理的重要抓手，因而其认定多由央行负责，且央行可提出适用于这些设施的特别风险管理要求，并通过监测、评估等手段确保这些要求落到实处。

四是均有金融市场基础设施互联互通的规则安排。因互联互通具有降低交易成本等益处，上述国家（地区）对互联互通均持肯定态度，在立法中明确相关规则，为互联互通提供制度保障。

五是实行准入管理，允许境外金融市场基础设施在境内持牌服务。实行准入管理，一方面可避免金融市场基础设施过滥过繁肇致风险，另一方面也为市场力量参与金融市场基础设施建设提供了制度通道。允许境外基础设施在境内持牌服务，顺应了经济金融全球化的趋势。需注意的是，这些国家（地区）对监管部门审批牌照的条件规定十分原则，便于其审慎决策。

二、我国金融市场基础设施法规制度的现存问题

（一）法规制度零散不成体系，效力等级低

我国有关金融市场基础设施的法律规定散见于《中国人民银行法》《证券法》等立法中，对金融市场基础设施的法制建设缺乏体系化考量。实践中大量问题交由监管部门出台规章或规范性文件解决，有关制度效力等级低，无法与破产法等上位法中的不同规定对抗，难以为金融市场基础设施运行提供有力法律支持。

（二）中国人民银行的监管范围有待拓展

我国对金融市场基础设施的监管，大致呈现中国人民银行与证监会各管一摊的状况，对证监会监管的基础设施，中国人民银行没有实质参与监管。

这一方面使中国人民银行的宏观审慎管理存在盲区，另一方面也不利于证监会主管的基础设施通过享受中央银行服务提升稳健运营水平。

（三）系统重要性金融市场基础设施法规制度缺失

与欧美等国家（地区）在立法中确立系统重要性金融市场基础设施的规则安排不同，我国目前尚无相关立法，人民银行对系统重要性金融市场基础设施的认定与管理缺乏法规制度支撑。

（四）金融市场基础设施互联互通规则缺位

当前，我国债券市场基础设施呈现中国结算、中央结算和上海清算所三家分治、相互分割的情况，受到较为广泛的关注。从法规制度层面看，我国未确立互联互通的法律规则，客观上未能为互联互通提供制度便利。

（五）金融市场基础设施准入制度尚未建立

我国没有金融市场基础设施准入的法规制度安排，实践中的情况是金融市场基础设施由国有资本直接或间接控制。缺乏准入制度，难以有效调动市场力量推动金融市场基础设施的发展，同时制度层面未放开外资进入，也与扩大金融业对外开放的政策取向有所不符。

三、工作建议

（一）制定《金融市场基础设施条例》，并在相关法律中设置金融市场基础设施条款

考虑到我国立法资源极为稀缺的实际情况，建议推动国务院制定行政法规《金融市场基础设施条例》，为金融市场基础设施的运行与管理提供统一、系统的法律规则支持。根据《中华人民共和国立法法》的相关规定，行政法规的效力低于法律，因此对于与破产法规定相冲突的有关问题，还需在《中国人民银行法》等法律的制定或修改中解决。

（二）厘定中国人民银行对金融市场基础设施的监管范围

在相关立法中，应明确中国人民银行、证监会等部门的职责范围，对于证监会主管的基础设施，凡涉及中国人民银行履行宏观审慎管理职责的，中国人民银行可通过制定监管规则、共同实施审批、联合开展检查等方式参与监管。

（三）确立系统重要性金融市场基础设施法制设计

相关法规应明确规定中国人民银行有权制定系统重要性金融市场基础设施的认定标准，有权基于宏观审慎管理需要，提出特别风险管理要求，并采取监测、评估等手段对这些要求的落实情况进行监督。

（四）明确金融市场基础设施互联互通的规则安排

相关立法应明确互联互通的条件和程序，包括各设施缔结协议明确权责、取得主管部门同意等，扫清互联互通面临的制度不确定性障碍。

（五）建立金融市场基础设施准入制度

相关立法应要求金融市场基础设施必须持牌经营，同时明确申请牌照的条件与程序。允许境外主体申请牌照，并视其特殊性提出附加要求。此外，对监管部门审批牌照的条件不予过多限制，为其灵活审慎决策提供充分的制度空间。

数据挖掘技术在银行监管工作中的应用

——基于神经网络算法的支付欺诈识别模型研究

韩　芸等[*]

一、数据挖掘技术介绍

（一）数据挖掘概念

数据挖掘是一门交叉学科，涉及数据库、人工智能、统计学、数据可视化等不同学科和领域。数据挖掘可以用来探查大型数据库，发现未知的有用模式，还可以预测未来观测结果。

数据挖掘的任务通常分为两大类：一是预测，根据其他属性的值，预测特定属性的值；二是描述，概括数据中潜在的关联模式（相关、趋势、聚类、轨迹和异常）。描述性数据挖掘任务通常是探查性的，并且常常需要后处理技术验证和解释结果。

（二）数据挖掘主要方法及商业银行应用场景

通过数据挖掘技术，对数据库中的海量数据进行抽取、选择、变化和挖掘，主要分析方法如表1所示。

表1　数据挖掘主要方法

数据挖掘方法	算法	商业银行应用场景
分类	决策树、最近邻分类器、贝叶斯分类器、神经网络、支持向量机	客户分类、客户特征分析、客户满意度分析、产品购买预测

---

*　韩芸、李伟、徐晶晶：供职于中国人民银行营业管理部支付结算处。

数据挖掘方法	算法	商业银行应用场景
回归	回归树、线性回归、神经网络	客户寻求、客户保持、预防客户流失、产品生命周期分析、销售趋势预测
聚类	K均值、层次聚类、DBSCAN、簇估计	客群分类、客户背景分析、市场细分
关联	关联规则、序列模式、子图模式、非频繁模式	产品定位、客户寻求、客户保持、营销风险评估、诈骗预测

资料来源：笔者整理。

分类是从数据库中找出一组数据对象的共同点，确定对象属于哪个预定义的目标类，广泛应用于客户分类、客户特征分析、客户满意度分析、产品购买预测等场景。如银行通过客户对产品接受度进行分类，选择接受度高的客群派发宣传品，提高响应率。

回归通过产生映射函数，发现变量之间的依赖关系，用以解决数据序列趋势分析、数据序列预测以及数据间相关关系等，常在市场营销中运用，如客户寻求、客户保持、预防客户流失、产品生命周期分析、销售趋势预测等。

聚类是将数据按照相似性分为几个类别，其目标是同组间数据相似性尽可能大，不同组间数据相似性尽可能小。商业银行主要应用在客群分类、客户背景分析、市场细分工作中。

关联分析用于发现隐藏在大型数据集中的潜在联系，即发现隐藏关联或关系。商业银行常使用关联分析进行市场营销分析，比如产品定位、客户寻求、客户保持、营销风险评估、诈骗预测等。

二、数据挖掘技术在银行监管中的应用

目前，金融监管机构多采取定期要求监管对象报送报表、现场检查人工翻阅资料、以报表呈现数据的模式进行监管。缺乏量化分析技术、检查效率低下、无可视化查询，是金融监管三大弱势。通过数据挖掘技术中的机器学习、数据库和数据可视化技术，可解决上述问题。

一是机器学习挖掘潜在信息。数据从加工程度角度可分为一手数据和二手数据，即直接调查获取的数据和人工加工处理过的数据；从详细程度可分

为明细数据和汇总数据。目前，监管部门主要采集经过银行加工汇总的二手数据，比如客户数量、业务笔数金额等。基于此类数据，只能进行简单描述性分析，如计算同环比变动率等。对一手明细数据，如交易流水，客户身份信息，因为缺乏技术手段，无法进行描述分析，更谈不上深入挖掘潜在规律。利用数据挖掘中的机器学习，能够高度自动化地对海量数据进行探索分析，做出归纳性推理，挖掘潜在规律，并将其模型化，例如本文下节中的支付欺诈模型，通过分析交易欺诈客户身份信息，建立神经网络模型，由机器自动学习海量数据，获得新客户基本信息即能自动判断欺诈发生概率。

二是改进现场检查手段，提升效率。传统现场检查方法是监管机构随机抽查业务凭证，或人工浏览交易流水等信息，根据经验定位问题和风险，难以覆盖全部业务数据，检查效率低，且依赖于检查人员经验水平，具有主观性。利用计算机和数据挖掘相结合方式，可以规避这些缺点。检查组进场前，要求商业银行科技部门从行内系统导出原始数据资料和数据词典，将数据导入检查组 SQL server 数据库，对数据进行筛选、整理、转换和验证。对检查目标，运用多维分析技术，把海量原始数据在进行多维度解析。在软件自动得出的查询结果基础上，初步确定检查重点，并在每位检查人员电脑上建立中间表和分析模型，运用钻取技术进一步发现线索，快速定位风险。

三是数据可视化展示，利于决策。目前，监管部门对于履职中获取的数据，主要以统计报表形式展示，重复加工报表耗费大量人力，同时领导层查看结果不够直观。数据展示也是数据挖掘技术的重要分支，对于海量数据，数据挖掘技术的可视化工具提供了图形方法，监管人员无须手工汇总，系统自动生成图形，形象生动地展示海量数据间关联性，为风险识别和监管决策提供了有力支撑。

三、基于神经网络算法的支付欺诈识别模型

上文中介绍了利用机器学习建模进行监管的优势，本部分将利用真实银行交易数据进行建模，探索数据挖掘技术在监管中的应用。从 Kaggle[①] 网站

---

① Kaggle：于 2010 年创立，为开发商和数据科学家提供举办机器学习竞赛、托管数据库、编写和分享代码的平台。

获取西班牙一家商业银行的支付系统数据，运用神经网络算法，探索如何从海量数据中识别侦测诈骗交易。

（一）神经网络算法简介

神经网络是机器学习算法中的一种前沿算法，模拟生物神经网络的结构和功能。类似人脑中神经元结构，神经网络由一组相互连接的结点和有向链接构成。人脑在同一个脉冲反复刺激下，通过改变神经元间神经连接强度来进行学习，神经网络也是基于类似机制，通过反复对训练集进行学习，改变结点间的链接权重，从而识别出数据中的复杂模式。

神经网络的结构如图 1 所示，包括输入层（输入层的神经元负责接收输入信息）、输出层（输出最终预测结果）和隐藏层（介于输入层和输出层之间，主要对样本实现线性变换）。

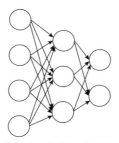

输入层　隐藏层　输出层

图1　三层神经网络结构

资料来源：笔者绘制。

（二）支付欺诈模型

基于上文介绍的神经网络算法，按照本文数据挖掘分析步骤，探索建立模型。

1. 业务理解

本例中，数据集是西班牙某银行（代号 Bank Inc.）从 2012 年 11 月至 2013 年 4 月在马德里和巴塞罗那地区发生的共计 594643 笔交易数据，其中，587443 笔交易是正常支付业务，7200 笔是诈骗交易。通过机器学习，计算模型参数，有效识别支付系统中正常交易与诈骗交易的区别，确定欺诈特征，系统自动对新发生交易识别出欺诈行为。

2. 数据理解

交易数据包含七个有效字段：客户编号、年龄、性别、商户、类别、金额、是否欺诈交易。

其中，客户编号是字符型字段，由字母 C 加 8 至 10 位数字组成；年龄是分类字段，实际年龄已由银行分组为 6 个区间段，由数字 1~6 表示，以提高分析效果，同时缺失值由字母 U 表示；性别是分类字段，包括男、女、未知三类，以 M、F、U 表示；商户字段即商户编号，为字符型字段，由字母 M 加 9~10 位数字组成；类别字段即交易类型，为分类型字段，包含汽车、餐厅、书籍印刷品等在内的 16 个种类；金额为实际交易金额，以欧元为单位，连续型字段；是否欺诈交易是目标字段，0 代表正常交易，1 代表欺诈交易。

3. 数据准备

首先进行数据预处理，本例 594643 笔交易数据中，年龄字段有 1178 条记录缺失，占比 0.19%；性别字段有 1693 条记录缺失，占比 0.28%，其他字段完整。将缺失字段以 C&RT 算法进行填补，以提升数据分析准确性。

然后进行训练集和测试集的切分。随机抽取 80% 的样本作为测试集，进行模型训练，剩余 20% 的样本为测试集，用来验证模型效果，并设置分区分配种子 123，以保证每次运行软件时抽取的样本集固定不变。

4. 建立模型

依据训练集数据，建立神经网络模型，形成模型如图 2 所示。最终结果为三层神经网络，隐藏层包含 12 个神经元。其中，交易金额、商户和类型字段对模型贡献率最大的三个字段，重要性分别达到 74%、16% 和 8%，如图 3 所示。通过图 4 模型概要可知，模型总体拟合度达到 71.2%。

5. 模型评估

将训练集建立的模型应用在测试集，以观测模型精确度。测试集 118929 条数据中，共计 118076 条交易被模型预测正确，测试数据预测准确率达到 99.28%，如表 2 所示，预测精确度较高。

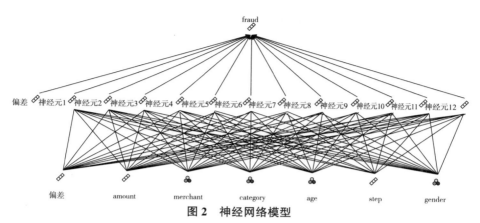

图 2　神经网络模型

资料来源：笔者绘制。

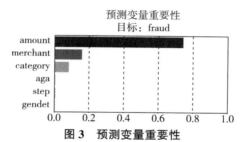

预测变量重要性
目标：fraud

图 3　预测变量重要性

资料来源：笔者绘制。

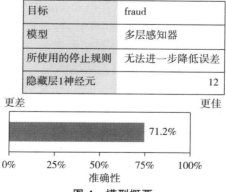

模型概要

目标	fraud
模型	多层感知器
所使用的停止规则	无法进一步降低误差
隐藏层1神经元	12

更差　　　　　　　　　　　　　　　　更佳

71.2%

准确性

图 4　模型概要

资料来源：笔者绘制。

表2　预测准确率

	个数	百分比（%）
正确	118076	99.28
错误	853	0.72
总计	118929	100%

资料来源：笔者整理。

6. 模型展示

通过机器学习银行交易数据，建立支付欺诈模型，机器自动判断新增交易是否是欺诈交易，测试数据预测准确率达到99%以上。

不同于用方程展示的传统统计学模型，如可用数学表达式展示的线性回归模型，机器学习通常会牺牲模型可解释性，以获得强大的预测能力。本例中，神经网络模型难以通过公式形式展示最终结果，模型可解释性较差，但是预测能力却大幅提高，并且随着数据不断新增，模型不断修正，预测准确性会进一步提高。

（三）数据挖掘建模的意义

近年来金融风险事件频发，P2P网络借贷平台"跑路"、网络赌博、电信诈骗案件层出不穷，金融监管部门单纯依靠传统手段已不能够满足需求。目前商业银行已普遍应用大数据技术，监管部门则对金融科技投入不足，数据挖掘不够深入，尚未形成以技术促效率的新型监管模式。通过大数据集中，培养专业技术人才，大力推行数据挖掘应用，可以有效改善现在被动监管局面，变事后堵截为事前预警，全面提升金融监管效率。通过组建一支由数据科学家、数据库工程师和数据分析人员构成的队伍，发展我国专业监管力量。

数据挖掘技术不仅是最高效的监管工具，也会对监管工作方式、监管理念产生影响和变革。通过不断学习丰富相关技术，使定量化、模型化和图形化分析成为金融监管的三大利器，才能更加高效、精准地识别金融风险，实现多维、实时、高效监管。

大数据赋能金融监管的现状与展望

樊武星等[*]

一、大数据的定义

"大数据"是具备大数据量、高变化速度、高度多样化的信息资产，这些信息资产需要新兴的处理方式来强化决策制定、洞察发现和处理优化（研究机构 Gartner，2012），它具有海量的数据规模（Volume）、快速的数据流转（Velocity）、多样的数据类型（Variety）和价值密度低（Value）四大特征（通称"4V"特征）。大数据技术是一系列数据收集、数据存取、基础架构、数据处理、统计分析、数据挖掘、模型预测、结果呈现等技术的集合。

二、大数据在金融监管领域的政策发展

作为大数据的策源地和创新引领者，美国大数据发展一直走在全球最前列。2000 年以来，美国先后出台了一系列法规，对数据的收集、发布、使用和管理等做出具体规定。2009 年，美国政府推出 Data. gov 政府数据开放平台。2012 年 3 月，奥巴马政府推出了《大数据研究与发展计划》。2012 年 7 月，联合国发布白皮书《大数据促发展：挑战与机遇》，全球大数据研究进入前所未有的高潮。

2014 年，我国首次将"大数据"写入《国务院政府工作报告》中。2015

---

* 樊武星、江山、台璇：供职于中国人民银行营业管理部科技处。

年，国务院印发了《促进大数据发展行动纲要》（国发〔2015〕50号）。2017年，工信部正式对外发布了《2016~2020年大数据产业发展规划》（工信部规〔2016〕412号），提出到2020年基本形成技术先进、应用繁荣、保障有力的大数据产业体系。2018年，银监会正式发布了《银行业金融机构数据治理指引》（银保监发〔2018〕22号），引导银行业金融机构加强数据治理，为更好地发挥数据价值提出具体指引。

三、大数据在金融监管领域的应用

目前，大数据技术开始向商业、科技、医疗、政府、教育、经济、交通、物流及社会的各个领域渗透，其在金融监管领域的应用分类及应用实例如表1所示。

表1　大数据技术在金融监管领域的应用

应用领域	大数据技术	应用描述
数据整合与共享	对海量数据的存储和计算能力	实现大量明细数据、非结构化数据采集和存储
数据多维分析	对海量数据的存储和计算能力	实现跨行业、跨机构、跨周期的数据分析，带来了监管视角、理念和工作机制等的深层次改变
反欺诈监测	机器学习、知识图谱、图计算等	基于持卡人基本信息、银行卡信息、交易数据、行为数据等，将规则前置实现可疑交易事中阻断，提高风控效率的同时填充监管空白
反洗钱监测	机器学习、推荐算法等	基于客户信息、交易数据、互联网社交数据，形成客户标签、客户团体画像，提升可疑交易识别的及时性和有效性，研发智能化、可视化数据分析工具进行反洗钱甄别
非法集资检测	文本挖掘、神经网络、知识图谱等	基于个人和企业的互联网数据、交易数据，实现对非法集资犯罪的识别和预警

应用领域	大数据技术	应用描述
市场预测	对海量数据的存储和计算能力	大数据市场预测，是基于主流媒体、搜索引擎、社交网络中的文本、日志等信息，判断社会公众在新政颁布后或在市场剧烈震动后的情绪波动情况，预测出未来经济和社会变化
信用评估	机器学习等	基于征信数据、电商交易数据、消费者信贷记录、社交网络数据等，实现对消费者的信用状况，如还款能力、还款意愿、预付能力的风险评估预警
舆情监测	爬虫技术、自然语言处理、深度学习等	基于主流媒体、搜索引擎、社交网络中的文本信息，利用、实现对舆情信息的监控分析，让政府和企业能快速、全面、高效地应对舆情事件

（1）在数据整合与共享方面。2013 年，银监会建成"检查分析系统（EAST）"，完成全国 36 家银监局的投产应用，向商业银行采集的明细数据包括客户信息、信贷管理信息等 11 类，并接入财税库银数据等。近年来，中国人民银行反洗钱监测分析中心、信息中心、征信中心探索了大数据技术在非结构化数据的存储和分析应用。

（2）在数据多维分析方面。2013 年以来，银监会基于"EAST 系统"建立了 500 多个数据分析模型，实现了对高风险贷款定位、小微企业贷款管理情况等的快速查询与分析。2015 年，民生银行通过建设"阿拉丁智能化分析云平台"，为总行和 72 家分支机构提供了"拖拉拽"基础数据查询服务和WebSQL、Python、SAS、R 等专业级数据分析工具。

（3）在反欺诈监测方面。2017 年，招商银行通过建设"实时智能反欺诈平台"，实现实时零售和信用卡欺诈交易监测。2017 年，平安银行通过建设"客户信用卡自动化审批系统"，对客户进行分团处理，识别欺诈团伙、信用风险高的客户群。

（4）在反洗钱监测方面。2017 年，中国工商银行通过建设"基于大数据的金融风险云服务项目"，通过内外部数据勾勒精准的客户风险画像，及时发现客户身份与交易行为之间的异常，定位出可疑洗钱交易。2017 年，招商银行通过建设"反洗钱监控系统",根据可疑判断的准确率将可疑案宗分筛给机器和不同级别的业务人员核实。

（5）在非法集资检测方面。2017 年，北京市金融工作局与腾讯公司举行战略合作签订仪式，联合开发基于北京地区的"金融安全大数据监管平台"，通过互联网抓取数据输入模型估算非法集资犯罪风险，提升对非法集资等涉众型金融犯罪"打早打小"的事前预警处置能力。

（6）在市场预测方面。2016 年，腾讯公司推出了"互联网+数字经济指数"，通过回归分析对 GDP、新增就业人口等指标进行交叉验证，验证准确性的同时，也对经济指标之间的关联性和未来发展趋势进行了量化。

（7）在信用评估方面。2014 年，美国互金公司 ZestFinance 通过从消费者信贷记录、社交网络数据中提取 70000 个变量，利用十个预测分析模型，得出消费者信用评分。2016 年，北京银行大数据平台通过接入八家征信厂商数据，对小微贷户进行信用评分，实现信贷业务的风险预警。

（8）在舆情监测方面。2017 年，百度公司推出"百度舆情平台"，提供对舆情的声量诊断、传播分析和情感提炼，并追溯舆情事件脉络，甄别关键影响力节点。2018 年，中信百信银行股份有限公司通过建设"网贷业务风险感知监测系统"，基于网贷平台等其他互联网数据，追踪企业负面舆情，对各类复杂情况及时研判和告警。

四、大数据在中国人民银行试点分支机构中的应用

中国人民银行副行长范一飞在 2017 年中国人民银行科技工作会议上发表了"加快架构转型　打造数字央行"的讲话，并于 2018 年 9 月发布了《中国人民银行办公厅关于扩大大数据应用试点　推进数字央行建设的通知》（银办发〔2018〕173 号文），后续，各试点单位从多个应用场景着手大数据建设，包括流动性风险监测、广义信贷监测分析、区域法人机构数据分析、行业及地区金融风险监测和预警平台、反洗钱监测分析、企业和个人信用信息综合应用、跨境人民币结算分析、本外币资金流动监测分析等。

五、应用大数据技术开展金融监管工作存在的问题

一是管理模式不适用，金融监管部门现有组织架构并不适用于数据的生产、管理和应用机制，不以数据为核心，缺乏配套的绩效及考核机制，跨部门协作有难度；二是数据基础薄弱，金融监管部门所掌握的数据形式主要以机构报送的指标类报表为主，数据准确性、数据质量无法保证，数据利用深度有限；三是缺乏统一的数据标准，各业务系统的数据口径不一致，历史与现在的数据口径不一致等问题，致使数据的整合与共享难以真正实现，进而更难以开展跨条线的应用创新；四是价值创造能力有限，对数据的应用多停留在统计报送、经营分析方面，缺乏决策分析和智能风控的成熟案例；五是人员能力不足，缺乏既懂业务逻辑建模又懂大数据技术的复合型人才，同时也缺乏吸引、留住、培养、激励人才的机制。

六、人民银行应用大数据技术开展金融监管工作的建议

（一）数据是基础，需建立跨条线的明细数据采集机制

一是数据采集应从指标数据向明细数据扩展，从批量数据处理向准实时数据处理方式发展，建立跨业务条线的统一数据采集机制；二是构建金融机构和企业两大主数据模型，使不同来源的数据以金融机构和企业为核心有机组织为一个整体，实现整合共享；三是金融监管部门需联合银监、工商、税务等其他政府机构，同时接入整合万得、彭博等外部数据。在保障信息安全合规的条件下，将这些信息传达至金融机构，切实让央行大数据建设从服务央行走向服务社会、服务国家。

（二）治理是关键，需注重价值变现，做好持续改进

为避免"垃圾进，垃圾出"现象的发生，一是要注重数据治理成果的价值变"现"，要让业务人员成为治理工作的需求方，以解决痛点作为治理工作的内在驱动力。二是以数据标准、数据质量管理为突破口，以数据类应用

系统建设为载体，同步开展数据清洗等工作。三是形成"夯实成果——评估反馈——改进实施"的周期性上升机制，将数据治理做成一项主动、长期、持续改进的工作。

（三）结合履职开展应用创新，定期释放价值

一要广泛借鉴业内成熟的应用场景，数据应用部门需加大调研和学习力度；二要立足于本机构、本领域的履职特点和数据范围，结合难点、热点，完成从无到有的创新，切实让大数据技术为金融监管服务；三要做好应用的优先级规划和进度管理，确保相关人财物的适时保障，使大数据应用有节奏、阶段性地取得建设成果，定期释放价值。

（四）人才短缺，需多手段培养和激励人才

一是采购成体系有深度的垂直领域培训课程，组织参加行业认证考试，培养出真正的领域专家，而非在各个领域"蜻蜓点水"。二是与有实力的信息技术公司、咨询公司建立战略合作伙伴关系，实现应用的联合创新、技术的输出和人才的培养。

（五）任重道远，需做好打持久战的充分准备

一是要开展单领域项目建设工作，以应用为牵引实现各部门数据逐一沉淀，实现对技术平台基础能力的验证，实现部门内部数据标准、数据质量的管控，深化业务人员对大数据概念的理解；二是要开展跨领域项目建设工作，随着单领域数据聚合在平台中将衍生出跨领域的行级应用需求，实现对技术平台数据整合能力的验证，实现行级数据标准、数据安全的管控；三是要开展外部数据接入与应用工作，从更广阔的视角衍生并落地新的应用场景，实现对技术平台外部数据接入能力的验证，实现对外部数据的数据治理；四是螺旋式提升，利用更先进的技术手段，探索出创新性的业务应用场景，实现更全面的数据治理工作。

发挥职能优势　助力风险防控

——关于建设反洗钱大数据分析系统的思考

赵　清　宋　然*

一、系统建设的必要性

（一）大数据系统建设是立足反洗钱工作本质，增强反洗钱核心价值的必然要求

反洗钱是围绕着"追踪资金"理念（Follow the money）建立起来的机制和制度体系。在《反洗钱法》以及相关法律法规、规章制度框架下，中国人民银行作为反洗钱行政主管部门，有权通过现场检查、反洗钱调查、要求义务机构报送大额和可疑交易信息等手段获取义务机构相关数据，进行监管活动或对资金进行分析监测。因此，反洗钱工作的本质是追踪资金，反洗钱的核心价值在于以资金为主的海量数据。这就对数据加工及其工具提出了必然要求。依托大数据技术建立的信息化系统能够高效地归集、统计、分析这些海量数据，能够最大化地发挥反洗钱的核心价值并发扬光大。

（二）大数据系统建设是强化反洗钱监管，提升监管有效性的必要途径

反洗钱监管以"风险为本"为根本原则，这就要求监管部门掌握管辖范围内金融行业及机构履行反洗钱义务情况以及业务开展过程中的潜在风险状

---

* 赵清、宋然：供职于中国人民银行营业管理部反洗钱处。

况，这就对监管的预警性、全面性以及穿透性提出了客观要求。这也是FATF组织对反洗钱工作的核心要求。全面掌握辖区风险状况并实施预警性监管，就必须利用反洗钱大数据信息。通过运用云计算、大数据、人工智能等技术对反洗钱数据信息进行监测、加工、分析，不仅在监管对象和业务方面能够真正实现监管全覆盖，还能有效实施穿透式监管，构建涵盖事前、事中、事后的完整监管链条，做到风险信息的早监测、早发现、早处置。这也是落实FATF提出的整改要求，全面提高监管有效性的必要举措。

（三）大数据系统是助力金融风险防控，更充分发挥央行反洗钱职能作用的重要保障

反洗钱的根本目标是防控洗钱和恐怖融资风险，遏制、打击洗钱等违法犯罪活动。在此目标下，以金融机构客户资金交易信息为核心的反洗钱大数据，不仅是金融机构履行反洗钱义务情况的反映，更是经济金融运行情况的反映；不仅是监测洗钱风险的核心手段，更是监测金融风险状况的重要手段。在防范化解金融风险方面，反洗钱和反恐怖融资工作在事前预警、事中监测及事后追踪方面具有无可替代的优势和作用。因此，无论在当前打好防范化解重大金融风险攻坚战的形势下，还是央行在实施宏观调控、防控金融风险长远发展过程中，充分利用反洗钱大数据，掌握经济周期波动、金融市场变化等信息，可以为宏观调控、预警和防范风险事件提供有效支持，从而最大化地发挥央行反洗钱职能作用。

二、当前反洗钱数据运用方面存在的问题

（一）地域特性导致义务机构种类繁杂、数量众多，反洗钱监管手段缺乏、有效性不足

近年来，除传统金融机构外，反洗钱义务主体逐渐扩展到非银行支付机构、保险专业代理公司、保险经纪公司等。作为首都，北京地区反洗钱义务机构类型多达20余种，总数量超过千家，人均负责监管机构过百家，监管工作量居各分支行前列，监管任务过重和监管人员不足之间的矛盾日益突出。目前的监管方式主要包括现场检查和非现场监管。由于手段缺乏，监管方式

仍以现场检查为主。2015~2018 年共对 21 家义务机构开展反洗钱现场检查（含综合执法），被查机构数量不足义务机构总数的 2%；即使加大了监管走访、现场评估等工作力度，现场监管覆盖率仍不足 5%，与辖内义务机构风险状况不匹配。而非现场监管掌握的信息有限，主要是义务机构报送反洗钱内控制度、年度报告及报表等，监管工作无法达到全覆盖，无法真正掌握辖内义务机构反洗钱义务履行情况以及金融行业和义务机构洗钱风险状况。

（二）反洗钱数据未充分有效利用且缺少统计分析工具，影响监管的针对性及监管效率

反洗钱监管主要是对义务机构的客户信息及交易数据进行甄别与分析。目前非现场监管如分类评级以定性为主，而对于其他非现场收集的信息，如义务机构报送的重点可疑交易报告信息、监管部门及公检法机关的案例和协查信息等，由于缺少先进的技术手段，监管人员可利用的筛查工具极为有限，甄别手段较单一，客户信息、交易对手等无法与历史数据进行关联。特别是在数据量巨大或关联关系复杂等特定场景下，案件侦破效率及对洗钱线索的后续追踪均受到一定限制。另外，尽管目前现场检查采取了定量数据分析手段，但取数周期长且只是机构一段时间的业务数据，缺乏事前预警和持续监测作用，难以全面、准确、及时地掌握义务机构风险情况，影响风险监管的针对性和监管效率。

（三）缺乏健全的反洗钱数据统计分析数据库，监管存在一定滞后性

目前，由于缺乏相应的反洗钱数据和信息统计系统，监管部门不能全面、系统、持续地收集能够反映义务机构经营情况、面临的洗钱/恐怖融资风险状况及发展趋势等方面的数据和信息，这必然造成反洗钱监管存在一定滞后性，事前预警更无从谈起。目前，虽有义务机构报送的大额交易和可疑交易数据，但数据之间关联性不高且相对分散，难以发现潜在的风险点。同时受"分行业、分模块"的反洗钱监管特性限制，行业间数据信息的内涵定义和标准也并不完全统一，记载字段和格式存在差别，部分重要数据信息存在缺失，处于碎片化、局部化状态。上述问题均在一定程度上限制了对风险机构、风险业务、风险客户的判断，直接导致监测结果相对滞后。

三、系统建设的可行性

（一）总行制定的现场检查数据提取规范为建立反洗钱大数据分析系统奠定基础

2018年以来，总行相继下发了银行机构、证券公司、期货公司、保险公司及非银行支付机构的现场检查数据提取规范。其目的是从客户、业务、产品等多个维度收集义务机构数据，实现跨行业、跨机构的全面数据提取。在此基础上，数据提取规范还根据行业特性从字段名称、类型和长度、字段释义、填写规则等方面进行了统一和明确，针对机构数据信息不全、字段不完整情况，要求从上游系统接入相关数据表，进一步扩大数据来源，确保了检查数据提取质量。全面、完整、规范的数据提取为反洗钱大数据分析系统提供了有力数据来源保障。

（二）大数据、人工智能等技术的发展应用为反洗钱大数据分析系统提供技术支持

近年来，数据挖掘、云计算平台等技术的飞速发展，机器学习、神经网络等人工智能领域的学术研究成果已经被转化成产品和应用。大数据分析方法着眼于从海量的数据中寻找数据内部关联与逻辑关系，并归纳出特定主体或交易行为的规律与特征。人工智能使机器能够在很大程度上模拟人的功能，呈现出技术平台开源化、"智能感知"向"智能认知"方向迈进的趋势。目前，面对国内外严峻的反洗钱监管形势，义务机构已加大技术投入，辖内大部分银行开展了大数据应用。有些银行将人工智能技术应用于可疑交易分析甄别，通过分析客户的异常行为，判断潜在的风险及合规性问题，实现对高风险客户的精准识别和高效管控。这些技术及其应用为监管者提供了借鉴，并显示出改进监管手段的紧迫性。目前，营业管理部已启动大数据平台建设，也为反洗钱大数据分析系统的建设奠定了基础。

（三）国内外金融监管部门已开始运用大数据、人工智能等手段，助力监管取得积极成效

根据金融稳定委员会（FSB）报告以及相关行业情况，大数据、人工智能技术已开始在部分国家金融监管部门应用，主要集中于识别异常交易和风险主体。通过使用人工智能技术识别异常交易和风险主体，监测和预测市场波动、流动性风险、金融压力、房价、工业生产、GDP 以及失业率，发现影响金融稳定的潜在风险。国际上，目前一些监管机构如澳大利亚证券及投资委员会（ASIC）、新加坡货币管理局（MAS）、日本外汇管理局、东京证券交易所及美国证券交易委员会都在使用人工智能进行可疑交易识别工作，以发现操纵市场等不当行为。我国证监会查获的首例跨境操纵市场案，也是基于某交易所通过监控发现沪股通标的股票成交、股价涨势存在明显异常，运用大数据方法对历史资料进行关联匹配映射分析，最终发现香港的证券账户与开立在内地的某些证券账户有操纵市场的重大嫌疑。

四、系统建设目标及主要功能

（一）系统建设目标

落实反洗钱"风险为本"监管原则，整合各类反洗钱监管资源，使机构上报的各类信息与监管信息形成系统的资源信息库；通过大数据分析方式，深入完整了解义务机构的业务活动，准确识别和预警机构、行业洗钱和恐怖融资风险，形成事前、事中、事后全流程、持续性的监管链条，达到"未到现场，便知三分"的效果，进而不断提高反洗钱监管的针对性和有效性。同时，建立与行内其他部门以及司法执法机构、行业主管部门和监管部门等外部单位的数据资源共享体系，助力金融风险防范，维护金融稳定，充分发挥反洗钱在维护国家金融安全、打击违法犯罪方面的作用。

（二）系统主要功能

反洗钱大数据分析系统主要由数据收集与治理、风险评估与预警、可疑交易分析与洗钱线索处理、行内外数据共享四部分构成。

1. 数据收集与治理

以现场检查数据提取规范为基础，定期收集机构的交易数据，将银行、证券期货业、保险业及非银行支付机构等数据集中起来，依托大数据技术及统计方法，对机构数据进行初步筛查，以非现场方式检查机构的反洗钱义务履行情况，锁定风险后再有针对性地开展现场检查。实现监管方式从经验导向到数据导向的转变，实现监管全覆盖与精准管理的有机结合，提高监管针对性和有效性。

2. 风险评估与预警

建立大数据分析模型，从机构、客户、业务等多个维度收集数据，并运用与数据相适应的统计方法，嵌入指标模型，对机构风险状态既能动态监控，又能静态评估；既能从历史角度总览机构某个风险指标的变化趋势，又能准确分析机构当前面临的全面风险状态，实现对机构洗钱风险的实时监控和预警，解决监管部门对机构风险信息不对称的问题。在此基础上，实现对辖内银行、证券、保险、支付机构等行业风险状况的监测与评估，从而形成完整、系统的行业、机构监管画像和监管档案，大幅提升对辖区洗钱风险应对措施的及时性和针对性。

3. 可疑交易分析与线索处理

以义务机构上报的重点可疑交易报告、客户资金流水信息为基础，利用大数据技术对客户交易行为进行短期和中长期预测，形成完整的客户数据图谱，实现对客户洗钱风险的前瞻性评估。同时在传统的专家规则基础上，以机器学习技术分析可疑交易，精确定位可疑线索，持续对洗钱线索进行追踪，进一步提高案件侦破效率。例如，可引入知识图谱技术，将数据中的信息提炼整理，锁定目标有针对性地开展行政调查；引入 NLP 技术和文字识别技术，提供反洗钱监测工作的预警分析等需求，形成初步分析报告等。

4. 行内外数据共享

当前，对义务机构的监管主要分行业进行，以反洗钱数据收集治理为切入点，建立全口径的数据分析系统，可满足不同使用者查询、检索、分析、共享需求。动态监测预警、持续识别评估机构洗钱风险状况和发展趋势的同时，为人民银行其他部门的宏观分析、政策制定提供数据支持。一方面，与金融稳定、支付结算、外汇管理、现金管理等部门协同配合，有效发挥反洗钱监测分析支持作用，助力中国人民银行宏观审慎管理和金融稳定政策实施。

另一方面，与外部单位，公安、国安、税务、海关、金融监管等部门建立数据共享体系，发挥反洗钱穿透式监测对资金流向的梳理与追踪，对可疑交易的发现与锁定，对金融风险的识别与印证作用，形成打击违法犯罪合力，维护国家金融安全与稳定。

个人线上信贷业务征信合规的研究和探索

——引入电子认证服务机构 创新破解征信合规难题

阙胜国等*

一、研究背景

（1）随着互联网和大数据的不断发展，金融机构开展个人线上信贷业务成为发展趋势。目前，我国的经济已经由高速增长阶段向高质量发展阶段进行转变，个人消费成为拉动经济增长的新引擎。在消费升级、政策支持和金融科技共同推动下，金融机构线上受理信贷业务成为发展趋势。我们对辖内72家开展个人信贷业务的金融机构进行调研，发现有38家机构开展了个人线上贷款业务，占比达54%。其中，拉卡拉小贷、京汇小贷、百信银行、外贸信托四家金融机构全部都是在线上受理信贷业务。随着信托公司的业务转型，近期多家信托公司表示有意愿并准备开展个人线上信贷业务。

（2）现行法律制度尚不完善，个人线上信贷业务征信合规缺乏统一的标准。与线上信贷业务征信合规相关的法律主要包括《合同法》《电子签名法》和《征信业管理条例》，这三部法律法规对线上身份认证和电子授权等内容仅进行了原则性的概述，难以有效指导实际业务操作。随着金融机构线上业务纠纷案件的逐渐增多，2018年出台了《最高人民法院关于互联网法院审理案件若干问题的规定》，指出经过电子签名、可信时间戳、哈希值校验等技术手段或者通过电子取证存证平台认证的电子数据具有法律效力，但是还没有对具体的业务及技术标准进行明确。

---

* 阙胜国、冯巍威、王秋香：供职于中国人民银行营业管理部征信管理处。

（3）个人线上信贷业务的司法纠纷迅猛增长。随着金融机构线上信贷业务的不断发展，有关线上信贷业务的司法纠纷也大幅增加。据两家电子认证服务机构（中国金融电子认证中心：CFCA 和天威诚信）反映，2017 年以来，因处理线上信贷业务司法纠纷而为金融机构出具的数字证书验签报告①量呈"井喷式"增长态势。2019 年上半年两家机构出具的验签报告量达42080 份，是 2016 年至 2018 年累计量的近 3 倍（见表1）。

表1　电子认证服务机构发证数量和验签数量

年份	CFCA		天威诚信	
	发证数量（万份）	验签数量（份）	发证数量（万份）	验签数量（份）
2016	692	182	2161	364
2017	14248	2152	7115	962
2018	24471	10933	42468	2876
2019 年上半年	21047	21810	98170	20270
合计	60458	35077	149915	24472

（4）规范线上征信合规业务成为当前各方的迫切需求。近几年来，金融机构和监管机构都高度关注个人线上信贷业务征信合规的问题。一方面，金融机构出于对风险防范和业务合规的考虑，希望监管部门能够明确线上征信合规相关标准。另一方面，监管机构在对金融机构进行执法检查、受理信息主体征信投诉时，由于缺乏相关标准，很难判定金融机构的业务是否合规。因此，探索出一套既能保证线上征信业务合规性，又能满足机构业务发展需求的解决方案，成为当前各方的迫切需求。

二、线上信贷业务征信合规要求梳理

线上信贷业务征信合规的核心是要确保征信查询电子授权的真实有效，即在确保客户身份真实性的基础上，签署符合有关法律法规的、抗抵赖的授

---

① 当客户对线上信贷业务产生争议时，电子认证服务机构会向金融机构出具数字证书验签报告，作为金融机构的证据提交给法院。

权协议，并做好整个过程的电子证据采集和固化工作，出现纠纷时能够充分追溯业务发生过程和结果。具体可分为以下三个方面：

（一）认证客户身份

与传统线下柜面"面对面"办理业务不同，金融机构开展个人线上业务，必须采用技术手段核验处在"远端"办理业务的个人客户的身份信息，确保个人身份的真实性，证明"他是他"。线上精准身份识别是线上信贷业务的开始和基础，如果在身份识别环节不能有效认证客户身份，则后续电子授权的合法性和有效性将无法得到保证。

（二）取得征信授权

线上征信业务涉及的征信授权协议为电子文档，个人客户需在线阅读电子版征信授权协议并勾选"同意"，金融机构需要采取措施保证个人客户签署的电子授权协议的内容和时间真实和未被篡改。

（三）保全业务证据

为保障个人线上信贷业务办理过程中信息的可靠性及有效性，需对身份认证、征信授权等过程进行记录，同时将认证过程中所产生的图片、音视频等电子证据进行固化，保障业务流程的不可逆及不可篡改性，在司法案件发生时可作为有效证据证明业务的可追溯性。

三、当前金融机构线上信贷业务征信合规的主要做法

当前，线上信贷业务征信合规尚无具体的标准，我们对辖内开展个人线上信贷业务的 38 家金融机构的主要做法进行了全面梳理。

（一）身份认证方面

目前，金融机构个人线上信贷业务的身份认证手段主要有身份证联网核查、银行卡四要素认证、电信运营商实名认证、人脸识别和活体检测、网银数字证书认证、手机号短信回填验证六种。38 家中，有 6 家采用 2~3 种简单的认证手段，不能完全保证客户身份的真实性。

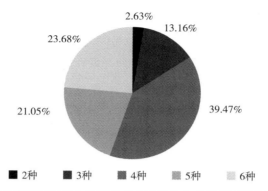

图1　北京38家已开展线上信贷业务金融机构身份认证手段的种类及占比

尤其值得关注的是，在身份认证后，绝大多数金融机构未引入电子认证服务机构给客户签发数字证书。

（二）征信查询授权方面

金融机构通常做法是，由客户在线阅读电子版征信授权协议并勾选"同意"，系统自动生成客户征信查询授权协议（电子文件）。在征信授权协议的签名上，有的是简单的电子签名，有的是带可信时间戳的电子签名，有的是带有数字证书的电子签名。

（三）证据保全方面

目前，金融机构普遍缺乏证据保全的意识，几乎所有的金融机构都没有通过电子认证服务机构对相关电子数据进行保全，而且多数机构不知道什么是证据保全，只有当客户提出异议或者投诉时，金融机构才意识到证据保全的重要性。

四、存在的问题及风险

根据金融机构线上信贷征信查询的主要做法，并结合司法实践以及北京地区的投诉情况，我们认为目前线上贷款业务征信合规主要存在以下四方面的问题和风险：

（一）难以有效认证客户身份

由于法律没有明确线上身份认证的技术标准，因此很难断定金融机构应采取六种手段中的哪几种组合，才能保证客户身份识别的有效性。当然，还有一些金融机构身份验证手段过于简单，根本无法准确识别客户身份。此外，有的机构客户身份识别是由第三方获客平台完成的，也难以证明客户身份。

（二）征信查询授权协议的有效性难以判定

目前，多数金融机构客户签署线上征信查询授权协议的方式，要么没有采用电子签名，要么采用的电子签名不符合《电子签名法》第 13 条中关于电子签名可靠性的规定，一是不能保证电子签名制作数据属于电子签名人专有和专控性，二是不能保证电子签名和查询授权协议的内容未被篡改。以上两种情形均难以保证线上授权行为的有效性。

（三）业务发生争议时举证难

现有的模式下，多数金融机构只能提供系统日志等电子证据，一旦客户提起异议或者投诉，即使金融机构线上的征信查询授权是真实的，由于系统日志具有利益相关的因素，且无法保证未被篡改过，无法对抗客户的抵赖或否认，难以作为有效的证据被采信。

（四）金融机构和监管机构均面临较大风险

一方面，金融机构面临业务违规风险，个别金融机构已因身份认证手段过于简单、征信授权有效性不足，遭到监管机构的处罚。另一方面，监管机构在进行执法检查和处理征信投诉时，面临缺乏判定标准的问题。此外，个人线上信贷业务具有涉众多、批量化特点，容易引发群体性投诉事件。

五、线上信贷业务征信合规的实践探索

从 2017 年开始，中国人民银行营业管理部就高度关注线上信贷业务的征信合规问题，逐步形成一套系统完整、可操作性的解决方案。

（一）引入专业的电子认证服务机构

引入专业的电子认证服务机构，把电子认证服务嵌入身份认证、征信授权和证据保全流程中，确保相关电子证据的真实有效。这里所指的电子认证服务机构是获得工信部《电子认证服务许可证》的机构。根据《电子签名法》第16条，电子签名需要第三方认证的，由依法设立的电子认证服务提供者提供认证服务。

（二）电子认证服务机构参与的解决方案

在个人线上信贷业务征信合规的解决方案中，第三方电子认证服务机构的主要职责是签发数字证书和保全业务证据。

一是由电子认证服务机构与金融机构共同论证采用哪些认证手段来识别客户身份。在身份认证完成后，由第三方电子认证服务机构为客户签发数字证书，客户使用数字证书在《征信授权协议》上进行电子签名，同时加盖可信时间戳。

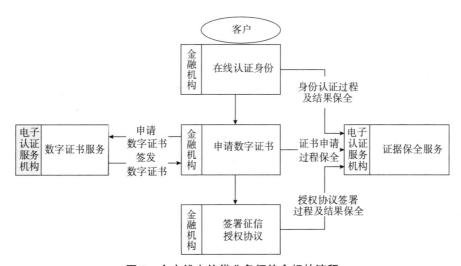

图2　个人线上信贷业务征信合规的流程

二是电子认证服务机构对业务流程及其结果进行证据固化，将客户在身份认证、授权协议签署过程所产生的图片、音频、视频等电子证据同步到电子认证服务机构的存证平台进行证据保全。

如果出现业务纠纷，由电子认证服务机构为金融机构出具《数字签名验签报告》和《电子证据保全报告》，作为证据材料提交给司法机构和监管机构。

（三）解决方案的应用成效

解决方案重点攻克了线上信贷业务电子证据举证难的问题，不仅解决了金融机构的线上征信合规难题，更为金融机构线上信贷业务的健康稳定发展提供了根本保障。一方面，方案得到了金融机构的普遍认可和积极实施。截至目前，已有一家金融机构已经正式上线，八家金融机构正在对接实施中。另一方面，相关电子认证服务机构根据方案，积极与金融机构进行业务对接，同时加强与司法机构的沟通协作。

此外，随着电子认证技术的不断成熟，电子认证服务机构的市场竞争日趋激烈，认证产品的价格也呈下降趋势，对于引入电子认证服务机构所产生的成本费用，金融机构均表示能够承受。

六、相关建议

线上信贷业务是新兴业务，在当前经济环境下对拉动消费和促进经济发展具有重要意义。为了更好地规范和促进线上信贷业务的健康发展，我们提出如下建议：

一是特别关注个人线上信贷业务征信合规问题及潜在的风险，切实维护信息主体的合法权益，解决金融科技发展中安全和效率的平衡问题。

二是加强对金融机构线上信贷业务的征信合规指导，通过引入专业的电子认证服务机构，为客户签发数字证书，全流程保全业务数据，确保线上征信查询授权的有效性。

反洗钱合规管理价值创造探析

——以洗钱高危控制主体成本收益为例

刘丽洪等[*]

一、涉及 "扰乱公共秩序罪"、"扰乱市场秩序罪" 和 "破坏金融管理秩序罪" 洗钱高风险客户占比高

某行 1570 个洗钱高风险客户共涉及十个涉罪类型，其中 "扰乱公共秩序罪" 占比最高，达 35.99%，包含的主要可疑交易特征为 "涉嫌组织经营赌博或为其转移资金的可疑交易" 等。"扰乱市场秩序罪" 占比 30.70%，包含的主要可疑交易特征为 "地下钱庄可疑交易" 和 "套现可疑交易" 等。"破坏金融管理秩序罪" 占比 25.35%，包含的主要可疑交易特征为 "涉嫌非法跨境转移资金（如逃汇）的可疑交易"、"涉嫌非法挪用、拆借资金的可疑交易" 和 "涉嫌非法吸收公众存款的可疑交易" 等。这三类涉罪类型具有明显的洗钱交易特征，合计占比接近 90%。具体情况如表 1 所示。

表 1　某行洗钱高风险客户涉罪类型

涉罪类型	客户数（个）	占比（%）
扰乱公共秩序罪	565	35.99
扰乱市场秩序罪	482	30.70
破坏金融管理秩序罪	398	25.35

---

* 刘丽洪：供职于中国人民银行营业管理部反洗钱处。王晖：供职于某银行北京分行。刘旸：供职于某银行北京分行。

涉罪类型	客户数（个）	占比（%）
危害税收征管罪	69	4.39
其他犯罪	19	1.21
侵犯财产罪	16	1.02
贪污贿赂罪	10	0.64
毒品犯罪	7	0.45
金融诈骗罪	3	0.19
恐怖活动犯罪	1	0.06
合计	1570	100

二、洗钱高风险客户成本远高于收益

1570 个洗钱高风险客户成本和收益分析

1. 成本分析——经营费用

（1）固定及管理费用。本文中固定及管理费用指为全部客户（包含对公客户和个人客户）提供金融服务所需付出的成本，包含网点运维、人工成本（不包含反洗钱专职人员）、管理费用、客户平台搭建费用等。经测算 1570 个洗钱高风险客户此项成本共计 1810806.60 元。

（2）反洗钱专项人工成本。根据媒体公开报道的数据，2018 年该行正式员工平均年工资为 46.20 万元，该行共有反洗钱专职人员 10 人，故年度人工总成本约为 462 万元。经测算，1570 个洗钱高风险客户此项成本共计 111566.22 元。

2. 成本分析——支付结算费

（1）工本费。本文中工本费指制卡成本和网上银行 U 宝制作成本，其中，制卡成本为 7 元人民币/张，U 宝成本为 30.50 元人民币/个。1570 个洗钱高风险客户工本费共计为 69865 元。

（2）手续费。本文中手续费指洗钱高风险客户频繁进行网上银行和手机银行交易，导致该行承担的支付系统手续费。该行共为 1570 个洗钱高风险客户支付手续费共计 88036.98 元。

综上所述，该行为 1570 个洗钱高风险客户承担总成本为 2080274.80 元。

3. 收益分析

依据该行创利计算公式，1570 个洗钱高风险客户能为该行年度创利 1020908.86 元。

综上所述，1570 个洗钱高风险客户年度利润为：

总创利－总成本＝1020908.86 元－2080274.80 元

$$＝-1059365.94 元$$

即 1570 个洗钱高风险客户导致该行亏损 1059365.94 元，人均损耗该行利润 674.76 元。由此可见，洗钱高风险客户不仅给该行带来很高的洗钱风险以及合规风险，更给该行带来巨大利润损失。

因此，通过反洗钱管理措施及时发现并管控洗钱高风险客户，减少银行机构的利润损耗；通过对洗钱高风险客户身份特征分析，银行机构在开户环节避免或减少接纳此类客户，降低潜在利润损耗、洗钱风险以及合规风险隐患，即是"合规创造价值"的真实体现。

鉴于洗钱高风险客户大量侵蚀了银行机构的利润，非常有必要进一步对此类客户的身份特征、交易特征等风险因素进行深入分析，以便深入探讨该类客户的具体接纳和管控政策。

三、洗钱高风险客户风险因素分析

（一）洗钱高风险客户基本特征明显

经数据分析，洗钱高风险客户年龄段集中于 25 周岁（含）至 40 周岁（不含），占比达到了 56.69%，年龄小于或大于区间的，占比随年龄减小或增大呈现下降趋势。

洗钱高风险客户职业集中分布于"不便分类的其他从业人员""个体工商户、小企业主、自由职业者等"和"日常批发零售服务从业人员"，总占比达 39.81%，从事此类职业的人员具有现金和第三方支付交易量较大等特征，洗钱风险较集中。

（二）洗钱高风险客户倾向于近距离跨省开户

经数据分析，洗钱高风险客户非北京籍居民占比高达84.65%，其中占比超过5%的省市有河北、辽宁、黑龙江、河南、山西和山东，均为北京周边省市，说明洗钱分子趋向于近距离异地开立账户。

（三）网上银行是洗钱高风险交易渠道

经数据分析，1570个洗钱高风险客户通过各类交易渠道，账户双边交易总额565.06亿元。

网上银行渠道借方交易总金额249亿元，贷方交易总金额253亿元，交易总金额占比接近90%，说明犯罪分子将网上银行作为转移可疑资金的主要渠道。

支付宝和微信渠道贷方交易笔数占比59.99%，借方交易笔数占比39.84%，贷方和借方交易总金额占比分别为5.13%和0.86%。由此说明，支付宝和微信作为新兴的支付渠道，因其交易对手存在一定的隐匿性，受到越来越多犯罪分子青睐，他们利用第三方支付渠道，切断上下游资金链条，干扰银行机构可疑交易资金追踪。

经以上风险因素分析结论如下：一是网上银行渠道是犯罪分子转移资金的主要渠道，网上银行渠道风险的控制对于洗钱风险的防控工作至关重要；二是因资金上下游交易对手不易追踪，犯罪分子越来越多通过第三方支付渠道切断资金链条，第三方支付渠道成为银行机构可疑交易分析工作的难点。

四、政策建议

结合本文分析结果（对于本文分析出的第三方支付的风险问题，本文不做讨论），政策建议如下：

（一）应在更高层级法律法规明确金融机构可以根据客户洗钱风险状况拒绝提供服务或限制服务

从源头上控制洗钱风险是金融机构提高风险防控效率的重要举措。在"放、管、服"的大背景下，不但要突出"放"更要突出"管"，不但要事中和事后管，也要事前管，否则事中和事后管成本会更高、管控会更难，甚至导致洗钱风险发生。事前管的重要措施就是，金融机构有明确的法律授权可以拒绝为洗钱高风险客户提供服务，解除金融机构担心被客户投诉，甚至引起法律纠纷的后顾之忧。《中国人民银行关于加强开户管理及可疑交易报告后续控制措施的通知》（银发〔2017〕117号），规定金融机构可以在开户阶段拒绝为洗钱高风险客户提供服务，并且在客户触发可疑交易以后，可以根据客户实际洗钱风险状况，限制客户的交易方式、规模、频度等。此文件层级偏低，应在法律法规层面明确授权金融机构在开户阶段、业务存续阶段，不但可以拒绝为洗钱高风险客户提供服务，而且也可以根据客户实际洗钱风险状况，限制客户的交易方式、规模、频度等。

（二）建议金融机构建立洗钱风险前移的管控理念

洗钱高风险客户不仅会侵蚀银行机构利润，更会带来较大洗钱风险以及合规风险，因此银行机构不但要及时发现洗钱高风险客户，并采取管控措施，而且在建立客户接纳政策时，不应"拥抱"所有客户，不应对全部客户采取无差别服务，应结合客户的风险情况采取适当管控措施，在客户接纳环节精准识别有效客户，避免或减少洗钱高风险客户的准入。建议实际工作中采取以下措施：

1. 加强对洗钱高风险客户开户管控

建议针对客户风险情况，在客户开户环节，分层开展强化管控措施（高风险国家地区客户、外国政要、制裁客户等有单独要求的客户类型除外）。例如限制账户开户；允许开立账户，但限制开通网上银行功能；允许开立账户和开通网上银行功能，但限制网上银行频次、限额等。

2. 加强网上银行渠道业务管控和限额管理

鉴于网上银行渠道业务的高风险性，建议银行机构在客户申请网上银行业务时，应根据客户的洗钱风险状态，考虑通过日、月、年网上银行交易笔数及交易限额等限制条件的设定，确保网上银行渠道不被洗钱犯罪分子利用，不能对全部客户简单实施上浮到顶的无差别限额管理，防止网上银行渠道被洗钱分子利用。

建议银行机构采取相应的技术保障措施，强化网上银行渠道内部管理程序，强化支付过程客户身份识别。例如，增加网上银行转账过程中的人脸识

経済結構調整下的首都金融研究与実践

别或私密问题验证等身份识别措施，确保网上银行为本人操作，防止犯罪分子使用买卖的个人账户及网上银行 UKEY。

建议银行机构合理建立网上银行渠道异常交易预警机制，根据客户可疑交易异常行为特征自动进行预警和限制性控制措施。例如，网上银行系统监测到客户发生一分钟网上银行转账超过两笔以上，明显非人工操作；客户发生一对多或多对一频繁转账且金额低于大额限额，有意逃避监管等异常行为时，网上银行系统自动发送预警信息或采取暂停支付等控制措施。

特别要强调的是，银行机构在实施上述风险防控措施时，应特别关注相关法律责任免除的问题，建议在开户、签约申请或协议中增加相关条款，明确银行机构和客户的权利和义务，明确银行机构有权根据反洗钱法律法规有关规定，结合客户风险状况采取相应的风险防控或限制措施。

新常态下担保圈风险监测预警及化解研究

——基于陕西府谷担保圈分析

陈　涛　罗慧媛*

一、府谷担保圈基本情况

府谷作为陕北国家级能源化工基地的重要组成部分和省级民营经济转型升级试验区，民营经济对 GDP 的贡献超过 60%。府谷民营企业通过相互担保融资由来已久，由于长期以来府谷民营企业用地大多为租用，无法办理土地使用权及厂房的抵押登记，加上企业之间彼此熟悉、业务往来密切，相互担保、连环担保成为企业获取银行授信的重要方式，已形成若干个规模庞大、关系复杂的"担保圈"。仅在榆林辖内金融机构贷款的府谷企业，形成的最大担保圈"兴茂担保圈"包含 121 户企业，担保金额达 60.47 亿元，贷款额 84.19 亿元，占同期全县各项贷款的 1/3。

二、府谷担保圈的风险成因和传染性分析

（1）金融机构粗放经营多头授信，助长了企业过度负债经营，为担保圈提供"火源"。"十年黄金期"能化企业投资回报率较高，企业资本积累逐年增加，投融资愿望强烈。一边是企业家对融资的渴求，另一边是各类金融机

---

*　陈涛：供职于中国人民银行营业管理部清算中心。罗慧媛：供职于中国人民银行榆林市中心支行。

构入驻神府"分煤炭经济一杯羹"的强烈愿望，双方一拍即合，导致一方面金融机构以粗放经营来获取短期利益，对企业多头授信、过度授信；另一方面府谷企业超额担保，过度融资，大搞负债经营。多头授信易引发信用膨胀，增加金融机构风险识别和管控的难度，而过度融资给企业带来不必要的债务负担。

（2）民间融资的活跃，助推了企业融资能力虚高，加剧了企业债务违约风险。据有关资料显示，高峰时民间融资规模约占同期银行贷款规模的40%左右，其中经营性民间资本为能化企业在银行"还旧借新""先还后贷"起到了一定的"搭桥"作用。随着以张孝昌非法集资案为代表的民间融资资金链断裂后，府谷民间借贷市场活跃度骤降，资金只出不进，企业不但难以再从民间借入资金填补缺口，还得为前期所借资金支付大量本息，民间融资失去"搭桥"作用的同时，还加剧了企业债务违约风险。

（3）集团引领发展模式，加深了企业间关联程度，助长了担保圈风险的传递。近年来，府谷县政府施行"大集团引领、大项目支撑、集群化推进、园区化承载"的工业发展思路，积极整合民营资本，按产品类型成立了"五大集团"：煤业集团、煤电冶化集团、煤化工集团、镁业集团、特种合金集团，府谷县大型民营能化企业几乎全部参与其中，使股权关系、关联关系愈加错综复杂，担保圈与关联群层层渗透。"集团军"发展模式在提升企业整体市场竞争力的同时，也无形中加速了风险传播的通道，以出险企业为中心，沿担保关系由内而外进行圈层式传播，个体风险迅速恶化为群体性违约和系统性风险。

三、担保圈风险定量识别和化解

准确识别担保圈是进行风险化解处置的前提和基础，本文选取府谷最大一户担保圈——"兴茂担保圈"为样本，构建担保圈风险监测指标体系和定量测度模型，并对担保圈风险进行科学分类，提高了担保圈风险识别和处置的针对性。

"兴茂担保圈"是指以兴茂集团为主，涉及其他本外地企业，互保、联保、循环保、交叉保等方式大量从银行融资，最终形成的一个以兴茂集团为主的"担保圈"。据不完全统计，"兴茂担保圈"涉及121户企业，担保金额达 60.47 亿元。近年来，因扩张速度过快，负债与担保额过大，担保圈内企业相继亏损，现金流入不敷出，同时牵涉大量复杂的担保关系，债务纠纷大幅上升，担保风险日益显现引起各方震动。

据此，在选择了八个代表性基础指标的基础上，通过担保圈规模指标、担保能力指标和风险触发指标三个维度构建了担保圈风险监测体系，通过对担保圈风险进行定量测算和判断，便于对高风险关键企业和关键环节进行拆解（见表1）。

表 1　担保圈风险评级指标体系

维度	指标	变量
担保圈规模指标	担保圈内企业户数	X_1
	担保融资总量	X_2
	担保关系数量	X_3
担保能力指标	资产负债率	X_4
	信贷抵押物占担保额度比率	X_5
	总体担保率	X_6
风险触发指标	不良贷款余额	X_7
	逾期或违约记录	X_8

本文采用熵值法对担保圈进行测度，以上指标值均通过客户风险监测预警系统的基础数据整理得到。通过对各个指标熵的取值，判断其随机性及无序程度，利用某个指标的熵值判断其离散程度。通过熵值的测算结果，可以确定指标在评价指标中的权重，从而对担保圈的风险进行客观的评价。

假设有 n 个担保圈，m 项评价指标，形成原始指标数据矩阵：

$$X = (x_{ij})_{n \times m} \quad (i = 1, 2, \cdots, n; j = 1, 2, \cdots, m)$$

计算在第 j 个指标项下，第 i 个担保圈单元指标的比重，即标准化值为：

$$P_{ij} = \frac{x'_{ij}}{\sum_{i=1}^{n} x'_{ij}}$$

计算第 j 项指标的熵值：$e_j = -k \sum_{i=1}^{n} p'_{ij} \ln p'_{ij}$，其中 $k > 0$，ln 为自然对数，$e_j \geq 0$。

如果 x'_{xj} 对于给定的 j 全部相等，那么：

$$p_{ij} = \frac{x'_{xj}}{\sum\limits_{i=1}^{n} x'_{ij}} = \frac{1}{n}$$

此时，e_j 取极大值，即 $e_j = -k\sum\limits_{i=1}^{n}\frac{1}{n}\ln\frac{1}{n} = k\ln n$。设 $k = \frac{1}{\ln n}$，则 $0 \leqslant e_j \leqslant 1$。

对于确定的 j，x'_{xj} 越小，e_j 就越大；当 x'_{xj} 全相等时，$e_j = e_{max} = 1$，指标 x'_{xj} 是无效的；x'_{xj} 越大，e_j 就越小，该项指标在担保圈风险测度中的作用越大。

定义差异性系数为 $g_j = 1 - e_j$，则当 g_j 越大时，指标代表的信息越多，指标越重要。

定义权数为：

$$w_j = \frac{g_j}{\sum\limits_{j=1}^{m} g_j}$$

计算担保圈风险程度，即综合评价得分：

$$V_j = \sum\limits_{j=1}^{m} w_j p_{ij}$$

基于"兴茂担保圈"图谱样本数据，计算得到各指标的权重（见表2）。

表2　评价指标权重

维度	指标	变量
担保圈规模指标	担保圈内企业户数（个）	19.18
	担保融资总量（万元）	12.25
	担保关系数量（个）	14.38
担保能力指标	资产负债率（%）	6.36
	信贷抵押物占担保额度比率（%）	11.71
	总体担保率（%）	7.04
风险触发指标	不良贷款余额（万元）	20.97
	逾期或违约记录（笔）	8.11

各个指标权重系数的大小反映了各项指标对担保圈风险的影响程度，权重越大，意味着本指标对担保圈影响程度越大。

为了更好地检验担保圈风险测度的准确性和有效性，将上述担保圈风险指标数据代入上述公式模型计算，得出得分越高的担保圈，传染度越高和潜在风险越大。本文对榆林辖内全部担保圈进行前期测算，根据测算得分将担保圈分为三级（见表3）。

表3　担保圈风险等级划分

风险等级	低风险	中风险	高风险
划分标准	0~300	300~400	400 以上

表4　"兴茂担保圈"风险测度结果

担保圈名称	担保圈规模指标	担保能力指标	风险触发指标	综合得分	风险分类
兴茂担保圈	185.6	103	123.1	411.8	高风险担保圈

从"兴茂担保圈"图谱和担保圈风险测度结果发现（见表4），"兴茂担保圈"属于规模大且担保关系密集的高风险担保圈，潜在风险隐患较大：一是涉及企业多、行业跨度大。以府谷兴茂集团为主，涉及工贸、煤化工、镁业等多个能源矿业领域。二是担保额大，资金链紧张。"担保圈"涉及22笔过亿元的担保，由于能源价格疲软，圈内大部分企业亏损严重，资金链紧张。三是担保与关联关系复杂密集，债务纠纷多。据不完全统计，担保圈内90%以上企业存在关联关系，债务纠纷多，清理难度大。四是过度融资，贷款风险突出。担保圈除涉及国有大型商业银行、股份制商业银行，也不乏融资租赁和信托等众多非银行类金融机构，贷款金额占同期全县贷款的1/3。综上所述，"兴茂担保圈"对当地经济、金融环境已经造成了较大影响，属于需高度关注的一类担保圈。

但"兴茂担保圈"也不是完全没有化解的可能性，针对这一典型规模大且担保关系密集的担保圈，首先应考虑以拆规模为切入点，以稀释担保关系密度为抓手，通过拆规模将担保圈拆解为若干个小担保圈，减少担保圈内企业平均担保数量；通过稀释担保关系密度，降低担保圈结构对直接代偿传导机制的承载力，减少担保圈风险传递的路径，降低担保圈整体风险水平。对照"兴茂担保圈"图谱发现，兴茂集团在担保圈中居于核心地位，与该集团有直接担保关系的企业共13家，直接担保关系多达19条。京府煤化在担保圈中居于次核心地位，与该集团有直接担保关系的企业共8家，直接担保关系多达 11 条。因此，首先考虑将整个担保圈拆解为分别以兴茂集团和京府煤化为核心的两个相对独立的担保圈，降低担保圈整体规模，将风险控制在可控范围内。此外，尝试以拆结构为手段稀释担保关系，通过变更担保形式、债务重组、转内担保等方式直接切断两个独立担保圈内核心企业对其他外部企业担保关系，采用暂且搁置、暂不起诉方式等间接隔断担保责任，缓释担保冲击力度，在一定程度上也有助于阻止担保链风险传染扩散。

四、担保圈风险防范和化解对策

担保圈风险识别、防范和化解是一个复杂的系统性工程，需要地方政府、金融监管部门和金融机构以及参与企业多方共同努力。

政府和金融监管部门推动共享机制建设，引导担保行业规范发展。建议由政府相关部门牵头，联合金融监管部门和公检法部门，建立担保圈化解的协调会商联席制度，明确各部门责任和义务，整合人民银行征信系统、银保监会的客户风险监测系统、金融机构的信贷担保数据信息以及公检法等部门债务信息，及时通报，实现对担保圈的准确识别和监测，积极整合资源化解担保圈债务风险。此外，尝试由政府出资设立担保专项发展基金、转贷基金等，出台专项管理办法，引导企业通过互换、出让股权、发行企业债券等方式发展股权融资，拓宽融资渠道，推动担保方式多样化的同时，降低对贷款的依赖程度。

金融机构审慎授信加强管理，防止担保圈无序扩张。金融机构审慎授信严格信贷"三查"制度，一是加强对借款人的审核，尽职调查企业对内外担保信息，严格控制企业间互保、联保、循环保的贷款规模，从源头上防范多头授信、连环互保风险。二是严格测算企业资金需求，合理安排企业授信额度，防止对企业过度授信和多头授信，严格控制用流动资金"垒大户"，严格控制担保圈内企业新增融资。三是对于已涉入高风险担保圈的贷款，定位圈内核心风险企业，通过抵质押担保方式置换、更换圈外担保方式拆解，实现"大圈化小"降低风险。

企业应建立科学的担保决策机制，避免消极被动传染。一方面企业应增强风险防范意识，充分认识到担保链风险传染性特征，在内部建立完整的风险评估体系和合理的决策流程，对银行融资、对外担保等重大决策要进行审慎的评估和科学决策，根据风险抵补能力确定担保额度，将担保风险控制在能承受的范围之内，防范盲目担保而承担潜在风险。另一方面企业树立责任担当意识，在能力范围内承担担保责任，借助政府和金融机构政策支持，积极推动风险处置工作，避免出现等靠担保人代偿、银行核销、政府承接，甚至逃废债务，以防陷入胶着博弈的不利局面，加大担保圈化解的难度。

中小企业在政府采购领域中应用预付款保函制度的探讨与建议

李　伟*

一、预付款保函的含义

预付款保函（Advance Payment Guarantee）通常发生在投标人中标后、业主支付预付款之前，类似于履约保函，是担保方为承包人（供应商）向业主（发包人）出具的保证业主所支付的工程预付款用于实施项目的一种信用函件。目前，在工程领域中使用较多，在货物类和服务类采购中应用较少。通常，在合同签订后的一定时间内，业主预先须向承包人支付一定比例的款项以供承包人周转使用，由于该款项是在承包人履约之前预付的，业主为了避免日后由于承包人拒绝履行义务却不退款而遭到损失，要求承包人在业主预付之前的若干日内通过担保方出具预付款保函，由担保方做出承诺，一旦承包人未能履约或者无法全部履约，担保方将在收到业主提出的索赔后，向其返还这笔与预付款金额等值的款项，或者相当于合同尚未履行部分相当比例的预付金额，使业主能够顺利收回预付款项。①

预付款保函有美式和欧式之分。美式预付款保函由经批准从事该业务的保险公司和专业担保公司出具，法律禁止银行进入该项业务。如果出现承包商违约，保证人不是赔偿一笔钱，而是必须首先按照合同规定的质量、工期、造价等各项条件履约，从而更大程度、更全面地保护受益人的利益。欧式预

---

* 李伟：供职于中国人民银行营业管理部会计财务处。
① 戎素梅. 预付款保函：政府采购政策工具箱再启［N］. 中国政府采购报，2019-04-05（3）.

付款保函与美式预付款保函性质不同，属于惩罚式担保，当承包商违约时，担保人代偿一定比例的金额作为罚金，担保比例较低，通常占合同金额的比例为 5%～20%，但担保函可由银行等金融机构出具。

二、实施预付款保函制度的意义

一是预付款保函制度的实施有助于减轻企业尤其是中小企业的融资困难，降低企业经营成本，是扶持中小企业发展的有力手段。目前，在我国政府采购领域中，除工程项目预先支付一定比例的款项（通常不超过合同金额的 30%）外，货物类和服务类采购项目一般都是由中标（成交）的中小企业先投入一定的人力、物力和金钱进行货物的生产和服务的提供（如软件开发），待验收合格后方可支付款项。中小企业融资困难，特别是垫付大量资金对中小企业来说是一个沉重的负担。以工程领域内 30% 的预付款来说，如支付货物类和服务类采购项目同样比例的预付款，将极大地缓解中小企业的资金紧张，促进中小企业的良性发展，这也是贯彻落实党的十八大以来提出的"减轻企业负担""大众创新、万众创业""激活企业创新能力"等要求的有效举措。

二是推行预付款保函制度有助于平等政府和企业之间的关系，是实现服务型政府和合同式治理的有效途径。在政府采购领域。政府和企业是平等的主体，但在实践中，政府作为采购人往往比较强势，企业则需要迎合政府的种种要求，只能自己消化垫资生产或服务的压力，两者实际上处于不平等的地位。尤其是在货物类和服务类项目中，政府部门出于控制资金风险的目的，往往要求验收合格后才能付款，将导致中标（成交）企业资金回收的期限较长、经营风险较大。一旦合同履行过程中出现纠纷或政府有关人员借机刁难、索贿等，将导致企业回收资金的期限更加延长，经营风险进一步扩大。推行预付款保函将使企业及时回收资金、降低经营风险和压力，有助于平等政府和企业之间的关系，是实现服务型政府和合同式治理的有效途径。

三是实行预付款保函制度有助于推动财政性资金支出方式的变革，提高财政性资金的使用效益。一直以来，我国政府财政性资金的安排支出大多集中在四季度，支出存在严重的"前轻后重"现象，尤其是年底大量财政性资金的集中拨付，不仅会可能刺激物价上升、导致经济的大起大落，也形成了

経済結構調整下の首都金融研究与実践

大量采购项目仓促实施，项目效益不高的情况。实行预付款保函制度将有助于降低每年四季度末财政支出的压力，使大量项目可提前、加快实施，形成项目均匀分布的情况，避免经济的大起大落，有效提高财政性资金的使用效益。

三、中小企业在政府采购领域实施预付款保函制度的难点

预付款保函制度在欧美国家得到广泛的运用，同其发达的金融市场、成熟的信用保证制度是分不开的。如果不从我国的国情出发，不充分考虑我国中小企业在政府采购领域实施预付款保函制度的难点和实际，无论是引入欧式预付款保函制度还是引入美式预付款保函制度，都不会起到缓解中小企业融资困难、促进中小企业发展的目的。因此，需要对中小企业在政府采购领域实施预付款保函制度的难点进行逐一分析，为政策落地做好相关准备工作。

一是预付款保函涵盖的预付款金额或比例如何确定尚无明确依据。尽管《政府采购法》对于政府采购合同规定适用合同法，但如何支付却没有明确规定，导致支付的预付款金额或比例也无法明确。支付的金额大了，对采购人来说存在风险；支付的金额小了，则对中小企业无所帮助。

二是办理预付款保函手续较为烦琐，中小企业办理不易。以办理与预付款保函类似的工程履约保函为例，银行、担保公司等金融机构更在意规避信贷风险，履约保函审核较为严格，程序繁杂、时效性差，且除了银行利息外，企业还要支付一定的担保费，相当于加大了企业的融资成本，因此企业办理不易、积极性不高。政府采购货物类、服务类项目金额通常较工程类项目更小，企业自然更加不容易办理。

三是预付款保函的担保方式有待于明确。到底是采用美式担保方式，保证相应的项目能够被替代实施，还是采用欧式担保，进行惩罚式担保，均需要进一步明确。这将会影响后续出具预付款保函的担保主体为谁。

四是存在中标（成交人）收到预付款后不履行合同义务的风险。尽管在政府领域中，政府（采购人）占据较为强势的地位，经过政府采购评审环节筛选的中标（成交人）也通常是资信良好、综合实力突出的企业，担保方在出具预付款保函时，还会对中标（成交人）进行综合考察，但仍有可能出现

中标供应商将预付款挪作他用或携款潜逃等违约风险。

五是预付款所产生的利息为谁拥有存在争议。如以货币所有权转移以货币的转移为准，则预付款所产生的利息应为中标（成交）的中小企业所有；但以预付款是政府（采购人）提供给中小企业的贷款为论，则其所产生的利息应为政府（采购人）所有。争论的焦点在于预付款的性质是政府（采购人）提前支付给中标（成交）的中小企业的合同价款还是政府（采购人）提供给中标（成交）的中小企业的贷款。

四、相关建议

一是建议参照《建设工程价款结算暂行办法》（财建〔2004〕369号文印发）第12条"工程预付款结算应符合下列规定：包工包料工程的预付款按合同约定拨付，原则上预付比例不低于合同金额的10%，不高于合同金额的30%"的规定，确定预付款保函担保的预付款比例不得超过合同金额的30%。之所以确定30%的比例，①政府为了避免采购人为提高政府采购预算执行进度而不合理地加大预付款的比例，有效控制采购人的主体责任风险；②有效缓解中小企业的资金经营压力，促进中小企业良性发展。特别需要指出的是，对于信誉良好、履约记录良好的中小企业，在风险可控的前提下可以将预付款比例进一步放松；对国家急需发展的关键行业的中小企业实行政府采购订单生产，甚至可以是全额预付货款，以达到大力缓解中小企业融资困难的目的。

二是财政部门要将有资格开具预付款保函的银行、担保机构扩大至保险机构，会同中国人民银行、银保监会等政府部门定期对上述机构进行审核等，促进平等竞争，并将其拒开、虚开预付款保函等行为纳入中国人民银行征信体系，建立负面清单制度，简化保函办理手续，切实有效地降低担保费用，扩大预付款保函对中小企业的吸引力，共同推进预付款保函制度的开展。

三是建议预付款保函的担保方式为欧式担保方式，实行惩罚性担保。原因在于我国的金融体系以银行、保险机构等为主，大多为国有金融机构，实力强、掌控的资金资源较多，一旦中标（成交）的中小企业收到预付款后不履行合同义务的情况，银行或保险机构能够有效反制；而市面上的专业担保机构素质良莠不一，实力也参差不齐，一旦出现中标（成交）的中小企业收到预付款后不履行合同义务，专业担保机构又不能有效赔付的情况，极易形成"三角债"，累积债务风险。

四是建议财政部应对供应商收到预付款后的履约情况加强监督。一旦发现供应商收到预付款后拒不履行合同义务或携款潜逃的，应将其列入"黑名单"、通报全国，并将其失信行为纳入中国人民银行征信体系，一定时期内或终身禁止其参加政府采购活动。

五是建议预付款所产生的利息为中标（成交）的中小企业所有，并减少由此带来的计算困难和款项支付，进一步让利于中小企业。根据《建设工程施工合同（示范文本）》（GF-2017-0201）第 12.2 款"除专用合同条款另有约定外，预付款在进度付款同比例中扣回"规定，合同中预付款使用了"扣回""还清"等字眼。显然，只有贷款或借款需要扣回、还清，如果预付款为提前支付给中标（成交）的中小企业的合同款，则无须扣回、还清。故预付款就其性质来说应该是贷款。那么，预付款是否应计息？也不尽然。国际咨询工程师联合会（FIDIC）颁布的国际惯例《FIDIC 施工合同条件》第 14.2 款明确规定，"当承包商根据本款提交了银行预付款保函时，雇主应向承包商支付一笔预付款，作为对承包商动员工作的无息贷款"。因此，本文认为是政府（采购人）提供给中标（成交）的中小企业的贷款，只不过是无息贷款，故预付款所产生的利息应为中标（成交）的中小企业所有。

小微企业风险预警模型构建和应用概述

郭田田[*]

一、小微企业融资现状

小微企业普遍存在融资难的问题。商业银行有大量的小微客户群体，小微企业数量占比 80% 以上，但从业务实际来看，与商业银行建立信贷关系的客户占比极低，小微客户群体内有大量的潜力客户可以追踪，大量未建立信贷关系的客户极有可能是重要目标客户群体。据统计，截至 2018 年末，全国小微企业贷款余额 30.74 万亿元，同比增速 15.14%，比各项贷款平均增速高 2.67 个百分点；小微企业贷款余额户数 1520.92 万户，较上年同期增加 159.82 万户。其中，单户授信 500 万元以下的小微企业贷款、个体工商户经营贷款及小微企业主贷款这三项在我国接近 1000 万户，是政策聚焦的重点。从货币政策的角度看，中国人民银行采取定向降准、增加对小微企业再贷款和再贴现额度等举措，精准施策，助力小微企业。

二、小微企业融资风险问题分析

习近平总书记指出，深化金融供给侧结构性改革要平衡好稳增长和防风险的关系。由于小微企业在公司治理、经营和财务等方面信息不透明，且存在缺乏银行认可的抵质押资产、资信评级普遍较低等问题，商业银行对小微企业贷款面临着效率低、成本高、风险大的问题。主要表现在：

---

*　郭田田：供职于中国人民银行营业管理部钞票处理中心。

一是获客压力大，线下获客难度高。在获客需求方面，一方面，市场竞争日趋白热化，各大传统金融机构和电商金融平台纷纷争抢市场份额；另一方面，国家陆续出台了《关于金融支持制造强国建设的指导意见》等政策文件，中国人民银行和银监会对小微企业贷款余额的监管方面，均不同程度要求有相应的年增长。但商业银行传统的线下获客，主要采用"守株待兔"的方式，较为被动，且由于各商业银行客户基数大，客户经理很难通过人工收集企业资料、评定小微企业，主动出击营销产品。

二是信息不对称，有效识别、衡量、管理小微企业的贷款风险难。首先，商业银行难以获得小微企业的信用违约转移矩阵等外部信用评级。其次，由于没有公开股票、债券发行，因此商业银行传统使用市值、资产基于期权价值的企业内部评级理论无法使用。最后，小微企业无法提供完善的、经过审计的财务报表，即使是银行客户经理调查获得的财务信息，其可信力也不高，商业银行需投入大量的人力进行贷后跟踪管理，以防控信用风险。

三是风险管理效率难以满足业务发展需要。小微企业融资具有"短、频、快"的特点，而依赖客户经理、信贷审批人员的贷前审查和贷后管理等风险控制程序较为复杂，运营效率和成本不能完全适应小微企业类似零售贷款的需求。

准确识别小微企业特点，提供对应的政策支持和信贷产品，采用与其风险特征匹配的决策流程和风险防控手段，构建和应用小微企业风险预警模型，对商业银行做好小微企业的贷款投放和风险管理、控制不良贷款金额和不良率具有重要的现实意义，可通过引入基于大数据分析的风险预警体系，实现小微企业风险的实时、自动、快速地评估、预警、控制。

三、模型策略与算法简介

国外商业银行一般采用评分卡等零售业务工具，构建小微企业零售化信贷业务模式和风险管理体系来防范风险。我国商业银行多通过定性评价指标结合定量财务指标的方式，构建信用风险评价模型，得出小微企业的违约概率。这种评价方法虽然可以评价借款人的信用风险状况，但是也存在缺陷：一是小微企业的财务数据存在一定的滞后性，很多情况下风险已经发生；二是某些小微企业财务数据的真实性有待考究；三是定性评价时主观因素较大，有失公允。

借鉴国外经验，结合我国实际情况，本文建议商业银行通过分析小微企业的结算交易流水和征信记录等信息，结合部分财务指标，利用相关模型和算法，构建信贷预警模型，提前预判借款人违约的可能性，为信贷决策提供借鉴，同时对违约概率较高的借款人发出预警信号，及时采取风险防范措施，保障银行信贷资产安全。建模分析应用主要包括目标确定、数据准备及清洗、数据加工、数据建模、结果分析评价等几个步骤。

（一）模型设计思路

（1）建模准备。将小微企业标识信息、违约信息、基本情况、征信情况、结算信息、资产信息等进行整理和观察。

（2）数据清洗。对于数据样本，通过数据剔除、数据填充、数据变换、衍生变量构造等对数据进行清洗。剔除了只有一种取值的指标和缺失数据；为统一自变量的尺度，并削弱共线性和数据的非平稳性等问题对模型结果的影响，对连续型数值指标进行对数化和正态化处理，使其分布呈正态或接近正态，采用加、减、乘、除等方法将多个单变量进行复合构建新的指标。

（3）变量压缩与调整。一是变量相关性检验各种相关系数，对其中相关关系显著的变量进行分组和筛选。二是变量归纳，将解释变量按财务状况（是否过度负债或过度担保、营运能力、成长性）、结算信息（交易结算笔数和金额、结算变化情况）、小微企业主基本信息（年龄、婚姻状况、学历情况等）、小微企业主财务状况（住房类型、应付贷款金额及增长情况等）等分组，并从各分组中选取最显著的指标。

（4）指示（控制）变量构造。使用相关技术对企业所属行业、企业主婚姻状况、受教育程度、现住房性质等字符型变量进行分析，根据分析结果进行变量分箱，将相应变量转化为指示变量。

（5）模型构建。借款人违约变量 y 只有两个取值 0 和 1，y＝0 视为贷款人未违约，y＝1 视为贷款人违约。设有多个自变量影响因变量 y 的取值，分别为 x_1，x_2，…，x_n，条件概率 p（y＝1｜x_i）为观测值 y 相对于某事件 x 发生的概率。

（6）模型打分。根据二元预测模型可以获得四类预测结果，真阳性、真阴性、假阳性和假阴性。应用四类预测结果计算灵敏度和特异度两个指标，灵敏度是真阳性预测结果占所有好客户样本中的比重，灵敏度越高表明模型识别出好客户的能力越强；而特异度是指假阳性预测结果占所有坏客户样本中的比重。

（二）常见算法介绍

1. 逻辑回归算法

逻辑回归是面对一个回归或者分类问题，建立代价函数，然后通过优化方法迭代求解出最优的模型参数，测试验证我们这个求解的模型的好坏。模型中，目标变量是一个定性变量，比如值为 0 或 1，此方法主要应用于研究某些事件发生的概率。

逻辑回归算法有以下优点：一是速度快，适合二分类问题。二是简单易于理解，直接看到各个特征的权重。三是能容易地更新模型吸收新的数据；其缺点是对数据和场景的适应能力有局限性，不如决策树算法适应性那么强。

2. 随机森林算法

随机森林（Random Forest）算法，由 Breiman 于 2001 年正式提出，顾名思义，是用随机的方式建立一个森林，是一种基于决策树的组合学习算法，即多棵树的组合构成森林。随机森林的基本思想是在构造单棵树的过程中，随机选取一些特征变量参与树节点划分，重复多次并保证建立的这些树之间的独立性。随机森林形成后，当有一个新的输入样本进入时，森林中的每一棵决策树均会对其属性进行判断，以树中最高分类结果判定其属性。

3. 神经网络算法

神经网络是一种模拟人脑的神经网络以期能够实现类人工智能的机器学习技术。神经网络是一组相互连接的输入输出单元，这些单元之间的每个连接都关联一个权重。在网络学习阶段，网络通过调整权重来实现输入样本与其相应（正确）类别的对应，网络学习主要是针对其中的连接权重进行的。目前为止，已经提出的神经网络模型接近 40 多种，其中包括前馈神经网络、反馈网络、竞争网络、自映射神经网络等，数据分类所使用的是前馈神经网络，它是由一个输入层，一至多个隐藏层和一个输出层构成的网络模型。

4. GBDT 算法

GBDT 模型在 1999 年由 Jerome Friedman 提出，是决策树与 Boosting 方法相结合的应用。GBDT 每棵决策树训练的是前面决策树分类结果中的残差。这也是 Boosting 思想在 GBDT 中的体现。具体算法思想如图 1 所示。

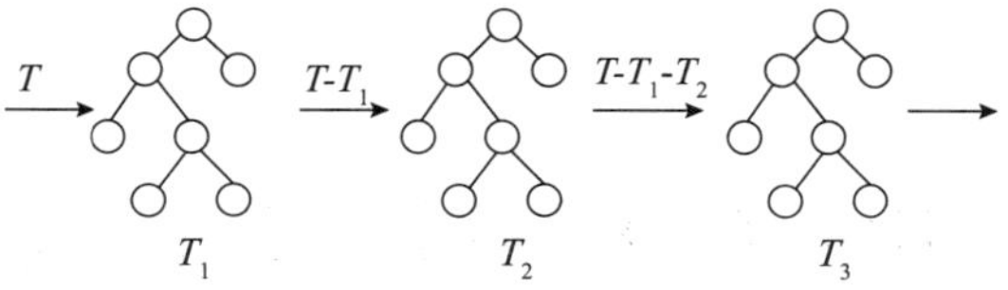

图 1 GBDT 算法思想

GBDT 的训练过程是线性的，是无法并行训练决策树的。第一棵决策树 T_1 训练的结果与真实值 T 的残差是第二棵树 T_2 训练优化的目标，而模型最终的结果是将每一棵决策树的结果进行加和得到的。GBDT 的算法主要优点有：一是可以灵活处理各种类型的数据，包括连续值和离散值。二是在相对少的调参时间情况下，预测的准确率也可以比较高。三是使用一些健壮的损失函数，对异常值的鲁棒性非常强。比如 Huber 损失函数和 Quantile 损失函数。该算法由于弱学习器之间存在依赖关系，难以并行训练数据。

四、模型应用建议

（1）精准识别可政策扶持的小微企业。政府部门和商业银行可以通过风险预警识别模型，判断拟扶持的企业是否适用于小微企业的融资支持政策和风险管理要求。尤其是商业银行在客户筛选和信贷决策时，可结合新时代中国经济发展特点，优选聚焦主业、贷款用于再生产或技术创新的客户，如在农业、绿色产业、高端制造业、环保、新能源等产业领域，加大信贷投放和风险防控管理，促进小微企业的新动能成长，防范小微企业将信贷资金盲目用于扩大经营范围和其他投资等用途。

（2）实时预判企业风险。小微企业风险往往呈区域性、行业性连片发生的特点，商业银行可通过风险预警模型在初步信用风险识别基础上，及时观测借款人违约信息，对违约可能性较高的借款人发出预警信号，提前采取风险防范措施，保障银行信贷资产安全。

（3）加强预警模型与人工智能结合应用。建议商业银行在资信审查、投资顾问、模型应用等方面，加强与科研机构、咨询公司等外部单位在人工智能领域的研发合作。如对关联关系企业中预警客户占比进行监测，并有针对性地开展风险提示和管控，提升模型的适用性和有效性。

资管新规后信托业发展面临的挑战及建议

李艳丽*

一、资管新规后信托业发展特点

自 2008 年我国银信合作的资产管理模式初步形成后，银行、保险、证券、基金等金融机构竞相进军资产管理市场，混业经营的"大资管时代"来临。资产管理规模的快速增长以及资产管理业务的多层嵌套、通道业务、刚性兑付等特点为金融风险埋下了巨大隐患。2016 年我国开始对资管业务进行规范，2018 年 4 月四部委联合发布了资管新规，此后与资管新规相关的实施细则也渐次落地，"强监管"时代来临，信托业遇到了前所未有的挑战。

（一）通道业务受限后，事务管理类信托规模不断收缩

自 2018 年 4 月资管新规发布后，信托公司受托资产规模每季度持续下降。截至 2019 年第四季度末，全国 68 家信托公司受托资产规模为 21.6 万亿元，较资管新规实施前的 2018 年第一季度末下降 15.65%。

事务管理类信托是信托的本源，其本意是突出信托的"服务功能"，但因为其服务界限较为模糊，信托公司将诸多单一通道类业务或其他需要实现特殊目的的业务包装成事务管理类信托。资管新规后，"强监管"和"去通道"环境下，尤其是 2019 年以来，事务管理类信托规模逐季下降。截至 2019 年第四季度末，事务管理类信托规模余额为 10.65 万亿元，较资管新规实施前的 2018 年第一季度末下降了 29.66%，占比 49.30%，较 2018 年第一

---

* 李艳丽：供职于中国人民银行营业管理部金融稳定处。

季度末下降了 9.82 个百分点，通道类业务不断下降。

（二）集合信托业务占比提升，资金来源结构不断优化

资管新规出台后，单一信托为主的通道业务受限，集合资金信托占比进一步提升。2019 年第四季度末，集合资金信托规模 9.9 万亿元，占比为 45.93%，较 2018 年第一季度末的 38.73% 提升了 7.2 个百分点。从 2019 年第二季度开始，集合资金信托占比开始超过单一资金信托，成为信托业务最主要的资金来源，信托业务资金来源结构进一步优化。

（三）风险暴露大幅增加

在近年来经济下行和"强监管"双重背景下，信托业风险持续上升，风险暴露不断加大。2019 年第四季度末，信托行业风险资产规模为 5770.47 亿元，信托风险项目个数为 1547 个，分别较 2018 年第一季度末增长 286.94% 和 134.75%。

二、信托业发展面临的问题及挑战

资管新规落地后，去嵌套、去通道、降杠杆、破刚兑，规范资金池业务，穿透识别基础资产，防止同业资金空转等一系列监管措施，势必对信托业资产管理业务的开展带来一定冲击。

（一）信托传统业务模式发展受限

信托具有很强的金融属性，信托公司主要以金融理财和资产管理为业务核心。资管新规出台前，按交易主体划分，信托公司跨市场资产管理业务主要有银信、银证信、银基信、银信证、银信基、银基信证等业务模式，信托资金运用拓展为信托贷款、信托受益权、股权投资、股权收益权、股权质押贷款、证券投资、私募基金合作、结构化配资等多种方式。

资管新规后，要求金融机构不得为其他金融机构的资产管理产品提供规避投资范围、杠杆约束等监管要求的通道服务，资产管理产品可以投资一层资产管理产品，但所投资的资产管理产品不得再投资其他资产管理产品。消除多层嵌套和去通道的明确要求，直接限制了信托公司通道业务的发展，信

托公司传统的通道业务模式难以为继，进而直接导致信托公司业务规模大幅下降。

（二）行业竞争加剧，转型压力较大

在资管新规的统一监管下，商业银行理财子公司应运而生，为商业银行开展理财业务提供了新的路径。根据《商业银行理财子公司管理办法》，银行理财子公司既可以面向不特定社会公众公开发行理财产品，也可以面向合格投资者非公开发行理财产品；对受托的投资者财产既可以进行投资和管理，也可以开展理财顾问和咨询服务，成为能够横跨公募和私募两大资产管理产品的金融机构。相比较而言，信托公司的业务优势被挤压，业务空间被挤占，统一监管环境下，信托公司面临全新的竞争环境。

同时，资管新规要求金融机构开展资产管理业务时不得承诺保本保收益，出现兑付困难时，不得以任何形式垫资兑付，刚性兑付打破后，信托公司也失去了资金募集优势。另外，在长期的被动管理体系下，信托公司业务风险主动管理能力较为薄弱，业务转型也面临较大压力。

（三）风险暴露加剧，风险防控压力加大

信托业作为中国仅次于银行业的第二大金融子行业，在资产规模迅速扩张的同时，潜在风险也在不断加剧。资管新规要求对资管产品单独管理、单独建账、单独核算，不得开展或者参与具有滚动发行、集合运作、分离定价特征的资金池业务，使信托公司无法继续依靠资金池来增强资金调配能力。同时，信托公司业务风险防范能力较为薄弱，风险预警机制和处置机制缺失，风险处置方式和手段较为落后。

因此，在防范化解金融风险的大背景下，信托公司风险防控受到巨大的挑战，风险暴露不断加大，风险项目和风险规模较资管新规前大幅度增加。

三、信托业转型发展相关建议

面对强监管环境和竞争环境带来的诸多挑战，在国际环境复杂多变、国内经济转型升级的背景下，信托公司应结合自身资源禀赋，回归信托本源，加快业务转型和产品创新，着力提升主动管理能力，防范金融风险，发挥信

托制度优势，服务实体经济，引领行业高质量发展。

（一）回归信托本源，加快业务转型

《中国银保监会关于推动银行业和保险业高质量发展的指导意见》在培育非银行金融机构特色优势时明确指出，信托公司要回归"受人之托、代人理财"的职能定位，积极发展服务信托、财富管理信托、慈善信托等本源业务。面对监管政策和监管环境的根本性变化，信托业应当摒弃监管套利思维，逐步摆脱过度依赖通道业务的外延式发展路径，加快回归信托本源，积极推进业务转型。

一是按照监管政策导向，积极开展家族信托、财富管理信托、慈善信托等真正体现信托本源的业务，完善业务和产品体系，培育新的发展动能。二是积极进行业务转型，加大资本市场投资布局。在资管新规"降杠杆、破刚兑"的政策导向下，证券投资领域的标准化、净值型信托产品将成为信托公司转型开拓的方向。随着国内逐步建立多层次资本市场，信托公司可加大股票型信托、债券型信托、基金型信托、可转债等资本市场的布局，逐步由非标准化向标准化业务转型。三是积极探索境外投资领域。随着众多国家对金融管制的放宽，信托投资业务也逐步国际化。我国信托公司应着眼国际市场，积极探索境外投资信托业务新模式，加大境外投资信托业务拓展力度，提升信托在国际领域的市场竞争力。

（二）提升业务主动管理能力，有效防范风险

通道业务受限后，主动管理业务成为信托公司的主要业务方向，但长期以来，信托公司的主动业务管理能力与专业资产管理机构相比还存在一定的差距。面对各类资产管理机构不断加剧的竞争，信托公司需要在业务转型过程中，加强队伍建设，培养专业化资产管理人才，加大力度培育和提升主动管理能力。同时建立全面风险管理体系，建立风险预测预警机制和风险处置机制，提高风险预判能力，有效把控项目风险，真正做到"卖者尽责，买者自负"，提升行业竞争力。

（三）发挥信托制度优势，服务实体经济

资管新规对通道、多层嵌套、资金池等业务进行了严格的限制后，信托作为横跨货币市场、资本市场和实体市场的金融子行业，可以充分利用其天

然的破产隔离优势，积极探索多样化的融资手段和融资渠道，引导资金流向实体经济部门，降低企业融资成本，服务经济高质量发展。如积极开展资产证券化等标准化业务。在经济转轨过程中，各类兼并重组、行业整合的机会不断涌现。在支持实体经济发展、降低企业融资成本形势下，资产证券化作为盘活存量资产、增强企业活力的捷径，为信托公司资产证券化业务的开展提供了发展空间。而且资产证券化作为以财产权信托为基础的结构化融资工具，可以充分发挥信托公司的特定目的载体功能。在"去通道、去嵌套"的背景下，资产证券化业务作为信托发挥制度优势的转型业务，不仅将有较大发展空间，也为中国经济高质量发展提供了优质的金融服务。

个体工商户注销对行政处罚的影响和对策

王羽涵*

为了贯彻落实《国务院关于促进市场公平竞争维护市场正常秩序的若干意见》（国发〔2014〕20号）精神，原国家工商总局发布了《关于推进个体工商户简易注销试点工作的通知》（工商个字〔2016〕187号），在全国推广上海、重庆、盐城、宁波四地工商局个体工商户简易注销试点经验，四试点地区工商局一年内共简易注销个体工商户35000余户，其中登记机关主动注销（有的称强制注销、依职权注销）15000余户，当前行政机关主动注销个体工商户已成为常态。个体工商户作为市场主体类型之一，在主体性质、注销程序、责任承担等方面与企业法人和非法人企业具有极大差异，个体工商户注销后对实体上和程序上均会对行政处罚产生一定影响，应予以关注。

一、典型行政处罚案例评析

2019年5月，A营业管理部成立反洗钱调查组对辖区内B商业银行进行了执法检查，反洗钱调查组通过对该行提供的存量单位客户身份信息表进行调查发现，某酒水经营部等29家单位（含个体工商户14家）为B行单位客户，检查期限内上述客户状态均为"正常"。经查询国家企业信用信息公示系统，上述单位在注销后，B行仍长期与上述单位账户提供服务。根据上述调查情况，A营业管理部拟认定上述行为违反了《中华人民共和国反洗钱法》第十六条第五款①等相关规定，并予以行政处罚。

---

* 王羽涵：供职于中国人民银行营业管理部法律事务处（金融消费权益保护处）。

① 《中华人民共和国反洗钱法》第十六条第五款　金融机构不得为身份不明的客户提供服务或者与其进行交易，不得为客户开立匿名账户或者假名账户。

上述案例中，B 银行的"已注销"客户中不仅涉及企业法人——有限公司，而且还涉及个体工商户。民商法通常认为企业类型中不包括个体工商户，《个体工商户条例》也规定了个体工商户转制为企业时有关部门应提供便利[1]。《金融机构客户身份识别和客户身份资料及交易记录保存管理办法》《金融机构大额交易和可疑交易报告管理办法》《中国人民银行关于加强反洗钱客户身份识别有关工作的通知》等规章和规范性文件均将法人、其他组织和个体工商户归为非自然人；中国人民银行在取消企业银行账户开户许可过程中，将个体工商户归为企业[2]。当前与这两类注销主体交易是否都应认定为"与身份不明的客户进行交易或者为客户开立匿名账户、假名账户"存在进一步政策解释的空间。

二、个体工商户特性分析

（一）关于个体工商户的主体性质

自然人为独立开展经营可以设立的市场主体类型包括：个体工商户、个人独资企业、一人有限公司三类，具体如表 1 所示。

表 1　市场主体类型

	个体工商户	个人独资企业	一人有限公司
性质	自然人/公民	非法人组织	企业法人
设立依据	《民法总则》《个体工商户条例》《个体工商户登记管理办法》	《民法总则》《个人独资企业法》《个人独资企业登记管理办法》	《公司法》《公司登记管理条例》

---

① 《个体工商户条例》第二十八条　个体工商户申请转变为企业组织形式，符合法定条件的，登记机关和有关行政机关应当为其提供便利。

② 《中国人民银行关于取消企业银行账户许可的通知》三、取消许可范围境内依法设立的企业法人、非法人企业、个体工商户（以下统称企业）。

续表

	个体工商户	个人独资企业	一人有限公司
责任承担	以个人或其家庭财产承担全部责任	以个人财产或家庭共有财产对企业债务承担无限连带责任	一般承担有限责任；如股东不能证明公司财产独立于股东自己的财产应承担连带责任
其他	—	—	一个自然人只能投资设立一个

关于个体工商户的规定主要载于《中华人民共和国民法总则》（以下简称《民法总则》）《个体工商户条例》《个体工商户登记管理办法》等法律法规上。关于个体工商户的法律地位和主体性质，从效力层级最高的《民法总则》体例上来看，个体工商户这一主体被规定在《民法总则》第二章"自然人"中，而非第三章"法人"及第四章"非法人组织"。按照效力层级最高的《民法总则》第五十四条[1]的表述，个体工商户是取得特定行政许可的自然人，个体工商户可以起字号，该字号同时登记于营业执照。在经营模式和组成形式上，个体工商户既可以是个人经营，也可以是家庭经营[2]，但以家庭经营的，应同时备案家庭经营成员名称[3]。

综上可见，从体系解释和立法目的解释的角度分析，个体工商户虽然从事工商业经营，但本质上应当属于自然人的范畴，而非法人或非法人组织等。

（二）关于个体工商户的注销方式及程序

一般情况下，如市场主体不再从事经营活动的，应当到登记机关主动申请办理注销登记。根据《个体工商户条例》第十二条[4]的规定，个体工商户也应履行相应义务。除主动申请注销外，为了加速"僵尸主体"淘汰、提高市场监管的效率，国家市场监督管理部门积极出台了"个体工商户简易注销

---

[1]《中华人民共和国民法总则》第五十四条　自然人从事工商业经营，经依法登记，为个体工商户。个体工商户可以起字号。

[2]《个体工商户条例》第二条　个体工商户可以个人经营，也可以家庭经营。

[3]《个体工商户登记管理办法》第八条　家庭经营的，参加经营的家庭成员姓名应当同时备案。

[4]《个体工商户条例》第十二条　个体工商户不再从事经营活动的，应当到登记机关办理注销登记。

程序"政策。经检索发现,各地方市场监管部门网站公示了大量的个体工商户强制注销公示。在实际操作中,如个体工商户出现"在营业执照上所记载的经营场所查无此户并无法取得联系,连续两年不申报年度报告被标记为经营异常状态满两年"等情形时,市场监督管理部门主动适用《个体工商户登记管理办法》第二十八条的有关规定,依职权撤销个体工商户登记,导致个体工商户工商备案显示"已注销"。

反观,企业法人和非法人企业在注销登记时,仅能依企业申请启动注销程序,市场监督管理部门不能单方面将企业予以注销。《人民币银行结算账户管理办法》第四十九条规定了企业应于注销情况发生起五个工作日内向开户银行申请撤销银行结算账户,实际操作中,市场监管部门在企业申请注销的常规流程①中,会要求企业先行至税务、社保、银行办理完成相应销户手续并确认后,进而办理企业注销。

综上可见,当前政策环境下,对个体工商户的注销程序既有依申请注销,也有强制简易注销。在强制简易注销程序中市场监管部门与金融监管部门没有信息交互,在个体工商户经营者不掌握字号已被注销或怠于办理银行结算账户撤销或变更的情况下,极易造成个体工商户注销后银行账户的继续使用。

(三)关于个体工商户的法律责任承担

有关个体工商户的债务承担问题。根据《民法总则》第五十六条的相关规定②,个体工商户如存在债务问题,一般由其个人财产承担,组织形式登记为家庭经营的,以其家庭财产承担。因此,个体工商户注销后,其承债主体并未消失,区分组织形式,由实际经营者承担全部债务。

有关个体工商户的民事诉讼主体资格问题,司法解释有所演化。最高人民法院1988年发布的《关于贯彻执行〈中华人民共和国民法通则〉若干问题的意见(试行)》第四十一条的规定,个体工商户在民事诉讼中应以营业执照登记的户主(业主)为诉讼当事人,在诉讼文书注明系某字号的户主。此后最高人民法院对个体工商户诉讼主体资格问题的认识逐渐转变。最高人民法院在2006年发布的《关于审理劳动争议案件适用法律若干问题的解释

---

① 根据原工商总局《关于全面推进企业简易注销登记改革的指导意见》(工商企注字〔2016〕253号),企业注销的简易流程另有规定。

② 《中华人民共和国民法总则》第五十六条 个体工商户的债务,个人经营的,以个人财产承担;家庭经营的,以家庭财产承担;无法区分的,以家庭财产承担。

（二）》（法释〔2006〕6 号）第九条①中规定，劳动争议诉讼中，人民法院以个体工商户登记的字号为当事人，同时注明经营者自然情况。民事诉讼法2015 年修订后，最高人民法院在 2015 年发布的《关于适用〈中华人民共和国民事诉讼法〉的解释》（法释〔2015〕5 号）第五十九条②中规定，个体工商户以其营业执照上的经营者为当事人，有字号的，以字号为当事人，但仍应注明经营者基本信息。至此，有关个体工商户民事诉讼主体问题已经明确，即在落实个体工商户经营者承担民事责任的基础上，充分考虑了个体工商户的字号问题。鉴于个体工商户自然人的本质属性，在其字号被注销后，应按照《关于适用〈中华人民共和国民事诉讼法〉的解释》的规定，应以经营者为诉讼当事人。

有关个体工商户的行政诉讼主体资格问题，《行政诉讼法》未有规定的，可以适用《民事诉讼法》的有关规定。此外，《行政诉讼法》第二条规定，公民、法人或者其他组织是行政诉讼的当事人。个体工商户作为经登记从事工商经营的公民③，是适格的行政诉讼主体。最高人民法院 2018 年《关于适用〈中华人民共和国行政诉讼法〉的解释》（法释〔2018〕1 号）第十五条明确了个体工商户向人民法院提起诉讼的，以营业执照上登记的经营者为原告；有字号的，以营业执照上登记的字号为原告，并应当注明该字号经营者的基本信息。这一规定与《民事诉讼法》相关司法解释相一致。实际操作中，如个体工商户被注销的，其行政诉讼主体资格并不消失，行政诉讼应以原营业执照上登记的经营者为原告。同时，行政处罚程序中对被处罚当事人的表述也应协同一致。

---

① 《最高人民法院关于审理劳动争议案件适用法律若干问题的解释（二）》第九条　劳动者与起有字号的个体工商户产生的劳动争议诉讼，人民法院应当以营业执照上登记的字号为当事人，但应同时注明该字号业主的自然情况。

② 《最高人民法院关于适用〈中华人民共和国民事诉讼法〉的解释》第五十九条　在诉讼中，个体工商户以营业执照上登记的经营者为当事人。有字号的，以营业执照上登记的字号为当事人，但应同时注明该字号经营者的基本信息。

③ 《个体工商户条例》第二条　有经营能力的公民，依照本条例规定经工商行政管理部门登记，从事工商业经营的，为个体工商户。

三、对涉个体工商户行政处罚的优化

一是进一步完善行政处罚裁量基准。进一步完善行政处罚裁量基准：一种方案可将履行反洗钱义务规定中的"企业"扩大至"企业、其他组织、个体工商户等"，对个体工商户注销后银行仍为其提供账户结算服务的认定为"与身份不明的客户进行交易或者为客户开立匿名账户、假名账户"，并"按次按笔"计算拟处罚金额；另一种方案可充分考虑个体工商户是自然人的属性，其工商登记注销后实际经营者并未消失，其银行账户实质上仍由实际经营者继续控制和使用，但鉴于客户账户登记信息与实际信息有差异，可认定为未按规定持续识别客户身份并予以处罚。

二是充分完善涉及个体工商户的行政处罚程序和文书。中国人民银行整治拒收现金和打击非法使用人民币图样等针对不特定主体的行政处罚类案件可能最终以个体工商户为被处罚对象。在行政处罚调查环节如发生个体工商户被注销情况的，相应行政处罚程序不宜做终结处理，而应继续调查终结并作出行政处罚。在制发行政处罚文书时，如处罚对象是个体工商户的，应参照行政诉讼法的有关规定，以营业执照上登记的经营者为被处罚当事人；个体工商户有字号的，以营业执照上登记的字号为被处罚当事人，并增写该字号经营者的基本信息。

三是加强市场监管部门与金融监管部门的信息互通。为深化商事制度改革，完善市场主体退出机制，原工商总局发布了《关于推进个体工商户简易注销试点工作的通知》和《关于全面推进企业简易注销登记改革的指导意见》等文件。依据文件，在个体工商户强制注销过程中，市场监管部门仅通过网站公告注销信息；在企业简易注销过程中，市场监管部门仅与同级税务、人力资源、社保部门交换数据。在外部数据风险高企的情况下，商业银行缺少交叉对比客户信息与全国企业信用信息数据库信息的渠道。建议在市场监管部门强制注销个体工商户或简易注销企业时，向金融监管部门推送数据或名单，打通信息流通渠道，防范银行账户被不明身份主体冒用的洗钱风险。

推进普通纪念币市场健康发展的思考

王 超 马 越[*]

一、普通纪念币的发行现状

自 1984 年发行第一套普通纪念币以来，截至 2018 年底，中国人民银行共发行普通纪念币 118 枚（其中纪念钞 5 张），总发行量 48.7 亿枚（张），满足了广大钱币爱好者的收藏需求。

为进一步提高普通纪念币发行的透明度，方便集币爱好者订购普通纪念币，切实维护群众的利益，从 2015 年开始，普通纪念币的发行方式从以前的现场兑换变为实施网上预约与现场兑换相结合的方式。自 2017 年开始，取消了现场发行，全部采用网上预约兑换发行方式。但是，随着发行量的不断增加，加之普通纪念币销售市场的自身运作不够规范、普通纪念币流通职能受限等问题的显现，制约了普通纪念币市场的良性发展。

二、普通纪念币发行市场存在的问题

（一）普通纪念币货币流通职能缺失，商业银行回笼压力增大

普通纪念币也是国家法定货币，兼具收藏与流通的功能。发行之初，由于发行量少，溢价率高，升值空间大，普通纪念币主要以收藏为主，买卖也

---

* 王超、马越：供职于中国人民银行营业管理部货币金银处。

经济结构调整下的首都金融研究与实践

主要集中在钱币市场，并没有进入流通领域、形成流通规模。随着普通纪念币的大量发行，部分普通纪念币失去了溢价空间和升值潜力（见表1），部分品类普通纪念币开始进入流通市场，但是，由于大部分群众对普通纪念币识伪知识匮乏，辨假能力较弱，普通纪念币的流通相对是受限的，有些地方甚至出现拒收普通纪念币现象，当群众需要回兑普通纪念币时，更多是到银行柜台进行兑换。目前，群众将普通纪念币拿到银行回兑的现象越来越多，银行面临着普通纪念币大量回笼的压力。

表1　近年来普通纪念币发行量及当前市场价格

名称	面值（元）	发行日期	发行量（亿）	市场价
第二轮羊年纪念币	10	2015-2-6	0.8	48.5
抗战70周年纪念币	1	2015-8-20	5	2.3
航天纪念币	10	2015-11-26	1	15.5
第二轮猴年纪念币	10	2016-1-16	5	10
孙中山先生诞辰150周年普通纪念币	5	2016-10-12	3	5
第二轮鸡年纪念币	10	2016-12-22	5	10.1
建军70周年纪念币	10	2017-7-31	2.5	10.2
"和"字币	5	2017-12-13	2.5	5.4
第二轮狗年纪念币	10	2017-12-15	3.5	10.1
高铁纪念币	10	2018-9-3	2	10.1
改革开放40周年纪念币	10	2018-11-16	1.8	10
第二轮猪年纪念币	10	2018-12-12	2.5	10.1

资料来源：纪念币收藏网2019年7月14日价格，以北京马甸交易市场、上海卢工交易市场为依据。

（二）普通纪念币（钞）预约机制不完善，弃兑率较高

普通纪念币实行网上预约兑换发行方式后，由于未对预约后弃兑的行为进行事前约束或事后处罚，弃兑成本几乎为零；并且目前各银行预约兑换系统还没有实现联网，可以在各商业银行重复预约兑换，致使普通纪念币发行后，一旦失去了溢价空间和升值潜力，就会造成大量的弃兑现象。而且普通纪念币（钞）在预约机制的一些细节设计上，没有充分考虑到公众的方便性

和实际需求，比如网上预约时间都是在夜间 12：00，这些也给公众预约兑换带来了不便。

（三）钱币市场缺乏有效监管

一是自预约方式实施以来，普通纪念币受众面明显扩大，然而，纪念币销售市场的自身运作并不规范，经常出现违法违规销售的现象，一些商户为了谋私利，明知违法却伪造和销售非法装帧的纪念币，蒙骗纪念币爱好者。二是普通纪念币的进货渠道混乱，假冒伪劣纪念币充斥市场，给市场管理增加了难度；同时，普通纪念币面世后，高开低走甚至跌破发行价的现象也时有发生，打击了市场投资者的信心。三是市场中投资和投机群体较大，甚至投机者开始多于投资者，而真正收藏群体的占比较小，市场炒作行为严重，逐利目的和文化、审美、收藏目的发展不平衡；收藏群体始终处于弱势，交易积极性不高，影响市场的持续健康发展。一直以来，对于纪念币市场在各项政策、法规方面的宣传重视程度不高，宣传手段缺乏创新，宣传效果不明显，人们对它的认知度也较低，甚至许多商户和个人在钱币交易市场中处于违法状态竟浑然不知，对纪念币经销规定、经营流通纪念币及装帧纪念币审批等政策更是缺乏了解，不利于约束纪念币交易的违规行为。

（四）部分产品设计不够规范

一是部分连续题材纪念币设计不规范。如和字书法纪念币，一共发行 5 枚，前两枚面值为 1 元，直径为 25 毫米；后三枚面值为 5 元，直径为 30 毫米，不符合钱币收藏中的审美和一致性原则。二是装帧产品发行不规范。纪念币装帧可以消耗一定数量的纪念币，且对市场有正面积极的推动作用，但是近几年装帧的速度和发行时间很不合理，如生肖题材产品在春节后才发行，无法满足公众的过年送礼需求，同时部分产品中附带鉴定证书，部分产品中没有，让收藏爱好者无所适从。

（五）相关法律法规尚需完善

中国人民银行、国家工商行政管理局关于贯彻落实《国务院办公厅关于禁止非法买卖人民币的通知》（银发〔1997〕399 号）中规定"普通纪念币自发行之日起一年内只准等值交换"，但纪念币发行当天即在钱币市场买卖的情形已成常态。此外，按照法律规定和纪念币发行公告，纪念币与同面额人民币等值流通。但如前文所述，绝大多数人不会使用纪念币支付，即使不愿持有了也会选择回存银行。但 2018 年，北京市民李阳曾起诉家乐福超市拒收"建军币"被法院驳回后转而向营业管理部举报，且至今仍持续使用纪念币在商家支付。虽然营业管理部就此建立机制，加强对大型单位的宣传培训，保障纪念币流通使用以维护法律与公告的权威，但因此付出的成本不容小觑。

三、相关建议

（一）控制发行面额与规模

国际主流经济体普通纪念币具有面额较小、多与流通中硬币面额一致、发行数量受限等共性特征：美国每年纪念币发行项目不能超过两个，面额通常为 25 美分和 50 美分，发行量不得超过 75 万枚；日本纪念币面额一般为 100 日元或 500 日元，至今发行项目仅 30 个左右；欧盟规定一个成员国每年只能发行一个主题的纪念币，发行数量占流通货币总量的比例有明确的规定，且面额只能为 2 欧元。

借鉴国际主流经济体的经验和做法，建议：严格控制普通纪念币的发行数量和发行面额。要控制普通纪念币发行数量，既不可过多，也不可过少，根据近年来的发行兑换情况及市场反应，建议单一币（钞）种最大发行量不超过 1 亿元，且随着面值增加，发行量应相应减少，从而保证普通纪念币投资和收藏需求适度、可持续；普通纪念币发行面额低于 5 元（含 5 元），有利于普通纪念币的流通，降低纪念币收藏的门槛和成本，增强普通公众的参与意识，扩大钱币收藏和爱好者队伍。

（二）优化完善普通纪念币预约机制

一是优化预约系统身份验证机制。承担普通纪念币发行预约工作的商业银行应对预约系统进行优化和升级，遏制投机商贩利用技术漏洞批量预约。中国人民银行建立联网系统，对在各商业银行重复预约的情况进行筛查，确保预约的唯一性。二是增强纪念币（钞）兑换约束机制。可对弃兑客户采取信用记录机制，列入"黑名单"限制其未来的普通纪念币预约，通过此类方式对随意弃兑普通纪念币的行为进行惩处。三是提升公众预约兑换普通纪念币的便捷和效率。一方面可以将预约时间由深夜 12 点改为晚上 9 点开始，方便公众预约；另一方面可以采取线上线下分阶段预约方式，将现场预约时间提前，现场预约完毕后未预约的纪念币（钞）可全部转为网上预约。

（三）加大市场监管力度，完善市场运行机制

一是通过钱币学会、钱币博物馆等引导市场建立健全自律制度，如建立自律保证金制度、考核标准、末位淘汰制度、诚信档案等。二是可效仿故宫博物院，打造钱币文创产业，创新开发产品热点，如航天钞的"流浪地球"荧光图案（部分航天钞在紫光灯照射下显现出类似于电影《流浪地球》中的图案），一方面提升钱币的审美性、历史性、文化性与艺术性，深化钱币文化底蕴；另一方面促使市场存量较大、发行期较长、活跃度较低的"沉睡"产品"醒"过来，一定程度上缓解回存压力。三是对标 PMG（Paper Money Guaranty，美国第三方纸币评级机构）等国际知名钱币评级机构，引导国内现存评级机构不断完善，优胜劣汰，形成一批高水准、高信誉的评级机构，提升钱币市场标准化。

（四）完善普通纪念币设计理念与规范

一是开发适销对路的产品，在产品设计前进行市场调研，广泛征集纪念币题材和图稿设计，提升群众参与度，将群众喜闻乐见的元素融入产品中。二是规范纪念币设计，保持纪念币题材的延续性，保证同一题材纪念币规格、面值的一致性，从而巩固纪念币的收藏价值。三是规范装帧产品设计，保证装帧产品持续发行、装帧标准统一、鉴定证书完备、发行时间适宜。四是恢复精制币发行，丰富产品种类，保持裸币、装帧币、精制币共存的产品市场，满足收藏爱好者的各类需求，从而涵养市场、提振信心。

（五）完善相关法律法规

一是发行一年后才能溢价交易的规定已失去意义和可操作性，建议从"放管服"出发，在加强事中事后监管的前提下，适时取消该规定。二是完善普通纪念币发行后管理机制，第一种思路是加强对普通纪念币防伪特征的宣传、培训，使商户熟悉，不出现拒收；第二种思路是突出普通纪念币的"纪念"定位，不在公告中强调等值流通，以银行回存作为唯一出口，同时加强银行对回存纪念币相关事项的培训，保障公众回存渠道畅通。

第四篇

外汇管理篇

Foreign Exchange Management

关于扩大人民币在对外贸易中的使用研究

——以原油企业为例

刘玉苓*

跨境人民币业务自 2009 年开始试点以来，政策红利不断释放，业务规模稳步扩大，但在原油等大宗商品对外贸易领域，使用人民币进行计价结算仍存在一定程度的障碍。北京作为全国原油进口贸易重点地区①，推动人民币在原油进口中的使用，将有助于保障我国能源安全，扩大人民币在全球贸易中的使用，降低原油企业汇率风险。本文就北京地区原油进口人民币结算业务特征和存在的问题进行了分析，并提出有关政策建议。

一、北京地区原油进口跨境人民币结算主要特征

（一）原油进口对北京地区货物贸易跨境人民币业务规模影响较大

2015~2018 年，北京地区跨境人民币结算金额 5.93 万亿元，其中，经常项目跨境人民币结算 2.51 万亿元，占比 42.4%。货物贸易是经常项目跨境人民币业务的重要组成部分，结算金额达 1.71 万亿元，占比 67.87%。货物贸易跨境人民币支出金额 1.27 万亿元。其中，原油进口人民币结算金额为3182.22 亿元，占比达到 25.11%。受国际油价及境内外汇率形势等因素影

---

* 刘玉苓：中国人民银行营业管理部副主任。

① 由于具有原油国营贸易进口经营权的企业（如中国国际石油化工联合有限责任公司、中国联合石油有限责任公司以及中国海洋石油集团有限公司等）基本集中在北京，因此北京地区企业开展了全国大部分原油进口业务。以 2019 年 1~6 月为例，北京地区原油进口总额占全国原油进口规模的比重达到 60.9%。

响，原油进口占比高，业务规模波动幅度大，对北京地区货物贸易具有较大影响。

（二）人民币在原油进口结算币种中占比较低

从币种结构看，2015~2018 年，北京地区进口原油结算金额折合人民币 3.45 万亿元。其中，使用美元进行跨境结算金额占总额的比重达到 83.24%，使用人民币结算金额占 10.74%，其余为使用欧元或其他币种，人民币在原油进口结算币种中占比仍较低。

（三）原油进口跨境人民币交易对手方基本为境外平台公司

从货物流来看，我国原油进口地区相对集中于亚洲和非洲等地[①]，亚洲以中东地区为主。从资金流来看，由于境内油企多在中国香港及新加坡等地设立平台公司，由平台公司与原油供应商完成油款结算，货物流和资金流不一致。2015~2018 年，北京地区原油进口跨境人民币业务交易对手方集中在中国香港、新加坡等，支出金额占地区原油进口跨境人民币支出总额的 97.37%[②]，境外平台公司与原油供应商的最终结算币种仍以美元为主。

二、原油进口人民币结算存在的主要问题

（一）以美元计价的国际原油贸易格局影响我国原油企业使用人民币计价结算

目前国际原油定价机制主要有公式价格和官方价格。其中，公式价格主要以布伦特（Brent）、西得克萨斯轻质（WTI）以及迪拜（Dubai）原油在一段时间内的均价作为基准价格，结合市场供需等因素进行升/贴水得出；官方价格是部分产油国定期公布的价格。公式价格和官方价格均采用美元作为计

---

① 海关总署数据显示，2009~2018 年我国原油进口国家和地区按进口量合计占比超过 90% 的国家和地区包括沙特阿拉伯、安哥拉、俄罗斯联邦、伊朗、阿曼、伊拉克、科威特、委内瑞拉、巴西、阿联酋、哈萨克斯坦、刚果、哥伦比亚、苏丹、利比亚、澳大利亚和也门共和国。下文所出现的主要原油进口国均为对以上 17 个国家的统计分析情况。

② 参见人民币跨境收付信息管理系统（RCPMIS）。

价货币，国际原油贸易链条各方以美元进行计价结算已成为惯例，我国企业短期内仅通过自身谈判来改变结算币种存在较大困难。

（二）产油国市场主体使用人民币资产进行投资和保值增值的积极性有待增强

当前美元在全球外汇储备中的占比达到2/3，石油美元具有完备的投资和保值增值交易体系。产油国人民币市场体量较小，市场主体缺乏对我国金融市场的了解，对人民币资产投资和保值增值渠道认知不足，导致其使用人民币资产进行投资和保值增值的规模较小，也影响了其接受人民币作为结算货币的积极性。2009～2018年，仅俄罗斯、阿联酋和澳大利亚①三个产油国投资境内金融市场，结算金额为793.07亿元，占境外投资者使用人民币投资境内金融市场结算总额的0.56%。

（三）我国与主要产油国的货币合作力度有待提升

中国人民银行通过与境外央行或货币当局签订双边本币互换协议，可为离岸市场提供人民币流动性。截至目前，我国已与38个国家和地区签署双边本币互换协议，但仅包括俄罗斯、阿联酋、巴西、哈萨克斯坦四个主要产油国，与多数产油国尚未开展货币合作，相关地区人民币流动性不足。

（四）人民币原油期货交易机制仍需进一步优化

一是可交割境外油种有待完善。上海原油期货可交割境外油种产地包括阿联酋、阿曼、卡塔尔、伊拉克和也门等国，未包括主要进口国沙特、安哥拉、俄罗斯的油种。二是投资者结构需进一步优化。金融机构等市场主体是期货市场套期保值的主力，可以发挥期货市场价格发现的作用，但目前监管政策限制金融机构、信贷资金以及没有原油特许经营权的企业开展上海原油期货业务。相关问题在一定程度上制约了上海原油期货发挥定价基准的作用。

（五）中资银行在原油贸易人民币计价结算方面的跨境金融服务能力有待加强

在推动人民币跨境使用过程中，中资银行境外分支机构承担在境外进行

---

① 资料来源：人民币跨境收付信息管理系统（RCPMIS）。

业务宣传及市场培育等重要作用。但在我国 17 个主要原油进口国中，仅有 7 个国家有中资银行分支机构，境内外银行分支机构联动程度及金融服务能力有待提升。

（六）跨境人民币清算和结算设施有待完善

一是人民币清算行积极作用有待进一步发挥。截至目前，人民银行已在 24 个国家和地区设立人民币清算行，但仅包括阿联酋和俄罗斯两个主要产油国，多数主要产油国尚未设立人民币清算行。现有人民币清算行也尚未完全发挥提供人民币清算服务及培育人民币离岸市场的积极作用，导致主要产油国与我国开展跨境人民币业务的清算渠道不够畅通。二是人民币跨境支付系统（CIPS）功能有待完善。目前，CIPS 直接参与者数量有限，报文规范与 SWIFT 不兼容，不同系统间的转换及衔接问题有可能影响资金汇划效率。据某企业反映，其使用人民币进行跨境结算时，由于境内外银行使用不同的支付系统，影响了资金汇划和使用效率，人民币跨境使用便利性未得到充分体现。

三、政策建议

（一）力争在重点产油国实现人民币跨境使用的突破

确立集中力量突破重点地区的思路，加强与我国原油贸易往来密切的国家或地区的谈判力度，重点考虑俄罗斯、委内瑞拉、安哥拉等国，争取在相关国家实现原油贸易人民币计价结算工作的突破，形成示范效应，稳步扩大人民币结算规模。

（二）扩大人民币回流渠道

建议进一步加大金融市场双向开放力度，拓宽境外人民币投资境内金融产品的范围，扩大人民币回流渠道，满足重点产油国、原油贸易商对人民币资产保值增值需求。产油国在经常项下获得的人民币收入以资本和金融项下投资回流，形成石油人民币闭环，提高境外市场主体对人民币的接受程度。

（三）进一步发挥货币合作积极作用

建议加强与产油国的货币合作，以签署双边本币互换协议为契机，推动对方央行或货币当局为其国内市场主体提供必要的人民币流动性，提升互换协议实质动用力度，构建人民币跨境使用循环机制，扩大人民币的跨境使用。

（四）完善人民币原油期货交易机制

建议人民币原油期货市场引进更多原油交割品种，逐步与国际原油期货市场接轨，优化投资者结构，择机推出人民币成品油期货，构建人民币原油和成品油期货联动机制，增强人民币原油期货对石油类产品的价格基准作用。

（五）提升中资银行跨境金融服务能力

指导中资银行进一步加强境内外联动，协调境内企业与境外交易对手方的沟通谈判，为境外交易对手方提供账户开立、人民币资金跨境汇划等相关服务，拓展中资银行跨境人民币金融服务领域，推动中资银行跨境人民币金融产品创新、服务创新，进一步发挥市场驱动的基础性作用。

（六）进一步完善跨境人民币清算和结算设施

一是建议加强对人民币清算行的指导，敦促现有人民币清算行拓展清算服务区域，进一步发挥其培育人民币离岸市场的积极作用；择机在沙特阿拉伯、安哥拉以及巴西等产油国设立人民币清算行，使产油国银行、企业和个人能够享受到人民币结算等相关服务，提高其使用人民币结算的积极性。二是进一步完善 CIPS 报文设计，增强系统兼容性，延长系统对外服务时间，丰富结算模式，拓展直接参与者类型，提高人民币跨境结算效率，提升市场主体开展跨境人民币业务的便利性。

推动对外承包工程类企业跨境人民币使用的对策建议

周　丹等*

一、对外承包工程类企业跨境人民币使用情况及需求

（一）对外承包工程业务模式分析

目前，对外承包工程的业务模式主要有对外援助、传统 EPC、F+EPC 和 BOT 四类，大多以后三种业务模式为主。

一是对外援助项目。对外援助项目是商务部对外经济合作司按照计划对发展中国家以及落后国家无偿援助的项目。项目资金全部来源于中国政府，结算币种主要为人民币，项目采用中国标准（中国的设计标准、建筑材料和劳务输出）。对外援建结算模式主要为境内使用人民币结算工程、劳务款等，境外换汇后使用美元，用于支付项目开办费及境外人员工资等。

二是 EPC 模式。EPC 即工程总承包模式，是按与业主的合同约定对工程项目的设计、采购、施工全过程进行总承包的工程模式，项目资金全部由业主提供。由于国际建筑施工规范与中国存在较大差异，项目物资采购多在国际市场进行，中国境内采购较少。只在超高层、大规模群体性建筑、会展中心、体育场馆、机场航站楼等少数处于领先水平的领域，业主在某些特定环节可以接受中国标准以及中国产品。

三是"F+EPC"（Finance+EPC）模式。即"融资+设计—采购—施工总

---

* 周丹、陈岩、安飒、朱琳琳、朱红宇：供职于中国人民银行营业管理部跨境办。

承包"模式，是国际工程承包项目中一种重要的商业模式。特别是针对"一带一路"沿线国家的工程承包业务，总承包商可以帮助搭建国内金融机构与国外政府之间的合作桥梁，有效促进"一带一路"建设中的资金融通。

四是 BOT（Build-Operation-Transfer）模式。即建设—经营—转让，是社会资本参与基础设施建设，向社会提供公共服务的一种方式。项目资金全部来源于项目方自主融资，建成后以其获得的营运收入偿还融资本息（见图1）。

图1　BOT 模式项目流程

（二）对外承包工程类企业有使用人民币进行结算和投融资的强烈需求

一方面，采用 F+EPC 或 BOT 模式的业主通常缺乏资金，中资机构作为资金提供方，存在部分或全部使用人民币贷款的可能性，资本项下人民币使用空间十分广阔。另一方面，目前中国企业承建的"一带一路"沿线国家基础设施项目多为两优项目和买方信贷项目，对业主在中国境内采购物资设备的比例具有一定要求。因此，如果项目所在国人民币接受程度相对较高、外汇管制程度相对较低且能开立人民币账户，则企业可以在贷款、对外直接投资、物资采购、员工薪酬、工程款收付款等方面均可以采用人民币计价，人民币可以对外直接投资或银行贷款形式输出并留存境外，以项目物资采购、利润汇回的形式回流境内，形成"资本项下输出+经常项下回流"的人民币流动闭环。

二、境外承包工程项目中扩大人民币使用的阻碍

一是部分项目所在国严格的外汇管制不利于推动人民币的跨境使用。例如，印度尼西亚央行规定换汇人民币超过指定阈值 2.5 万美元时必须具备交易依据，且外汇买卖时间不得超过实际交易合同的期限，导致企业以人民币进行跨境利润回流存在困难。而且，由于人民币在当地缺乏活跃的外汇交易市场，使用人民币会面临更高的汇兑成本，进一步压缩了企业使用人民币的热情。此外，账户开立障碍仍待解决。例如，印度、孟加拉国、博兹瓦纳和越南（边境指定银行除外）等国仍不能开立人民币账户，严重制约跨境人民币的使用。

二是境外市场主体人民币接受程度较低。以巴基斯坦为例，中巴两国虽已签订货币互换协议，巴基斯坦央行在 2018 年初已批准中巴双边贸易人民币结算，允许两国企业在双边贸易和投资活动中自由选择使用人民币。但事实上，据企业反映，巴基斯坦境内市场主体尚未接受人民币贸易结算，大部分在巴基斯坦承包工程项目的企业，没有使用人民币的市场环境，也没有开立人民币账户的动力。

三是境外业主和企业缺乏人民币资金来源。从业主方看，鉴于美元的国际接受程度和流通能力，境外承包工程大部分以美元计价。即使业主从中国进出口银行等中资金融机构获得贷款，融资币种也多为美元，业主缺乏稳定的人民币来源；从境外承包商看，一方面因为项目所在国并无活跃的人民币交易市场，业主基本无法提供人民币或提供人民币的成本相对较高；另一方面则是因为承包商收款来源多为项目所在国，收入以美元或当地币为主，缺乏稳定人民币收入。出于汇率避险的考虑，承包商往往更倾向于接受美元贷

款，在一定程度上压缩了人民币的使用空间。

四是境外银行人民币服务能力及布局较为有限。目前，在"一带一路"沿线国家中，很多没有开设中资银行。即使部分国家有中资银行设立分支结构，但其金融服务能力有限，且拓展业务的能力和意愿不强，可提供的信贷额度不足以满足项目建设资金需求。以阿尔及利亚为例，尽管2017年其央行明确将人民币纳入外汇储备并申明可以选择人民币作为外汇支付币种，但中资银行暂未进入阿尔及利亚金融市场，法兴等外资金融机构不开展人民币业务，导致在阿尔及利亚中资企业无法使用人民币进行结算。

五是建筑标准多以欧美标准为主，承包商缺乏采购话语权。目前，中国虽工业体系完善、设备品类丰富，能一定程度上满足境外项目建设需求，但主要集中在中低端建设项目。在一些高标准的项目中，中国制造产品难以被采用，进一步压缩人民币使用空间。

三、进一步推动境外承包工程类企业跨境人民币使用的政策建议

一是加强央行间合作。一方面，营造人民币境外使用的前提和资金清算渠道，破除境外人民币账户开立障碍。特别是在中国企业广泛分布的国家，通过两国央行间积极协商，适时开展货币互换和建立清算机制等安排，为境外主体提供人民币来源，减少当地政府针对人民币的外汇管制措施。另一方面，加大政策宣传力度，积极推动项目所在国对人民币的接受程度。随着中国经济地位的提升和人民币国际化的推进，使用人民币可以帮助发展中国家分散过分依赖美元的风险，符合双方共同的战略目标。

二是加强与各部委协作，推动形成合力。建议中国人民银行、外汇局、发改委、商务部、外交部等有关部门建立长期协作机制，在对外交往和涉外谈判时形成合力。如商务部可以利用援建项目中方话语权，推动项目落地国的人民币使用，中国人民银行、外交部等部门可以在账户开立和资金划转方面提供一定支持。

三是提高金融机构配套走出去力度，优化金融机构和金融服务网络化布局，提高金融服务能力。鼓励中资银行设立海外分支机构并加强与境外银行合作，引导银行设计有吸引力的境外人民币产品，帮助其扩大境外金融资质

范围。

四是推动金融机构加强对企业融资支持力度，通过人民币对外融资带动人民币对外使用。一方面，适度降低商业银行资金成本。建议适度丰富"走出去"企业融资渠道，通过 PSL 等政策工具给予重点项目优惠利率，以改善目前商业银行资金成本高、政策性金融机构低成本资金有限的局面。另一方面，合理提高人民币贷款占比，让人民币"走出去"。由于中信保在提供贷款担保时要求业主在中国境内采购比例不得低于 30%，建议金融机构相应的将项目贷款按一定比例以人民币发放，并鼓励境外企业从中国采购时使用人民币支付，通过"信贷+投资+贸易"的方式实现人民币闭环流动。

五是在人民币接受、使用程度较高的地区，加大政策宣传力度，辅以典型案例，帮助企业树立人民币境外使用的稳定心理预期。扩大人民币使用占比，可以帮助工程承包类企业减少工程成本，提高企业报价竞争力，增加中标概率。

新技术助监管创新 新模式促经济发展

——关于区块链技术及其在跨境金融领域应用情况的调研

卓 萍等*

一、区块链技术简介

（一）区块链技术定义

区块链是一种按照时间顺序将数据区块以链条方式组合成的特定数据结构，并以密码学方式保证的不可篡改和不可伪造的去中心化共享总账。它能够安全存储简单、有先后关系、能在系统内验证的数据。

区块链是一个分布式账本，即分布在不同参与方（记账方）的数据库。每个参与方可以有一份完整的数据，各参与方共同维护和使用数据，联动完成业务办理。业务过程充分利用多方数据，嵌入业务规则（参与方越多，相互验证能力越强），实现业务真实性和合规性管理要求。也就是说，"业务发生即能基本满足监管的需要"。这个过程为了保障多节点数据一致性、安全性，需要用到"共识机制""数据加密"等多种技术。

区块链一般分为公有链、联盟链和私有链。其中，公有链最为开放，任何机构和个人都可以参与区块链数据的维护和读取，不受控制；联盟链半开放，需要注册许可才能访问，仅限于联盟成员参与，联盟规模可以大到国家之间，也可以是不同机构企业之间；私有链最为封闭，仅限于国家、企业或者单独个体内部使用。

---

* 卓萍、李东维、富建国：供职于中国人民银行营业管理部外汇综合业务处。

（二）区块链技术优势

区块链构造了可靠的价值传输网络，通过分布式账本和智能合约（可简单理解为业务规则），实现了业务数据流通逻辑的底层支撑。它主要有以下四个优势：

一是及时高效、可自动验证。每一个参与方作为一个节点加入链中，根据业务规则，可使每个参与方的信息（包括交易信息、管理信息）能及时让链中相关参与方获得，并可互相确认、验证此信息的真实性和合法性。通过智能合约，验证过程自动完成，避免了业务办理人员规避或者操作错误等情况。

二是数据难以篡改，更加安全。区块链各参与方的信息在生效前需要其相关参与方互相确认、验证，通过后才能写入区块链并分发给链中每一个节点，由于不可能同时篡改每一个参与方记录的相关信息，所以篡改链上数据难度极大。

三是异构多活，可靠性强。区块链每个系统参与方都是一个异地多活点。如果某个节点遇到网络问题、硬件故障、软件错误或者被黑客控制，均不会影响系统以及其他参与节点。区块链中的节点通过点对点的通信协议进行交互，在保证通信协议一致的情况下不同节点可由不同开发者使用不同的编程语言、不同版本的全节点来处理交易。由此构成的软件异构环境确保了即便某个版本的软件出现问题，区块链的整体网络不会受到影响，这也是其高可用的基石所在。

四是网状直接协作机制，更加透明。区块链提供了不同于传统的方法，以对等的方式把参与方连接起来，由参与方共同维护一个系统，参与方职责明确，无须向第三方机构让渡权利，有利于各方更好地开展协作。作为信任机器，区块链可以成为低成本、高效率的一种全新协作模式，形成更大范围、更低成本的新协同机制。

（三）区块链在金融领域的应用前景

区块链技术具有自动验证、高度可信和高度安全的特点，使其在需要多方参与的场景中有广泛的应用前景。

一是金融领域的结算和清算。应用传统技术，全球各大金融机构需要通过处于中心位置的清算机构来完成资产清算和账本确认。应用区块链技术，原则上可以直接在金融机构、监管机构之间构建联盟链，由各机构之间共同维护、各司其职，即可实现资产的转移和交易。

二是跨境支付。跨境支付需要双边用户和银行进行大量的资料、证明审查，而且由于交易双方信息不对称，隐藏非法转移资产风险。区块链可结合智能合约技术，在支付时满足合规要求，提升交易的安全性。

三是财产保险。保险公司在进行财险理赔时需要客户提供大量资料，进行繁杂的人工审核，客户体验不友好。而且由于各保险公司之间信息不共享，对保险欺诈的识别能力不高。区块链技术可以将资产嵌入智能合约，实现自动化理赔，大幅加速理赔效率，改善用户体验，甚至可以在联盟成员之间实现合理的数据共享，有效地发现和排除保险欺诈。

二、区块链技术应用实例——跨境金融区块链服务平台

跨境金融区块链服务平台是总局开展的区块链在跨境金融领域应用的探索，它采用联盟链模式，节点事先设定，由若干银行、企业机构联合发起，并通过一套管理共识机制确认。由于信任度高，联盟链可降低系统共识机制的复杂性和数据泄露风险，同时能够提升系统处理效率。跨境金融区块链服务平台已经在北京、上海、江苏、浙江和福建等省市试点运行，市场反应积极，得到银行和企业的一致认可。

（一）跨境金融区块链服务平台架构

区块链平台架构如图1所示，采用链上与链下松耦合方式。链上主要负责合约运行，实现多方验证；链下主要实现融资申请、审批、关单验证申请、查询等主要业务功能。

链上部分只包含关键数据信息，采用"动态密钥对"既实现业务参与方、融资金额等信息的隐私保护，又保障监管端对所有信息的事中事后监测。在部署时采用"共识节点"+"见证节点"模式，采用七家全国性银行作为"共识节点"，其他银行作为"见证节点"。共识节点保持在一定数量内，既实现有效共识，又能提升共识效率。

链下部分包括企业端子系统、银行端子系统、监管端子系统和运行端子系统。所有子系统接入国家外汇管理局应用服务平台（ASOne）进行用户体

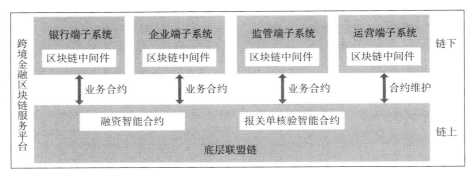

图1 跨境金融区块链服务平台架构

系和单点登录管理,实现有效的身份认证。区块链应用植入"数字外管"平台框架中,实现应用系统无缝集成。

此外,区块链服务端和各业务子系统均托管在云服务中,降低项目后续试点阶段的部署和运维难度。

(二)出口应收账款融资场景功能架构

在第一期试点中,区块链平台实现"出口应收账款融资"业务场景,其功能架构如图2所示。银行端有融资代申请、融资受理、融资审核、放款登记和还款登记功能。企业端有融资申请、融资查询功能。监管端有融资查询、融资统计、准入许可功能。监管端主要由外汇局各试点分局运行,其中融资查询和融资统计功能在互联网侧,准入许可功能在外汇局业务网侧。区块链管理端由开发公司运行,有用户管理和区块链管理功能。

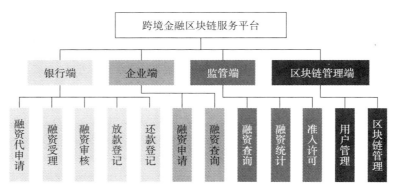

图2 出口应收账款融资场景功能架构

（三）出口应收账款融资场景业务流程

出口应收账款融资场景业务流程如图3所示。在进行融资业务前，监管机构需要使用监管端子系统为银行开通区块链业务。

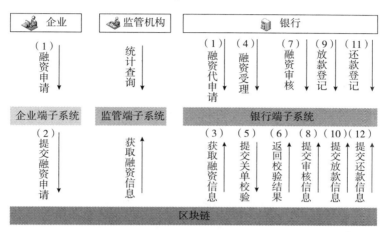

图3 出口应收账款融资场景业务流程

出口应收账款融资场景业务流程可分为三个阶段。首先，融资申请阶段。在试点期间，银行代企业提交融资申请，获取融资申请信息和出口应收账款明细。其次，融资审核阶段。银行受理企业的融资申请后，将报关单提交到区块链上校验，主要验证其真实性、是否超额和是否重复使用。然后银行借助报关单校验结果，根据自身融资审批规则确定该笔融资是否通过。最后，融资放款阶段。如果融资审核通过，则银行进行后续的放款、放款登记、还款和还款登记工作。

三、区块链技术应用成果——北京地区出口应收账款融资业务开展情况

根据《国家外汇管理局综合司关于跨境金融区块链服务平台扩大试点工作的通知》（汇综发〔2019〕56号）要求，北京外汇管理部第一时间成立试点工作领导小组，制订试点工作方案，保证政策有效落实，指导辖区内银行

和企业使用跨境金融区块链服务平台开展相关业务。

（一）试点银行出口应收账款融资业务开展情况

从 7 月 8 日开始试点到 8 月 31 日，北京地区通过跨境金融区块链服务平台共办理出口应收账款融资业务 22 笔，包含美元业务 15 笔，累计金额约 1388 万美元，人民币业务 7 笔，累计金额 3000 万元。其中，工商银行北京分行为中关村高新技术中小企业中材海外工程（北京）有限公司办理了 8 笔出口应收账款融资业务，累计金额约 575 万美元；中国银行北京分行为中车国际有限公司办理了 5 笔出口应收账款融资业务，累计金额约 810 万美元；招商银行北京分行为北京市服装进出口股份有限公司办理了 2 笔出口应收账款融资业务，累计金额约 1.73 万美元。江苏银行北京分行为中建材国际贸易有限公司办理了 7 笔出口应收账款融资业务，累计金额 3000 万元人民币。

（二）出口应收账款融资业务应用区块链技术的优势

各试点银行和企业反馈区块链技术解决了出口应收账款融资业务的多个痛点，其及时高效、自动验证等多个优势得以充分体现。

一是解决贸易融资背景真实性审核和重复融资问题。平台的报关单核验功能有效提升了银行在贸易融资办理过程中对贸易背景真实性的把握能力，有效防范企业使用虚假单据进行贸易融资。区块链的每一个节点都掌握完整数据，各银行可以掌握报关单在其他银行的使用情况，从此验证报关单是否重复融资，提升风险防控能力。

二是有效降低企业"脚底成本"，实现信息多"跑路"，企业少"跑路"。跨境区块链平台减少了企业打印纸质材料、现场报送的繁重工作，极大的缩短融资周期。传统模式下，企业办理跨境贸易融资需逐笔提供纸质的报关单据，由银行逐张对单据进行手工核验、现场审查，融资申请周期一般在两天左右。使用跨境区块链平台，企业仅需提供跨境贸易电子单据供银行进行批量核验，一笔融资的单据审核缩短至 15 分钟左右。

三是提高报关单的审核校验效率。在审核单据过程中，银行因无须录入报关单金额和币种较以往节省约 1/3 的审核校验时间。而且平台还支持报关单的批量验证，这极大地提高了银行客户关系部门，特别是客户经理的工作效率。

四是有效降低沟通成本。银行业务人员和企业财务人员可通过系统查询放/还款进度，无须再联系线下操作人员确认，极大地节省了银企之间、银行内部的沟通成本。提升了业务办理时效，做到了客户关系部门与企业客户对出口融资进度时刻把握。

境外融资纳入社会融资规模统计研究

卜国军[*]

一、境外融资的内涵、现状及全口径社会融资规模概念

（一）境外融资的内涵及类别

由于公开渠道无法获得实体经济境外融资的存量数据，因此本文对境外融资的分析是指境外融资的增量指标。借鉴社会融资规模增量指标的定义，本文将境外融资规模定义为一定时期内（每月、每季或每年）境内实体经济（非金融企业和住户）从境外投资者或债权人处筹集的资金净额，在国际收支平衡表中为资金融入（负债）项目差额之和，具体为：境外融资规模＝外国来华直接投资差额+证券投资负债差额+贸易信贷负债差额。其他投资负债中"贷款"项目虽有部分为境内实体经济的融资，但其主要部分为金融机构的融资，故未将其纳入实体经济境外融资规模。

（二）境外融资的现状特点

2002～2013 年，境外融资规模总体呈现出波动上升趋势，于 2013 年第四季度达到了最高峰 1406 亿美元；2014 年第一季度至 2016 年第一季度境外融资规模在波动中呈回落态势，于 2016 年第一季度达到谷底，为-117 亿美元；2016 年第二季度之后境外融资规模呈震荡回升态势，2017 年第四季度回升至 1240 亿美元，为历史第二高点。

---

* 卜国军：供职于中国人民银行营业管理部国际收支处。

（三）全口径社会融资规模概念

根据上文对境外融资内涵、类别的分析，可将境外融资规模和现有的社会融资规模汇总统计，构成全口径社会融资规模统计。全口径社会融资规模增量指标（以下简称"全口径社会融资规模"）是指实体经济（非金融企业和住户）在一定时期内（每月、每季或每年）从境内金融体系和境外获得的资金总额，包括社会融资规模和境外融资规模两部分，包含 13 项子指标，即社会融资规模的 10 项子指标和境外融资规模的外国来华直接投资、证券投资负债、贸易信贷负债。

二、境外融资纳入社会融资规模统计的必要性分析

（一）境外融资是实体经济融资的重要渠道，其规模与社会融资规模之比较高

2002～2014 年，境外融资规模总体呈现不断扩大趋势，2015 年境外融资显著回落，2016 年起又逐年回升。2002～2017 年，各年境外融资规模与社会融资规模之比平均为 14.87%，仅低于人民币新增贷款在社会融资规模中的占比。由于境外融资已成为境内实体经济的第二大融资方式，所以从规模角度看应将境外融资纳入社会融资规模统计。

（二）境外融资对货币供给影响大，且一定程度上弱化货币政策调控效果

1. 境外融资规模波动密切影响基础货币增减变化，进而对货币供给产生显著影响

在人民币升值、境内外正向利差较大的时期，境内实体经济主体增加境外融资规模，并尽快结汇，外汇指定银行在银行间外汇市场平盘。央行为稳定人民币汇率，会购买外汇进而增加外汇指定银行在央行的存款，导致基础货币增加，进而使货币供应量增加。2005～2014 年，人民币总体维持升值态势，境内实体经济的境外融资规模趋于扩大，对基础货币增加产生明显的正

向影响。

2015 年，人民币对美元呈贬值态势，且境内人民币贷款利率处于较低水平，境内外利差收窄，境内实体经济主体纷纷加大偿还境外贷款、贸易信贷负债的力度，境外融资规模较上年减少一半，同时市场主体结汇意愿下降，购汇意愿上升，使外汇市场需求大增而供给不足，央行动用外汇储备补充外汇市场流动性，外汇储备下降，基础货币减少。

2. 境外融资一定程度上弱化了货币政策的调控效果

一是影响货币政策的独立性。在人民币升值、境内外正向利差较大的时期，境外融资增长较快，推动基础货币较快增长，进而增大了流动性过剩的压力。央行对冲过剩的流动性，会使货币政策的独立性受到较大影响。

二是增加了宏观调控的难度。在境内外利差、人民币汇率变化较大时，境外融资与境内融资的替代效应明显，甚至形成了此消彼长或此长彼消的关系，不将境外融资纳入社会融资规模统计就难以准确判断实体经济的资金松紧状况，进而精准、有效地实施宏观调控，实现货币政策预期目标。如 2015~2016 年，在美元加息和升值背景下，境内企业加大偿还境外债务力度，为保持流动性纷纷增加境内人民币融资，导致社会融资规模较快增长，而实际用于企业经营的融资规模低于社会融资规模，根据社会融资规模增长情况判断经济增长前景将会出现较大偏差。

三是减弱了信贷政策的调控效果。例如，近几次房地产调控中，房地产企业通过扩大境外融资，减弱了境内信贷政策收紧的效果。2010 年和 2011 年，境内收紧了对房地产企业的信贷政策，房地产企业加大了吸引外商直接投资的力度，实际利用外资增速比同期全国整体实际利用外资增速高出 25.4 个百分点。

（三）计量分析表明，全口径社会融资规模与货币政策最终目标间具有较强的相关性

下面分析中的数据均为 2002~2017 年的季度数据。

1. 与社会融资规模相比，全口径社会融资规模与主要经济指标间的相关性更强

相关系数分析结果显示，全口径社会融资规模与国内生产总值、固定资产投资完成额、社会消费品零售总额、居民消费价格指数均具有较强的相关

性，且与社会融资规模相比，全口径社会融资规模与经济指标间的相关性
更强。

2. 全口径社会融资规模与主要经济指标间具有先行/滞后关系和因果
关系

计量分析结果表明，全口径社会融资规模与主要经济指标间具有一定的
先行/滞后关系，其中，全口径社会融资规模分别领先 GDP、社会消费品零
售总额一个季度，滞后于固定资产投资完成额四个季度、CPI 五个季度。

对这些指标进行格兰杰因果关系检验的结果显示，全口径社会融资规模
是固定资产投资完成额的格兰杰成因，GDP 是全口径社会融资规模的格兰杰
成因，全口径社会融资规模与 CPI 存在双向的格兰杰因果关系。

3. 全口径社会融资规模与 GDP 之间存在稳定的长期均衡关系

以经过季节调整和标准化处理后的全口径社会融资规模（TQAFRE）为
因变量，TGDP 为自变量，用最小二乘法估计的回归模型结果如下：

$$TQAFRE = -3.433546 + 1.181034 \times TGDP + resid$$

对方程的残差项 resid 序列进行平稳性检验，结果显示全口径社会融资规
模与 GDP 回归模型残差在 5% 的置信水平下为平稳序列，表明序列 TQAFRE
和 TGDP 具有协整关系，即全口径社会融资规模与经济增长之间存在稳定的
长期均衡关系。协整模型结果显示，全口径社会融资规模对经济增长的长期
弹性为 1.181，即长期正向影响。

全口径社会融资规模与经济增长的误差修正的短期动态方程结果如下：

$$d(TQAFRE) = -0.051671 + 2.25777 \times d(TQAFRE) - 0.5204 ECM_{t-1}$$

上述模型表明，经济增长的短期变动对全口径社会融资规模存在正向影
响，同时，长期均衡趋势误差项对全口径社会融资规模的调整幅度为 52%，
具有较强的调整作用。

（四）全口径社会融资规模与货币政策操作目标的关系更加密切

一般来讲，货币政策操作工具主要分为两类，一类是数量型工具，通过
基础货币增减进行调控；另一类是价格型工具，通过调整利率进行调控。下
面分析全口径社会融资规模与基础货币和利率之间的关系，数据采用 2002~
2017 年的季度数据。

1. 与社会融资规模相比，全口径社会融资规模与基础货币、利率的相关系数更高

选取全口径社会融资规模、社会融资规模、基础货币、利率四个指标，其中利率选择七天的上海银行间同业拆借季度加权平均利率。首先对指标数据进行季节调整和标准化处理，处理后的全口径社会融资规模、社会融资规模、基础货币、上海银行间同业拆借利率分别记作 TQAFRE、TAFRE、TMB、TSHIBOR，指标间的相关分析结果如表 1 所示。表 1 中数据说明，与社会融资规模相比，全口径社会融资规模与基础货币、利率的相关系数更高。

表 1　全口径社会融资规模、社会融资规模与基础货币、利率的相关系数

指标/相关性	全口径社会融资规模	社会融资规模
基础货币	0.947	0.943
利率	0.371	0.364

2. 全口径社会融资规模与基础货币和利率之间存在长期稳定关系

对全口径社会融资规模与基础货币和利率进行协整检验，结果表明全口径社会融资规模、基础货币、利率之间存在一种协整关系。进一步对全口径社会融资规模与基础货币、利率进行因果关系检验，结果显示全口径社会融资规模与基础货币存在双向的格兰杰因果关系（在 P 值为 0.05 的情况下）。

变量间存在协整关系为：

$$TQAFRE = 1.51 \times TMB - 0.22 \times TSHIBOR - 5.55$$

全口径社会融资规模与基础货币和利率间建立误差修正模型，结果如下：

$$D(TQAFRE) = 1.94 \times D(TMB) - 0.39 \times D(TSHIBOR) - 0.45ECM(-1)$$

因此，从全口径社会融资规模与基础货币、利率的长期关系看，利率与全口径社会融资规模呈反向变动，利率变动 1 个单位，则全口径社会融资规模反向变动 0.22 个单位；基础货币与全口径社会融资规模变动方向一致，基础货币变动 1 个单位，则全口径社会融资规模变动 1.51 个单位。

（五）将境外融资纳入社会融资规模统计有利于市场化调控和宏观审慎管理

境内市场利率上升或人民币升值时，为降低融资成本，境内实体经济会

加大境外融资力度，扩大境外融资规模。境内市场利率下行或人民币贬值时，境内实体经济会积极偿还境外融资，使境外融资规模下降。同时，境外融资规模变化会对境内调控政策的效果产生抵消作用，因此将境外融资纳入社会融资规模统计，有利于提高市场化调控的有效性。

将境外融资纳入社会融资规模统计和监测有利于加强宏观审慎管理。宏观审慎是指整个金融体系的稳定，它的目标是限制系统性风险，关注的范围是整个金融体系及其与实体经济之间的互动。在跨境资本流动性日益增强的开放经济环境下，纳入境外融资的全口径社会融资规模能够从国内、国外两个市场全面反映实体经济的融资总量，以及两个市场融资的替代情况，更加符合宏观审慎管理要求，为加强金融宏观调控、实施逆周期审慎管理提供准确的数据支撑。

三、境外融资纳入社会融资规模统计的可行性分析

（一）境外融资各项目数据的管理部门、统计渠道可保证数据完整可得

外国来华直接投资、境外发行股票、境外发行外币和人民币债券分别由商务部、证监会、发改委和中国人民银行审批或审核，中资企业中长期境外借款由发改委审批，外资企业在项目投资额和注册资本额差额内的境外借款、境内企业的短期借款及贸易信贷应在外汇局登记。目前，跨境融资宏观审慎管理规定境内企业在与资本金挂钩的一定额度内可自行向境外融资。实际工作中，可通过外汇局和各部门的统计系统获取境内企业的全部及分地区的境外融资数据。

（二）境外融资数据统计可以做到及时准确

外汇局及各主管部门的统计系统能及时统计到实体经济一定时期的境外融资增量数据。境外融资的货币资金部分以发行价或账面价值进行统计，实物部分按其入账价值进行统计，外币折算为人民币的汇率可用当期平均汇率转换为人民币计价，这样就可以及时准确统计到境内实体经济的境外融资规模数据。

四、政策建议

（一）适时将实体经济的境外融资纳入社会融资规模统计，以全面准确地反映实体经济的社会融资总量

境外融资数据规模大，涉及部门多，前期应根据境外融资类别选择一些境外融资规模大、种类全的企业进行充分调研，再与商务、发改、证监、外汇管理等部门共同研究，按照"不遗漏、不重复、数据准确"的原则，确定境外融资数据的统计标准和要求，适时将境外融资纳入社会融资规模统计，形成全口径、更准确的社会融资规模数据。

（二）关注全口径社会融资规模的融资方式结构，有效调控货币供给和社会融资规模

实体经济不同的融资方式对货币供给的影响不同。从境外融资看，若获得人民币资金或获得外汇资金后结汇会直接增加境内货币供应量。从境内融资看，有些融资不增加货币供应量，有些融资会扩大货币供应量。因此，要分析实体经济融资总量和融资方式结构的变化，提高货币政策的有效性，保持社会融资规模合理增长。

（三）监测和分析全口径社会融资规模总量及结构变化，进一步做好宏观审慎管理工作

开展全口径社会融资规模数据的统计和监测，关注其总量和结构变化，为加强金融调控、实施逆周期宏观审慎管理提供更全面的监测分析指标，有利于监测和评估跨境资本流动风险和保持金融稳定，避免境内松但境外紧、境内紧但境外松的政策效应减弱问题，提高宏观审慎管理效果，有效控制系统性金融风险。

行政执法和解制度经验借鉴及政策建议

尹　潇　李　峥*

一、行政执法和解的国际国内经验

（一）国际经验

1. 美国

美国《行政程序法案》规定，在时间、案件性质和公共利益允许的情况下，应给予行政相对人和解机会，达成的和解方案即为行政决定，并明确了六种禁止和解的情形①。在证券监管领域，美国证券交易委员会（SEC）对证券监管和解的条件、程序、审查和批准、和解申请人放弃的权利、和解申请的接受等方面进行了专门规范，半数以上行政纠纷通过和解解决，极少进入诉讼程序。在银行监管领域，美联储、美国货币监理署通常在对被监管对象实施罚金时采用和解方式。

2. 英国

金融行为监管局（FCA）发布的《监管手册》中，《执行指南》以及《裁决程序及处罚手册》详细规定了行政和解的具体内容，明确指出在调查开始后的任意阶段，行政相对人都可以提出和解申请，并根据和解行为所处

---

　*　尹潇、李峥：供职于中国人民银行营业管理部外汇检查处。
　①　六种禁止和解的情形包括：第一，为了形成可供参考的典型先例；第二，由于事件影响重大，需使用其他程序；第三，为了体现该处罚案件与现行政策的一致性；第四，案件重要利害关系人无法参与和解；第五，与执法过程公开原则相悖；第六，对行政机关实现持续管理会产生妨害。

的不同阶段设定了不同幅度的处罚金减免制度，即越早和解，实际处罚金额越低。例如，如果行政相对人能在 FCA 开始调查到草拟警告通知之间提出和解，罚金可减少 30%，具体如表 1 所示。

表 1　英国 FCA 和解处罚措施安排

和解阶段	处罚进程	罚金折扣
第一阶段	从开始调查到草拟警告通知，FCA 已充分掌握事实	30%
第二阶段	发出警告通知至机构意见陈述期满	20%
第三阶段	第二阶段结束至发出决定通知	10%
第四阶段	发出决定通知后，包括后续起诉等阶段	0

3. 德国

德国《联邦行政程序法》将和解契约作为行政执法的替代方式，但对和解契约的应用设定了较为严格的条件：一是法律无相反规定；二是符合行政执法的目的；三是通过相互让步消除存在的不确定性。

（二）国内经验

2013 年，《国务院办公厅关于进一步加强资本市场中小投资者合法权益保护工作的意见》（国办发〔2013〕110 号）提出探索建立证券期货领域行政和解制度，开展行政和解试点。2015 年，证监会出台《行政和解试点实施办法》（以下简称《办法》），面向证券市场、期货市场实施，主要内容包括：一是明确适用范围与条件。《办法》规定，在不违反证券期货相关法律法规、不损害社会公共利益及他人合法权益的前提下，符合已立案调查但案件事实或法律关系尚难完全明确的，可采用行政和解方式解决。二是明确实施程序。行政相对人提出和解，和解部门负责实施行政和解申请和受理、和解协商等程序，与案件调查部门、案件审理部门相对独立。行政和解金专户管理，受损失的投资者可申请补偿。2019 年 4 月，证监会公布首个执法和解案例，与高盛（亚洲）等九名行政和解申请人和解。申请人交纳行政和解金1.5 亿元人民币，并采取必要措施加强内控管理，证监会终止对申请人调查。

二、引入行政执法和解的必要性

（1）外汇违规行为日趋复杂，行政争议增多。一方面，外汇管理法规原则性条款增多，规则性条款减少；另一方面，外汇违规手法日趋复杂，违规主体通过科技手段，精心设计交易结构，规避法规"红线"，对调查、取证造成较大困难。因此，外汇检查部门与被查对象易出现行政争议，造成执法耗时过长，行政和解制度则可以缓解这一问题。如 A 公司推荐境内个人在境外 B 公司购买基金等资本项下产品，A 公司根据境内个人投资额按比例收取佣金达 3 千余万美元，涉及境内个人千余人。检查部门虽已查明事实，但为防止出现行政争议，仍需要耗费大量时间收集证据。该案如能实施和解，则既能以和解金方式实现处罚目的，又能减少检查成本投入、提高执法效率，减少长期调查对企业日常经营的影响。

（2）行政执法查处存在执行难、执法成本高等问题。当前外汇管理检查部门只有处罚或不处罚两种选择，被查对象也只有接受和不接受两种选择，行政执法对象仅能通过行政复议、行政诉讼等方式维护自身利益，双方都没有中间状态。若被检查对象存在异议，不利于推进查处罚程序，收缴罚金难以执行。若再发生行政复议、行政诉讼，则会加重执行难、执法成本高等问题。

三、经验借鉴及建议

（一）适时研究推进建立外汇行政执法和解试点

可适时在外汇业务总量大、查处成果多、查处任务重的地区研究推行行政执法和解试点，并在试点过程中，逐步积累经验，完善和解制度。

（二）规定严格的适用条件

借鉴国际国内经验，研究确立外汇行政执法和解适用条件，如行政执法和解需符合行政执法目的，不得违反法律、行政法规禁止性规定，不损害社会公共利益和他人合法权益等。

（三）明确行政执法和解程序

明确包括行政和解的启动、和解的具体谈判、和解的审查和批准、和解达成或未能达成的后续程序等。

完善境内机构借用"熊猫债"外汇管理问题探讨

夏既明 *

一、我国"熊猫债"发展历程

"熊猫债"是指境外机构在中国境内发行，并以人民币计价的外国债券。我国熊猫债发展经历了以下三个阶段：

（一）试点阶段（2005~2014 年）

我国熊猫债发行始于 2005 年，国际金融公司和亚洲开发银行分别发行了 11.3 亿元和 10 亿元的人民币债券，首开境外机构境内发行熊猫债的先河。但之后几年，受募集资金用途有限以及境内融资成本相对较高的影响，熊猫债市场发展一度停滞。总体来说，这一阶段的熊猫债以试点性质为主，市场规模小，发行主体范围有限，且发行审批及资金使用的限制均较为严格。随着人民币国际化进程加速及监管政策开放，2014 年起人民银行开始允许境外机构将债券发行募集的人民币资金汇出境外使用，并明确了跨境人民币结算规则，有效打破了此前熊猫债募集资金用途的限制，为熊猫债发行提供了新的契机。2014 年 3 月戴姆勒股份公司发行 5 亿元人民币债券，是首只境外非金融企业发行的熊猫债。

（二）加速发展阶段（2015~2018 年）

2015 年，随着人民币国际化和境内资本市场开放进程的加快，熊猫债的

　夏既明：供职于中国人民银行营业管理部资本项目管理处。

发展明显提速。2015 年 12 月和 2016 年 1 月，韩国政府和加拿大不列颠哥伦比亚省分别发行人民币主权债券，使熊猫债的发行主体范围进一步扩大。2016 年初始，离在岸人民币利率一度出现倒挂，在港红筹企业纷纷通过熊猫债的方式筹集人民币资金，以降低人民币融资成本。熊猫债已逐步成为境外企业、国际机构和主权政府多元化融资的重要手段。2017 年 7 月 "债券通" 上线以来，境外投资者可通过 "北向通" 直接参与境内银行间市场债券的发行认购，境外投资者投资中国债券市场更加便利，熊猫债券对境外投资人的吸引力也不断增强。

（三）政策完善阶段（2018 年至今）

2018 年 9 月，中国人民银行联合财政部发布了《全国银行间债券市场境外机构债券发行管理暂行办法》（中国人民银行、财政部公告〔2018〕第 16 号），简化境外投资者进入中国银行间债券市场投资备案的信息收集和报备要求，进一步明确信用评级与信息披露要求，为境外发行人提供了更加清晰明确的银行间债券市场熊猫债券发行制度。根据 Wind 数据显示，截至 2019 年 12 月，我国债券市场熊猫债券累计发行 215 期，发行主体涉及 55 家境外机构，发行总规模 3756.7 亿元，市场余额 2537.41 亿元。

二、北京地区境内机构借用 "熊猫债" 状况

根据资本项目信息系统统计，2016 年 7 月至 2019 年 12 月末，北京地区境内机构借用熊猫债 24 笔，签约额 600 余亿元人民币，主要集中在汽车金融行业。

（一） "熊猫债" 主要用于支持境内关联公司业务发展

从 "熊猫债" 用途来看，境外公司发行熊猫债募集的资金使用主体一般为熊猫债发行人的境内关联机构，北京地区调出境外使用的情况较少。具体用途来看，一是满足境内关联企业生产经营资金需求。有些熊猫债发行人在中国境内的生产经营规模较为庞大，境内人民币需求巨大，发行熊猫债资金将主要用于境内经营租赁公司或汽车金融公司使用。如戴姆勒股份公司及宝马集团公司境内发行的熊猫债主要用于为境内汽车终端客户提供融资支持。

二是偿还、替换境内金融机构借款的需求。如置换银行贷款或存续债务融资工具。

（二）"熊猫债" 发行募集资金使用路径

熊猫债募集资金由牵头银行在缴款日统一划付至发行人在银行开立的NRA账户。一般来说如资金在境内使用，则需由境内资金使用主体首先在外汇局完成外债登记备案，银行再根据备案情况由NRA账户划付至境内主体外债专户，然后按照相关要求使用资金；如募集资金在境外使用，则由银行间市场交易商协会提前沟通人民银行，获得批准后可由NRA账户直接划付至境外。

（三）借用 "熊猫债" 外债额度有条件豁免

根据《中国人民银行关于全口径跨境融资宏观审慎管理有关事宜的通知》（银发〔2017〕9号）第四条关于跨境融资风险加权余额计算的豁免条款规定，企业的境外母公司在中国境内发行的人民币债券并以放款形式用于境内子公司的自用熊猫债，不纳入跨境融资风险加权余额计算，即不占用跨境融资风险加权余额。从政策层面看，目前银发〔2017〕9号文中关于自用熊猫债的豁免政策限制条件较为严格，熊猫债发行人只限于资金借贷人的母公司，且借贷人类型需为企业等。由于借用 "熊猫债" 实行有条件豁免，目前豁免政策不能完全满足跨国公司在华企业使用全部发债资金需求，从而出现企业外债风险加权余额上限不足时，正常经营用途因不能豁免而无法借用熊猫债的问题。

三、境内机构借用 "熊猫债" 外汇管理问题分析

2014年，戴姆勒股份公司（Daimler AG）为第一家在中国银行间债券市场发行人民币债券的境外非金融企业，截至2019年12月末，已先后在银行间市场交易商协会完成三次债务融资工具注册，累计发行量约占全部银行间市场熊猫债发行量30%，为市场发行量最大熊猫债发行主体，募集资金全部用于梅赛德斯—奔驰租赁有限公司（以下简称奔驰租赁）等境内子公司，支持实体经济发展。2019年2月，宝马金融股份有限公司（荷兰注册的宝马集

团全资子公司）获得银行间市场交易商协会首笔金额为 200 亿元的债务融资工具注册，熊猫债发行主体为宝马金融股份有限公司，由宝马股份公司（BMW AG）提供担保，用于转贷给宝马集团在中国境内的子公司宝马汽车金融有限公司以支持其业务发展。

（一）如果发债主体与债务人为非直接母子关系不能豁免外债额度，将增加债务融资成本，从而影响债券发行

以梅赛德斯—奔驰租赁为例，从股权结构看，奔驰租赁的股东为戴姆勒投资有限公司和北京汽车股份有限公司，其中戴姆勒投资持股 65%，戴姆勒投资为戴姆勒股份在华的全资子公司，因此，戴姆勒股份为奔驰租赁的间接控股股东。如果二级子公司不能享受外债额度豁免，奔驰租赁按照跨境融资风险加权余额计算，不足 30 亿元的可用外债额度与上百亿元的资金需求相比，存在较大缺口。由于自身外债额度不足，只能通过其境内母公司戴姆勒投资有限公司向戴姆勒股份借用"熊猫债"，然后以委托贷款方式获取资金，从而加长举债链条，增加融资成本。经公司测算，成本将上升 0.35%，金额约 1750 万美元，继而影响债券顺利发行。

（二）以母公司担保，融资平台发行"熊猫债"，境内关联公司使用，若额度不能豁免，将降低债券发行积极性

以宝马公司为例，集团在华发行"熊猫债"的模式为：以宝马金融股份有限公司（金融机构）作为发行主体，由宝马股份有限公司（BMW AG）提供担保，这是宝马集团在国际市场发债采用的通行模式。此外，依据银保监会关于汽车金融公司管理办法规定借入资金对手方必须为金融机构。在此担保结构下，发行主体宝马金融股份与境内使用主体宝马汽车金融不是母子公司关系，宝马汽车金融无法豁免外债额度，若通过宝马集团直接发债放贷给宝马汽车金融，则不符合银保监关于借入资金对手方必须为金融机构规定，因此不管发行人为 BMW AG 还是宝马金融股份有限公司，对于宝马汽车金融来说，都无法应用现有政策获得外债额度计算上的豁免。从而对宝马集团发行熊猫债规模及经济成本产生不利影响。

对于奔驰公司来说，存在同样的问题。自 2019 年 11 月起，戴姆勒集团将对公司组织架构进行调整，将逐渐退出目前直接控股或持股全球子公司，更多地行使投资管理的职能。近期，戴姆勒股份完成新一期"熊猫债"注册

工作，采用担保结构，即以在荷兰成立的一家融资平台子公司即戴姆勒国际财务有限公司作为发行主体，自身作为担保人，将募集资金转贷给集团内有资金需求的关联公司。鉴于此，由于发行主体与境内使用主体不是母子公司关系，根据银发〔2017〕9 号文，境内使用主体无法按照现有模式豁免外债额度，这将从发行规模或经济成本上产生不利影响，从而降低戴姆勒发行"熊猫债"的意义。

（三）外债利率、期限等关键要素在登记前难以事先确定，需在债券发行后进行多次调整变更

现行外债登记管理办法要求债务人应当在外债合同签约后 15 个工作日内或提款前 3 个工作日内办理外债签约备案登记。根据三个案例涉及的公司反映，通常集团的发债规模及利率水平由境内资金使用者决定，集团发债后贷给子公司不赚取利息差价也不承担其他成本，而利率、期限等关键要素将根据企业自身实际融资需求和债券市场情况来确定，经常随着市场波动而调整，很难于债券发行前在债务合同中事先确定。因此，每一笔外债登记均需要在债券发行后对利率、期限进行调整。

四、政策建议

（一）适当放宽境内机构借用"熊猫债"额度豁免条件，支持实体经济发展

对于境外企业集团在境内发行的"熊猫债"用于境内成员单位，无论是母公司直接发行，还是以母公司担保方式，对于境内借款人无论是金融机构还是非金融机构，只要业务背景真实、符合实体经济发展需要，建议均可获得外债额度豁免。从而也可避免境内债务人通过同业拆借方式获得外债额度豁免导致的期限错配风险。

（二）进一步简化登记程序，对境内机构借用"熊猫债"尝试"总量登记"模式

对于拟借用"熊猫债"的境内机构，尝试一次性外债"总量登记"，即

允许借用"熊猫债"的境内机构根据借用外债总量，与"熊猫债"发行主体签订外债协议，向外汇局申请一次性额度登记，额度上限不超过发行主体取得的银行间交易商协会注册额度。在实际发行后，境内债务人仅需在开户银行进行提款反馈，确定实际发行利率、期限等关键要素。从而增加企业选择债券发行窗口的灵活性，提升应对市场波动的管控能力。

出口信保项目下贸易融资现状调查

宋谷予　李菲菲[*]

一、示范区高新技术企业出口及贸易融资现状

（一）近两年来出口首次呈负增长，创新驱动发展动能有所下降

2019 年，中关村示范区出口首次呈负增长，逆转 2018 年高速增长态势。前三季度高新技术产业及战略性新兴产业工业增加值分别同比增长 8.7%、8.4%，较上年同期下降 3.1 个、0.4 个百分点。

（二）贸易融资规模呈下降趋势

2019 年，中关村示范区企业国内外汇贷款贸易融资规模明显下降。贸易融资签约金额同比下降 44.7%，获得贸易融资企业家数较去年同期下降 28.2%，平均年化利率 3.84%，较上年同期上升 0.05 个百分点。

（三）出口贸易融资产品种类较为单一，使用较少

目前常规出口融资产品包括打包贷款、福费廷、授信开证等。除常规的保单融资外，中国出口信用保险公司联合担保公司、商业银行推出政保贷等融资产品，为中小出口企业贸易提供融资支持。但该类产品自 2016 年在北京推出至今（2019 年 7 月末），仅在一家银行实际落地，且仅有五家企业使用

---

* 宋谷予、李菲菲：供职于中国人民银行中关村中心支行。

了该产品。

（四）产品综合融资成本相对较高

由于出口贸易融资为信用贷，中小企业普遍需要增信，产品成本主要包括银行融资成本（Libor+300~350bp）、信保公司保险费（约为1%）、担保费（2%~2.2%）等，因此融资成本相对较高。以某银行推出的政保贷产品为例，其年化利率约为7%，其中包括外币融资成本（约为4%）、担保成本（约为2%）、保险费率（约为1%）。与2019年6月末科技金融专营组织机构对中关村高新技术企业贷款加权平均利率4.61%相比，政保贷产品综合融资成本已高出约240bp。

二、外汇管理政策现状

（一）政策创新支持企业出口贸易融资发展

近年来，外汇局已出台多项措施进一步提升银企贸易便利化水平，促进了银行贸易融资业务的快速发展。如《中国人民银行关于全口径跨境融资宏观审慎管理有关事宜的通知》（银发〔2017〕9号）规定，企业涉及真实跨境贸易产生的贸易信贷（包括应付和预收）和从境外金融机构获取的贸易融资，以及金融机构因办理基于真实跨境贸易结算产生的各类贸易融资不纳入跨境融资风险加权余额，便利了银行出口贸易融资；《国家外汇管理局关于进一步推进外汇管理改革完善真实合规性审核的通知》（汇发〔2017〕3号）扩大了贸易融资结汇范围，允许具有货物贸易出口背景的境内外汇贷款办理结汇。

（二）出口信用保险融资便利了银行外汇贸易背景真实性审核

外汇局始终强调贸易背景真实性是货物贸易外汇管理的核心。《国家外汇管理局关于完善银行贸易融资业务外汇管理有关问题的通知》（汇发〔2013〕44号）明确规定企业的贸易收付款应当具有真实、合法的进出口或生产经营交易基础，不得虚构贸易背景利用银行信用办理跨境收支业务。但在实际业务办理过程中，银行面临较大贸易融资风控压力。出口信用保险融资业务一定程度上解决商务风险，便利了银行外汇贸易背景真实性审核。在信保公司前置审核的基础上，银行将更有针对性地在展业中深入了解企业，进一步增强了外汇管理贸易背景真实性和商业合理性的审核。

三、出口信用保险融资业务模式及典型案例

（一）"信保公司+银行"模式

该种模式涉及融资银行、出口企业、信保公司、进口商四方主体，出口企业向信保公司投信用出口保险并向银行提出融资申请，融资银行对融资额度进行审批后与出口企业、承保信保公司共同签订《赔款转让协议》以获得赔偿的收益转让权，银行放款后一旦发生出口贸易项下应收账款无法收回情形，由出口企业向信保公司提出索赔申请，信保公司向进口商确权后进行定损和赔偿，赔付款项根据《赔款转让协议》直接划入融资银行账户用于归还贷款。如某央企以出口大型石油、矿产勘探机械为主，为响应国家"一带一路"倡议，积极开拓印度尼西亚、菲律宾、马来西亚和沙特等地市场，设备出口后，应收账款周转时间较长，融资需求较大。企业投保出口特险后，银行为企业申请了出口信保应收账款融资专项额度，解决了企业回款账期长的难题。

（二）"信保公司+担保公司+银行"模式

该种模式在"信保+银行"模式的基础上引入了担保公司。由于出口信用保险不同于银行贷款的保证担保，其保险对象是出口企业与进口企业之间贸易所形成的应收账款，而非出口企业的银行融资，一旦出现国外进口商无力付款或绝收货物而又存在保险公司拒赔情形，或企业发生挪用出口货款而产生经营风险时，银行债权可能无法得到足额的司法救济。为防范信用风险，融资银行可在出口企业投保出口信用保险的同时，增加有效足值的担保措施，由担保公司承担连带保证责任担保，弥补了经营风险缺口。如某农药出口企业无房产抵押，无法在银行取得综合授信，交易对手主要为巴西、南非、菲律宾、巴基斯坦、埃及等国，账期在180天以内。企业投保出口信用保险多

年，了解到"信保+担保+银行"模式产品无须房产抵押后，企业提出融资需求，由某担保公司为其提供了担保，银行为企业批出了 150 万美元的政保贷专项融资额度，解决了企业的资金困难。实际操作中，企业可通过网银进行极速融资，并可逐年向北京市商务局申请 50%的贴息。

四、业务发展中存在的问题

（一）相关融资产品耗时长、手续繁杂

由于缺少政府部门直接提供给金融机构的企业销售、纳税等基础信息，其他外源数据可靠性也较低，银行及担保公司在首次初审、续贷复审、放款时，均会要求企业提供工商、税务、海关单据等材料供其审核参考；加之，贸易融资涉及面广，程序复杂，金融机构在操作过程中需按照国际惯例对每项业务履行严格的审批手续，企业申请资金普遍需要至少六周或更久时间。

（二）中小企业能够获得的贸易融资额度有限

接受调研的银行均表示，出口信用保险项目下贸易融资业务要根据申请企业信用等级核定授信额度需占用企业融资额度。单家企业或单笔额度存在一定限制。据某民营企业反映，与其合作的某银行曾与信保公司洽谈以保单质押的形式帮助企业获取银行贸易融资，但该银行单家企业贸易融资额度上限为 200 万美元，企业能获得的外币融资额不足流动资金贷款额度的 1/5，无法满足企业融资需求。此外，在实际放款过程中，银行需根据出口合同逐笔放贷，单笔应收账款融资额度根据付款方式打相应折扣。例如，信用证托收、电汇分别为该笔应收账款融资总额的 90%、80%以内。

（三）传统贸易融资产品难以契合新业态业务模式

一是无法支持跨境电商等新业态融资需求。贸易融资产品需基于贸易背景的真实性，银行逐笔审核销售合同及关单等确定应收账款账期和金额后予以放款。但应收账款账期固定等要求难以满足跨境电商等新业态非固定账期的融资需求。如某电商企业反映，其主营业务为在境外亚马逊平台销售货物，需提前出口至海外仓进行备货，在线零售后以 14 天为周期结款，由于跨境电

商具有典型的集中出口分次收款的特点，不满足银行对于固定账期的要求，因此难以获得贸易融资支持。

二是无法支持关联公司"内产外销"模式。出于税收或商业考虑，部分企业采用关联公司模式销售，即境内公司负责生产，境外关联公司负责销售，如大量企业均在香港设有子公司，企业在境内生产之后销售给香港公司，再由其统一进行海外销售。目前，信保公司可对此类业务进行承保，但各银行出于对关联公司虚假贸易难度低、索赔风险高等考虑（出口企业更容易通过关联公司间交易伪造贸易单据，虚构出口贸易向信保公司投保并取得银行融资。银行融资逾期后，若出口企业或融资银行向信保公司索赔，保险公司则以贸易背景虚假为由拒赔，导致银行逾期贷款无法及时得到救济）均无法为此类业务提供贸易融资。

三是承包工程类企业"一带一路"项目融资门槛高、供给不足。某境外承包工程企业反映，业主买方信贷业务均需信保公司承保。信保公司每年会根据国家的信用和风险等级动态授予承保额度。截至目前，科特迪瓦、安哥拉、津巴布韦的承保额度已接近上限，因而在推进上述相关国家的项目时，公司项目融资难度进一步加大。

五、促业务发展之策

（一）加快推进综合信息共享平台，提升信息开放性和透明度

建议探索开发贷款银行、信保公司、担保公司、融资企业对接业务系统或平台，实现货物流转信息、客户风险信息、保险政策信息等信息资源共享，减少企业反复提交材料，提升业务办理效率。同时，解决数据来源真实性、可靠性和及时性的问题。

（二）加强"银政合作"，建立贸易融资白名单机制

建议在出口信用保险融资的基础上引入政府信贷产品信贷风险补偿机制，对白名单中符合申请条件的出口信用保险融资向政府申请风险资金补偿，从而拓宽优质企业融资渠道，增加贸易融资额度，降低企业融资成本。

（三）创新业务合作模式，丰富贸易融资产品类型

建议在拓宽银行产品类型方面进一步加强与相关机构合作，通过信保公司的海外买方资信调查服务，了解买方的注册信息、主营业务、经营规模以及在国内各出口商的进口采购情况等，配合银行现有资料匹配审核，进一步加强对客户及其贸易真实性的核查，更好满足"内产外销"等模式企业贸易融资需求。同时，在政策性融资方面适度关注民营企业和中小企业，不断消除隐性的政策障碍和歧视。

（四）加大对承包工程行业的金融支持力度，助力企业更好参与国际竞争

一是鼓励金融机构积极开展金融创新，提供适合对外工程承包的新金融产品，下浮对外承包工程的贷款利率和保险费率。二是建议政府部门对于符合国家支持条件的大型工程项目，提高贷款的政策性贴息率和延长贴息期限，增加对外承包工程保函风险专项基金的数额，简化使用程序，扩大使用范围。

区块链技术在外汇监管的应用

孟姝希[*]

一、区块链技术的发展及工作原理

(一) 区块链技术定义

区块链技术的概念是 2008 年化名为"中本聪"的创造者在论文《比特币：一种点对点的电子现金系统》 (*Bitcoin：A Peer-to-Peer Electronic Cash System*) 中首次提出。区块链技术也称分布式账本技术，是分布式数据存储、点对点传输、共识机制、加密算法等技术在互联网时代的创新应用模式。区块链类似一本记录数据的总账或数据库，保存的是被加密的数据，区块则类似于总账里的一页账单或数据库里的一组数据。

(二) 区块链技术成熟的应用——比特币

2009 年 1 月 9 日，中本聪挖出全球首枚比特币。比特币是通过加密技术产生的虚拟货币，是区块链技术最完美的应用，区块链是支撑比特币发展的底层技术。目前，数万家商户接受比特币作为支付手段。据剑桥大学统计，除比特币外，全球各种数字货币已逾百种。截至 2017 年 3 月，全球数字货币总市值接近 250 亿美元，其中比特币占 72%，以太坊占 16%，达世币、门罗币、瑞波币、莱特币等其他数字货币占 12%。

---

[*] 孟姝希：供职于中国人民银行营业管理部外汇检查处。

（三）区块链技术国际发展现状

2015 年以来，比特币热潮使全球各界对区块链的关注持续升温，各方对区块链应用寄予厚望。多国央行、交易所、国际投行及 IT 巨头纷纷对区块链技术进行探索、研发和应用，也在多个领域应用取得了一定成果。在证券交易领域，2015 年 9 月，国际金融创新公司 R3 联合了高盛、摩根大通、汇丰银行等 42 家银行，组成了区块链技术联盟，致力于建立金融领域的区块链技术行业标准，积极推进区块链技术应用探索。2016 年 9 月，R3 的八家银行在名为锯齿波湖的区块链平台上成功测试了一个区块链原型，模拟了美国国债的交易过程。2015 年 12 月 30 日，纳斯达克交易所首次使用 Linq 区块链平台为 Chain 公司完成并记录私募证券交易。2015 年 12 月，美国证券交易委员会批准了在线零售商 Overstock 公司的申请，允许该公司通过基于区块链技术的交易平台发行新证券，包括普通股、优先股、存托凭证、权证、债券等。在支付清算领域，2015 年 11 月，Coinbase 公司发布首张可存储比特币的 VISA 借记卡。2016 年 9 月，Ripple 公司表示该公司基于区块链技术的系统能将需要数天完成的跨境支付交易时间缩短到数秒内。2016 年 11 月，OKCoin 公司披露该公司旗下的基于区块链技术的小额跨境汇款产品 OKLink 已接入数十个国家的金融机构，每月交易额达几百万美元。未来区块链技术有望应用到除金融领域之外更广泛的领域，如不动产记录、文化科学、政务管理、共享经济、能源交易、卫生健康等。目前，除了数字货币之外，区块链技术其他应用尚处于探索和研发阶段。

（四）区块链技术在我国发展情况

2015 年，中国万向控股有限公司在区块链技术领域开始战略性布局，逐步打造了区块链生态平台。2016 年 5 月 24 日，中国平安保险宣布与 R3 建立合作伙伴关系，正式加入 R3 分布式分类账联盟，并将与全球最大的 40 多家金融机构合作，共同为全球金融市场设计和应用分布式共享分类账技术。2016 年 10 月工信部发布《中国区块链技术与应用发展白皮书（2016）》，提出区块链技术发展路线图建议。2016 年 12 月 7 日《"十三五"国家信息化规划》首次将区块链技术列入国家规划，提出加强区块链技术的创新、试验和应用。2017 年 12 月招商银行实现全球首笔基于区块链技术的同业间跨境人民币清算业务，标志着我国首个区块链技术跨境支付项目成功落地。2018 年

1 月 25 日基于区块链技术的数字票据交易平台实验性生产系统成功上线试运行，上海票据交易所开出第一张数字票据。2018 年 5 月 20 日中国区块链产业高峰论坛在北京召开，会上工信部发布了《2018 年中国区块链产业白皮书》。通过分析全球 200 多个应用案例，提出区块链技术典型应用场景，并对区块链技术的应用价值进行展望。

（五）区块链技术的工作原理

区块链技术的基本工作原理是通过标准算法、加密技术将一个文件或数据压缩为一个 64 位字节的代码，这个代码称为"哈希"或"散列"。文件或数据与哈希值为一对一映射且不可逆，具有较高的保密性。区块链技术本质是去中心化的分布式账本，是一种网络数据存储的技术方案。区块指的是信息块、记账块，把一段时间内的系统交易信息打包成一个信息块、盖上时间戳即形成一个区块。然后按照时间顺序用"链"的方式连接到前面一个区块，后面一个区块包含前面一个区块的哈希值，形成区块链。从第一个区块到最新产生的区块，区块链存储了全部历史交易数据，并且每笔交易数据都能够被查找和检索，可以逐笔验证。在交易系统没有关闭的前提下，交易数据会记录在新区块里并链接到原区块链末端，并且通过分布式网络更新保存到交易系统的所有节点，每个节点都有备份，不能随意篡改。按照加入区块链是否需要审核授权，可分为：无须授权的公有链；需授权且在联盟成员之间运行的联盟链；需授权且在机构内部运行的私有链。与公有链相比，联盟链和私有链并非完全去中心化，存在一定程度的管控，更便于业务管理和风险控制，适用于特定业务。因此，业界对其研发的积极性更高。

二、区块链的技术特点

区块链为一种基于密码学技术生成的分布式共享数据库，或理解为互联网上基于共识机制建立起来的集体维护的公开账簿。区块链技术特点与外汇监管具有较高契合度：

（一）分布式记账与存储

与传统的将数据集中保存在一个中心服务器上不同的是，区块链将加密数据分散保存在接入区块链的所有计算机终端设备中，每个计算机终端都是一个节点，每个节点都保存一套完整的区块链总账，访问任何一个节点都能查看全部交易信息。系统内各节点的权利和义务都均等，不存在中心化的管理节点，系统功能由各节点共同维护，一个节点失效不会影响整个系统的正常运作，不会出现集中存储模式下中心服务器崩溃等问题。当更新交易信息后，链上所有节点都会同步更新相关数据。区块链上数据的存储方式及更新方式，契合了外汇监管对数据查询、实时更新的要求。

（二）数据信息不可篡改

区块链上的哈希值与客观事实一一对应且是唯一。区块链通过分布式数据库形式保存交易数据，使每个节点都保存一套完整的区块链总账，信息一旦经过验证添加到区块链上，就会永久地存储起来，对历史交易数据可以进行追踪和查询。除非同时控制整个系统中超过51%的节点，否则对单个节点上的数据修改无效，系统中的数据不可篡改，因此区块链的数据可靠性很高。参与系统中的节点越多和计算能力越强，该系统中的数据安全性越高。区块链在密码学和共识算法等技术支持下，实现了数据记录的真实可靠及不可篡改，契合外汇监管对数据准确性和完备性的要求。

（三）可灵活编程及拓展

区块链技术基于可编程原理内嵌了"脚本"概念，使基于区块链技术的价值交换活动成为灵活智能的可编程模式。各种约束条件都可编程到区块链的脚本中形成智能合约，由机器自动判断触发条件并执行，无须人工干预，准确性更高。基于可编程性的智能合约特点，保证了区块链技术在未来能形成一种可持续进化的模式，此特性契合外汇监管对数据实时更新的要求。

（四）信息透明和可查询

区块链系统是开放的，除了交易各方的私有信息被加密外，其他数据对所有人公开，因此整个系统信息高度透明，任何人都可以通过公开的接口查询区块链数据和开发相关应用。区块链透明的、可供查询的信息契合了外汇监管对数据查询的要求。

三、区块链技术在外汇监管的应用场景思考

外汇局可利用区块链技术对外汇业务进行监管，将被监管对象办理业务的凭证保存在区块链上，不仅可借助其实时更新和开放性特点将信息快速传递至各交易主体，降低信息不对称造成的风险，且信息可查询为外汇局监管提供数据支持。区块链数据中蕴含的不可篡改的时间戳，可降低调阅成本，提供可信任的追溯途径；通过对区块链中智能合约进行编辑，可控制并约束业务单据的流转；通过将外汇监管的约束条件植入智能合约，可有效实现监管政策覆盖。

（一）转口贸易的海运提单核验

在外汇监管工作中，对转口贸易业务海运提单的有效性核验一直是难点，由于转口贸易业务具有物权凭证经过多次变化的特点，如最后一手贸易的进口方不在本地，银行和外汇局皆难以获取最终进口报关信息，进而无法核实海运提单的有效性。利用区块链技术建立链接转口贸易多个买方和卖方的联盟链，可以实现链上多个交易主体实时获得整个交易信息。同时，海运提单等物权凭证的流转过程、流转时间、所有者变化及是否失效等信息可以实时被各交易主体获取，保证各方信息透明。区块链数据不可随意篡改的特性保证了转口贸易整个交易过程准确、真实地被记录并保存；其可灵活编程的特点保证海运提单每次被转卖的信息皆会被记录并实时更新。如果区块链技术在转口贸易中被使用，不仅为各交易主体提供便利，也为银行办理业务审核单证的真实性、一致性提供全面信息，更为外汇局对业务监管提供有力数据。

（二）内保外贷业务贷前审核、贷中监控及贷后管理

对于银行为担保人的内保外贷业务监管中，界定保函签约银行是否对被担保人进行了尽职审查一直是难点。尤其是境内公司向银行缴存保证金，为被担保人提供反担保的情况下，银行认为承担的风险较低，尽职审查动力不足。建立内保外贷区块链管理平台，不仅可吸引有需求的相关方加入，且可将银行审核被担保人主体资格、担保项下资金用途、预计的还款资金来源等信息存储在区块链上。不仅保证了信息安全、透明和不可篡改，且银行可实

时跟踪管理被担保人财务状况，外汇局可根据区块链上的信息对整个业务进行监管，从而避免由于银行尽职审查不到位导致的恶意履约。

四、区块链技术在外汇监管应用的探讨及发展建议

（一）建立健全区块链技术法规及监管框架

我国对于区块链技术的法律制度建设相对滞后，导致与区块链相关的活动缺乏必要的制度规范和法律保护。将区块链技术应用于外汇监管尚未有实际的应用案例，且尚无法规明确此项技术应用标准。法规包括：区块链技术发展的规范和约束、标准化体系、监管部门及法律责任界定。

（二）对区块链技术在外汇监管应用场景进行实测，攻克技术及安全难题

区块链"去中心化"和分布式存储特点决定了对其运营维护不易且存储占用资源较大。目前，商行使用的 IT 系统基本都是中心化系统架构，运营维护皆以某一中心服务器为主体。如在金融交易中建立区块链，则需多个交易主体共同对整个链进行维护，这将带来沟通协调和技术方面的难题。以区块链技术应用于转口贸易业务为例，在一笔业务办理过程中，需要多个买方和卖方对交易数据进行维护。利用外汇业务的历史数据对区块链技术应用进行模拟，一方面对链上各交易主体之间高效沟通进行研究探索，另一方面对交易数据的存储方式进行研究。

（三）对区块链技术安全性进行深入研究

区块链技术是基于可信的计算机终端的，确保整个网络不被攻击且各节点间相互信任等都是其发展面临的挑战。以比特币为例，尽管比特币网络系统未遭受到实质性攻击，但交易终端和交易所被攻击的情况却屡次发生。由于比特币钱包的私钥存储在计算机终端，易被黑客攻击窃取。又如，将区块链技术应用于转口贸易中，即使参与交易的主体建立私有链，也仍然存在各交易主体之间的信任问题。在区块链技术快速发展的同时，对其安全性应进行深入研究，从而保障交易主体安全，提高交易主体之间的信任度。

北京地区对外知识产权交易研究

徐海庆[*]

一、地区对外知识产权交易总体情况

（一）近年来地区知识产权跨境支出和逆差增长明显

2014~2015 年，地区"别处未涵盖的知识产权使用费"[①] 跨境收支基本保持稳定，跨境收支变化较小。2016 年，该项跨境收入、支出和逆差均出现收缩，其中跨境收入同比降幅达到 26.1%，跨境支出和逆差同比降幅分别为6.5%和5%。2017 年地区知识产权交易出现反弹，其中跨境收入攀升至近五年峰值，跨境支出也恢复高位运行，逆差同比增幅 24.6%，实现由降转升的逆转。

2018 年地区知识产权跨境支出和逆差出现明显增长。其中，跨境收支同比增长 17.6%；跨境收入同比下降 9.7%；跨境支出同比增长 19.7%；逆差同比增长 22.1%。

（二）地区知识产权交易对手以美、欧为主，行业集中度较高

2018 年，地区知识产权跨境支出主要对手的国别为美国及以英国、法国、德国、意大利等为代表的欧洲主要发达国家（以下简称欧洲国家），其

---

[*] 徐海庆：供职于中国人民银行营业管理部经常项目管理处。
[①] "电信、计算机和信息服务""其他商业服务"和"文化和娱乐服务"涉及的知识产权交易因无法细分数据，故本文以"别处未涵盖的知识产权使用费"为分析对象，并简称"知识产权"。

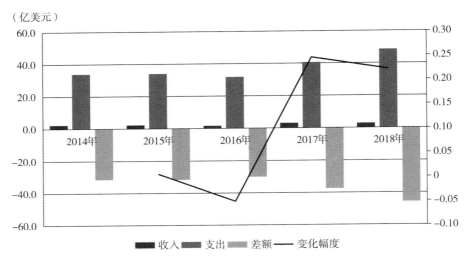

（亿美元）

图1　2014～2018年北京地区知识产权跨境收支及逆差情况

中美国为跨境支出金额最高的单体国家，同比增长42.5%，在知识产权跨境支出总量中的占比达到31.1%。对欧洲国家的知识产权跨境支出同比增长21.2%，在知识产权跨境支出总量中的占比达到34.2%。从知识产权交易涉及的主要行业看，对美国主要集中在影视文化、信息通信、生物医药和能源行业，对欧洲国家主要集中在影视文化、装备制造、教育、生物医药和能源行业。

相较之下，地区对近邻日本和韩国的知识产权交易同比增长37.8%，在知识产权跨境支出总量中的占比仅为10.5%，其中涉及汽车及汽车零部件生产制造行业的跨境支出同比增长71.4%，在对日本、韩国知识产权跨境支出总量中的占比高达47.1%。

（三）外资企业①单位跨境支出金额高，凸显闭环交易、关联交易优势

2018年，地区发生知识产权跨境支出的企业2833户，其中外资企业560户、数量在地区知识产权跨境支出企业总数中的占比为19.8%，跨境支出占地区知识产权跨境支出总金额的37.2%。中资企业2023户、在地区知识产权

---

① 为避免其他经济类型中可能存在的返程投资情况对本文表述准确性的影响，本文中"外资企业"指经济类型为国外投资、中外合资、中外合作、外资及国外投资股份有限（公司）的企业。

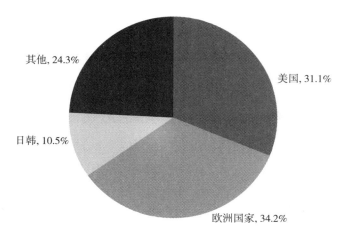

图 2　2018 年北京地区知识产权跨境支出交易对手国别占比情况

跨境支出企业总数中的占比 71.4%，跨境支出占地区知识产权跨境支出总金额的 43%，且户均跨境支出仅为外资企业户均跨境支出金额的 31.9%（见图3）。

外资企业数量不足 20% 的总量占比却达到了中资企业户均 3.1 倍的跨境支出，在一定程度上反映出外资企业在交易成功率和引进的知识产权质量方面存在优势。结合外资企业知识产权交易对手绝大部分是境外母公司或关联方这一现实情况，更体现了其闭环交易、关联交易优势以及我们在知识产权自主研发领域与国外存在的明显差距。

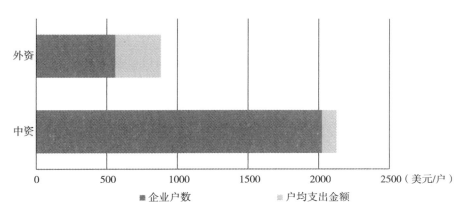

图 3　2018 年北京地区中外资知识产权跨境支出对比情况

二、地区知识产权跨境支出的主要特点

（一）外资传统行业知识产权跨境支出占比高、增长明显

地区知识产权跨境支出前 20 家企业中，外资企业 13 家。其中，属于汽车及零部件生产加工、装备制造、能源和物流行业的企业 10 家，跨境支出同比增长 55%、占前 20 家企业跨境支出总额的 43.2%；汽车行业跨境支出增速同比增长 1.3 倍，占前 20 家企业跨境支出总额的 26.8%。

外资企业知识产权跨境支出前 20 家企业中，属于上述行业的企业 10 家，合计支出同比增长 66.1%，占前 20 家企业跨境支出总额的 71.5%。其中，3 家涉及整车生产和相关零部件生产加工的公司跨境支出同比增长均超过 3 倍。

（二）国内需求旺盛带动影视版权引进跨境支出持续增长

近年来，随着国内网络普及率和基础环境建设的持续提升，流媒体视频服务得到快速发展，加之国内对传统的院线市场持续投入，带动了国内影视娱乐需求走强。此外，地区还汇集了众多行业龙头企业，跨境支出需求愈加集中。其中，排名靠前的四家影视公司 2018 年知识产权合计跨境支出同比增长 13.9%，占知识产权跨境支出总金额的 25.3%。受此影响，"复制或分销试听及相关产品许可费"跨境支出在连续 5 年同比增长的情况下，再创峰值。

三、地区对外知识产权交易存在的结构性问题

（一）知识产权交易对手国别和行业集中度高可能带来系统性风险

外资主导和闭环交易的现状凸显地区对外知识产权交易涉及的国家和行业集中度较高，对部分国家和地区的交易存在较大的发展空间。从控制风险和降低依赖性的角度看，在短期内无法改变外资企业主导交易的情况下，地区应努力提升对外知识产权交易对手及行业的多样性，避免过度集中导致可

能发生的系统性风险。对此，应当从保证国家发展的高度和力度着手解决当前对外知识产权交易存在的结构性问题，加大自主研发以有效提升我国知识产权领域的话语权和主动性。

（二）外资企业通过"闭环"占据知识产权交易的主导权，溢出效应有限

据了解，外资跨国公司集团总部根据各国分支机构展业和市场需求安排总分机构或分分机构间的知识产权授权和许可，主导权在集团总部，转移对象仅限集团内的关联机构，排他性特征明显。此外，跨国公司国内企业的知识产权生产活动一般以集团委托代研或定向开发为主，形成的成果优先服务集团总部或其他关联机构，对外转让需经过集团总部许可。因此，外资企业引进、生产知识产权及所衍生的非产权性成果被牢牢把控，形成产权内部生产、授权内部使用和效益内部消化的"闭环"，对分支机构所在国家的溢出效应相对有限。

（三）外资企业引进知识产权侧重生产性服务业，内资企业偏向消费性服务业

从知识产权引进的主要交易企业看，外资企业主要集中在汽车、装备制造、物流、能源和信息技术等生产性服务业，均为知名跨国公司，高新技术和高价值产权相对集中，主要是满足国内市场需求，加大智力劳动产品供给。内资企业以影视娱乐行业龙头为主，支出同比增长 38.5%。消费性服务业的发展对提升居民消费质量和消费结构升级具有重要作用，但由于不涉及生产环节，对产业结构升级和经济转型的贡献相对有限。

（四）外资企业防范知识产权外流，同时实现收益最大化

"特许和商标使用费"是外资企业引进知识产权的主要项目，体现了知识产权引进方式以特许和授权形式为主，直接转让的相对较少。经了解，外资企业采用此种方式主要基于两点考虑：一是特许或授权通常具有时间周期，授权企业可以通过不同时期用户需求和紧迫程度灵活调整价格，将收益最大化；二是定期授权情况下，用户只有使用权，且使用受到严格限制，即使用户被收购，也不用担心知识产权外流造成损失。

四、政策建议

（一）提升交易对手国别和行业多样化

从交易对手国别分布数据看，我们对日本、韩国的交易增长空间较大。交易行业应从较为单一的汽车及零部件制造扩展至新材料、微电子、装备制造、信息技术和精密加工领域等对方积累深厚的行业或领域。在实现知识产权交易对手、来源和种类多样化的同时，采取积极策略，加快学习和消化，促进自主研发。

（二）以产业热点为自研方向，加快形成技术排他优势

建议抓住技术迭代节奏和方向，利用北京地区高新技术企业集中的区位优势，加大对优势领域长期、持续性的投入，并集中优势企业和技术，打造自主研发龙头集群，配套上下游关联技术研发，形成可持续主导产业发展的技术标准，确立排他优势。

（三）以市场需求为自研核心，通过技术积累反哺企业研发

引导企业针对市场需求和应用场景变化，加大技术攻关和研发力度，支持生产性服务业知识产权的自主研发。同时，鼓励具备一定技术能力的企业积极创新应用场景，引导市场需求方向。通过从主动适应需求到主动引导需求的过程，形成知识产权研发和应用的积累，借鉴国外龙头的发展模式，打造辖内企业知识产权生产和盈利的核心能力，建立从研发到积累再到反哺的良性循环。

（四）以生命周期为主导，完善企业发展的内外因

建议在金融、财税和成果转化等方面企业不同生命周期提出针对性的扶持政策，一是设立产业发展基金，通过持续性的资金引导和投入，不断激发企业自身的创新动力；二是促进院校、科研院所与企业研发需求的对接，同时打造效益转化平台，为研发立项和成果转化打好基础，对企业形成现实支持。

跨境资本流动宏观审慎管理实践探索
——基于政策工具对微观企业影响的实证研究

于　莹等*

一、跨境资本流动宏观审慎相关概念和文献总结

（一）宏观审慎管理理念

宏观审慎管理理念在 2008 年全球金融危机之后被逐渐强化，《巴塞尔协议Ⅲ》修正了《巴塞尔协议Ⅱ》中仅注重微观审慎管理的问题，强调将微观审慎与宏观审慎相结合，提出对系统性金融风险加强监管。我国于 2016 年底在货币政策执行报告中首次提出"货币政策+宏观审慎双支柱"的概念，之后在党的十九大报告中也明确提出要"健全货币政策和宏观审慎政策双支柱调控框架"。

（二）跨境资本流动宏观审慎工具

IMF（2016）对各国资本流动宏观审慎工具箱进行了系统梳理，将其分为价格类、数量类、限制类和信贷管理类四大类。价格类主要形式是征收托宾税，征收范围包括跨境资金进出、以外币计价的资产负债、投资收益等；数量类主要形式是征收准备金，征收范围包括远期及掉期、外汇存贷款等；限制类主要形式是对金融机构外汇头寸相关的比率，及居民、非居民持有外

＊　于莹、陈阳、陈玉玲：供职于中国人民银行营业管理部国际收支处；周世璇：供职于中国人民银行营业管理部外汇综合业务处；曾晓曦：供职于中国人民银行营业管理部办公室；梁嘉琛：供职于中国人民银行营业管理部资本项目管理处。

汇资产负债的数量和期限进行限制；信贷管理类工具包括限制外汇贷款的借款人资格等。

（三）文献总结

国内外现有文献对跨境资本流动宏观审慎工具箱的梳理已经比较完善，对宏观审慎工具有效性评估，一是较多文献集中于研究其对宏观经济的影响。大部分文献得出了跨境资本流动宏观审慎工具能够起到一定的对资本流动进行逆周期调节的作用，能够降低金融体系的脆弱性。也有个别文献认为，从长期看，单一的宏观审慎工具的作用可能有限。二是国外一些文献研究了宏观审慎工具对微观主体的影响，发现不管对银行还是企业，宏观审慎工具都具有一定的调节作用。国内文献针对我国宏观审慎工具对微观主体影响的研究则处于相对空白的状态。

二、我国跨境资金流动宏观审慎管理政策对微观企业影响的实证研究

（一）样本与变量说明

我们以包含进出口业务的 2547 家 A 股上市公司为样本，研究了 2012 ~ 2019 年第一季度我国跨境资金流动宏观审慎管理政策之一，远期售汇风险准备金政策的实施与取消对企业经营绩效的影响，并在此基础上进一步探究不同性质、不同产业的企业所受影响的差异性。

变量说明如表 1 所示。本文主要研究的政策工具，远期售汇风险准备金经历了 2015 年 8 月征收、2017 年 9 月取消、2018 年 8 月再征收三个阶段，呈现出较好的波动性，具体以赋值法构建指标 Macro。

表 1　变量说明

变量类型	变量名称	符号	定义
被解释变量	总资产收益率	ROA	企业当季每单位资产产生的净利润
	销售增长率	INC	营业收入季度环比增长率
主要解释变量	跨境宏观审慎政策	Macro	远期售汇风险准备金征收期间为 1，不征收期间为 0

续表

变量类型	变量名称	符号	定义
控制变量	总资产	LTA	企业当季总资产的对数值
	资产周转率	ATo	企业当季销售收入/总资产
	杠杆率	Lev	企业当季总负债/总资产
	销售收入	LINC	企业当季销售收入的对数值
	企业性质	Ownership	中央国有企业和地方国有企业为1， 其他性质的企业为0
	所属产业	IND	第一产业企业赋值为1，第二产业企 业赋值为2，第三产业企业赋值为3

（二）模型构建与基础回归结果

参照 Meghana 等（2018）的做法，本文将回归模型设定为：

$$y_{it} = \beta_0 + \beta_1 Macro_{it} + \beta_2 X_{it} + \eta_i + \eta_t + \varepsilon_{it} \tag{1}$$

其中，i 代表企业，t 代表时间，y_{it} 为被解释变量 ROA_{it} 或 INC_{it}，$Macro_{it}$ 为跨境宏观审慎政策指标，考虑到远期售汇风险准备金政策实施后作用较直接，本文使用当期变量进行回归。X_{it} 为控制变量，微观上包括了文献中常用的影响企业总资产收益率 ROA 的总资产对数（LTA）、资产周转率（ATo），影响企业销售收入增长的销售收入对数（LINC），以及对两者均有影响的杠杆率（Lev）等。η_i、η_t 分别为控制的个体固定效应和时间固定效应，ε_{it} 是误差项。基础回归结果如表2所示。

表2　基础回归

	(1) ROA	(2) ROA	(3) INC	(4) INC
Macro	0.506 *** (11.71)	-1.031 *** (-9.61)	-0.416 *** (-26.09)	-0.354 *** (-18.76)
LTA	—	0.259 * (2.45)	—	-0.488 *** (-23.12)
Lev	—	-0.0266 *** (-6.57)	—	-0.00145 ** (-2.99)

续表

	（1）	（2）	（3）	（4）
	ROA	ROA	INC	INC
ATo	—	−0.000353 （−0.13）	—	—
LINC	—	—	—	0.616*** （31.42）
Observations	73863	58497	60746	59449
Adj. R^2	0.311	0.290	0.157	0.382
Time FE	YES	YES	YES	YES
Individual FE	YES	YES	YES	YES
Firm number	2547	2547	2547	2547

注：* 代表 p<0.05， ** 代表 p<0.01， *** p<0.001。括号内为稳健 t 统计量。

远期售汇准备金政策对企业整体的经营绩效有显著的负面影响。具体表现为该政策的出台降低了同期企业的盈利能力，拉低了企业的销售增长，对资产收益率的影响大于对销售增长率的影响。实证表明，无论是以 ROA 还是销售增长率作为被解释变量，在加入其他微观上的控制变量后，远期售汇准备金政策的回归系数均显著为负。回归系数表明，考虑控制变量的情况下，这一政策的实施随着 A 股进出口企业整体 ROA 下降 1.031 个百分点，销售收入增长下降 0.354 个百分点。远期售汇准备金政策的实施对企业的资产回报率、营业收入增长均有显著的负向影响。

（三）拓展回归——企业所有权性质

考虑到不同所有权性质的企业所受的影响可能不同，我们在模型中加入交乘项来研究企业间的异质性。回归公式如下：

$$y_{it} = \beta_0 + \beta_1 Macro_{it} + \beta_2 Macro_{it} \times Ownership_i + \beta_3 X_{it} + \eta_i + \eta_t + \varepsilon_{it} \qquad （2）$$

其中，$Ownership_i$ 为企业的所有权性质的变量。考虑企业所有权性质的回归结果如表 3 所示，结果表明：

表3　交乘回归——企业所有权

	（1） ROA	（2） ROA	（3） INC	（4） INC
Macro	0.687*** （13.53）	-1.031*** （-9.61）	-0.417*** （-26.13）	-0.362*** （-18.63）
Cross_own	-0.704*** （-8.29）	0.338*** （4.27）	0.00358 （0.67）	0.0234** （2.75）
LTA	—	0.277** （2.65）	—	-0.487*** （-23.05）
Lev	—	-0.0264*** （-6.51）	—	-0.00143** （-2.95）
ATo	—	-0.000339 （-0.12）	—	—
LINC	—	—	—	0.616*** （31.41）
Observations	73863	58497	60746	59449
Adj. R^2	0.312	0.291	0.157	0.382
Time FE	YES	YES	YES	YES
Individual FE	YES	YES	YES	YES
Firm number	2547	2547	2547	2547

注：*代表 $p<0.05$，**代表 $p<0.01$，***代表 $p<0.001$。括号内为稳健 t 统计量。

　　远期售汇准备金政策对国有企业经营绩效的负面影响小于非国有企业。除了政策变量系数显著为负外，企业所有权性质和政策虚拟变量的交乘项系数显著为正。这表明在政策实施后，虽然国有企业和非国有企业的经营绩效同样受到了负面影响，但国有企业所受影响更小。政策的实施对国有企业和非国有企业的 ROA 负面影响差别较大，而对两类企业销售收入增长率的影响虽然也有显著差别，但差别的绝对值不大。考虑控制变量，对于非国有企业，政策的实施当期随着企业 ROA 下降 1.031 个百分点，企业的销售收入增长率下降 0.362 个百分点；而国有企业 ROA 下降幅度缩小为 0.693 个百分点，销售收入增长率下降 0.339 个百分点。

（四）拓展回归——企业所在行业

考虑到企业所在行业可能对回归结果造成影响，表 4 同样依照方程（1），但对企业按照所属行业进行了分组，分别就第一、第二、第三产业的企业为样本进行回归。结果表明：

远期售汇准备金政策对第一产业的企业经营绩效影响不显著，对第三产业企业的负面影响大于第二产业。政策变量的系数仍然为负，但只有第二、第三产业的系数是显著的。这表明，远期售汇准备金政策对第一产业企业的经营绩效没有产生显著影响。第三产业企业的政策变量回归系数绝对值大于第二产业，这表明第三产业企业受政策影响最大。政策实施当期，第二产业的企业 ROA 下降 0.895 个百分点，销售收入增长率下降 0.351 个百分点；第三产业企业的 ROA 下降 1.331 个百分点，销售收入增长率下降 0.401 个百分点。

表 4   分行业回归

	ROA	ROA	ROA	INC	INC	INC
	（1）	（2）	（3）	（4）	（5）	（6）
	第一产业	第二产业	第三产业	第一产业	第二产业	第三产业
Macro	−0.131 （−0.13）	−0.895*** （−6.83）	−1.331*** （−6.99）	−0.186 （−0.92）	−0.351*** （−16.81）	−0.401*** （−9.24）
LTA	0.304 （0.40）	0.0029 （0.02）	0.842*** （5.89）	−0.671*** （−7.70）	−0.438*** （−17.79）	−0.588*** （−15.38）
Lev	−0.101** （−2.78）	−0.0222*** （−4.38）	−0.0350*** （−5.51）	0.00123 （0.40）	−0.00119* （−2.17）	−0.00243* （−2.47）
ATo	0.153 （1.79）	0.000673 （0.13）	−0.00133 （−0.41）	—	—	—
LINC	—	—	—	0.864*** （13.17）	0.582*** （24.27）	0.679*** （21.58）
Observations	854	45398	12245	840	46018	12591
Adj. R^2	0.169	0.292	0.314	0.554	0.361	0.433
Time FE	YES	YES	YES	YES	YES	YES

续表

	ROA （1） 第一产业	ROA （2） 第二产业	ROA （3） 第三产业	INC （4） 第一产业	INC （5） 第二产业	INC （6） 第三产业
Indivicual FE	YES	YES	YES	YES	YES	YES
Firm number	31	1999	517	31	1999	517

注：* 代表 $p<0.05$，** 代表 $p<0.01$，*** 代表 $p<0.001$。括号内为稳健 t 统计量。

三、实证内涵与政策建议

（一）实证内涵

本文实证研究表明，对于进出口企业来说，汇率波动风险是影响其经营绩效的重要风险因素。在汇率波动幅度较大的时期，利用外汇衍生品的套期保值策略能够较好地帮企业规避相关风险。但与此同时，远期售汇准备金政策的出台时间往往也是汇率大幅波动的时期，这一政策显著提高了企业进行远期购汇锁定汇价的成本。部分企业可能选择通过远期的替代品期权组合进行套期保值，但出于期权费的成本考虑、对期权产品接受度不高等因素，仍有企业因为准备金政策的出台影响了套期保值，导致在汇率大幅波动中遭受利润或收入损失。

对于不同类型企业的分析表明，远期售汇准备金政策对不同类型企业的经营绩效具有结构性效应。政策实施对国有企业的负面影响小于非国有企业，对第一产业没有显著影响，对第三产业的负面影响大于第二产业。这些现象可以有两种解释。一种解释是相比非国有企业、第三产业，国有企业和第一、二产业的企业（以下简称传统企业）本身对于套期保值的接受和使用程度就不高，因此在控制其他变量的情况下，政策实施前后这些企业受到影响更小甚至不受影响。另一种解释是这些传统企业具有更加灵活的套期保值策略，因此在政策出台后运用其他外汇衍生品规避了更多的汇率风险。结合商业银行的反馈，第一种解释更贴近现实。

（二）政策建议

本文认为：面对汇率波动和跨境资金无序流动可能带来的风险，一方面，应该加强传统企业使用外汇衍生品进行套期保值的意识，通过政策宣讲、培训等方式让企业逐步提高接受度，进而通过套期保值等手段有效对抗汇率波动风险。另一方面，对于民营企业、第三产业企业这类初步具有套期保值意识的企业，尽管对衍生品已经有所涉猎，但因为理解不到位、使用不灵活，导致受到更大的准备金政策的影响。只有让企业对外汇衍生品有更加全面的认识和灵活应用，才能使宏观审慎政策真正发挥应有的调控作用，最大限度减少政策的副作用。

同时，根据本文研究，我们看到对于跨境资本宏观审慎管理政策的实施本身虽然在一定程度上减缓了跨境资本无序流动导致的风险积累，但同时，也在不同程度上增加了微观企业生产经营的成本，并且对不同类型、不同行业的企业产生的影响也不尽相同。因此，在跨境资本流动宏观审慎政策的运用使用过程中，应权衡政策工具对经济运行和微观主体产生的正、负面影响，及时、有效评估政策效果，使政策效力达到最大化。

北京地区稳外资进展、成效及后续值得关注的问题

房媛媛等*

一、当前稳外资进展、成效

（一）北京稳外资采取的主要举措

北京市政府层面，2018 年 3 月出台了《关于扩大对外开放提高利用外资水平的意见》，从加大对外开放力度、优化利用外资结构、打造良好营商环境、提升外籍人才服务水平以及完善工作机制五个方面，要求相关部门采取相应措施，提升利用外资水平。

中国人民银行（外汇）管理层面，以深化金融业服务业扩大开放和优化升级外汇便利化政策两个维度，助力北京市稳外资取得切实成效。一是多部门联合，协同推进，制订金融领域开放改革三年行动计划，合格境内有限合伙人境外投资（QDLP）试点、财务公司证券公司结售汇业务试点、不良资产跨境转让试点等工作取得积极进展。二是针对中关村科技型企业轻资产、融资难的特点，积极研究市场主体需求，总结可复制可推广经验，升级中关村外债便利化政策。截至 2019 年 9 月底，辖内银行共计办理便利化结汇支付业务 6021 笔，累计金额 35.72 亿美元，资金使用效率提高 60%；企业运用外债便利化政策登记外债 40.50 亿美元，预计一年可为企业节约财务成本约 9.25 亿元人民币，有力地支持了高新技术企业创业发展。

---

* 房媛媛、梁嘉琛：供职于中国人民银行营业管理部资本项目管理处；黄玲畅：供职于中国人民银行营业管理部外汇综合业务处；陈珏：供职于中国人民银行营业管理部国际收支处。田国志、武士杰：供职于中国人民银行营业管理部外汇检查处。

（二）稳外资工作取得的主要成效

外资流入表现亮眼。2019 年 1~9 月，北京地区外资流入资本金和股权转让 114.07 亿美元，同比增长 31.46%，其中新设外商投资企业 692 家，实际利用外资 13.21 亿美元，同比分别增长 13.81% 和 45.10%。新设外商投资企业中，服务业实际利用外资 11.61 亿美元，占利用外资总额的 87.83%。

外商直接投资减撤资同比下降明显。从减撤资金额来看，2019 年 1~9 月北京流出共计 11.73 亿美元，同比减少 63.64%，清算、转股、减资流出总额均较 2018 年同期有所下降，其中转股流出总额 8.43 亿美元，同比下降70.28%。从外资流出行业来看，房地产行业流出总额减少 13.51 亿美元，占外资流出总额减少量的 65.75%。从外方国别/地域来看，流向美国的资金0.43 亿美元，同比下降 42.75%。

外商投资企业利润汇出保持平稳。从总额来看，2019 年 1~9 月汇出总额179.17 亿美元，较 2018 年同期增加 11.1%。从行业来看，服务业 2019 年1~9 月利润汇出 76.13 亿美元，同比增加 43.01 亿美元，但制造业、房地产业、批发和零售业均同比有所下降。从外方国别/地域来看，汇往日本的利润为 33.12 亿美元，较 2018 年同期增加 21.69 亿美元，汇往韩国的利润 1.33 亿美元，同比增长 22.98%，其他国家或地区利润汇出总额与 2018 年同期基本持平。

前期调查显示，北京辖内发生大规模贸易产业转移的概率不大。我们对100 家样本企业（中型以上企业）的问卷和电话调查显示，91% 的调查企业基于转移成本较高、周期长，国内在技术工人、配套产业成熟度方面优势尚明显等考虑，短期没有产业转移计划，仅 5 家企业发生部分产能转移，主要是为应对贸易摩擦、开拓新市场以及实现国际化布局。从规模企业数量、就业等各方统计数据来看，北京目前未发生大规模的产业转移现象。

二、后续稳外资中值得关注的趋势性、苗头性问题

（一）航空业可能成为吸引外资新的增长点

《外商投资准入特别管理措施（负面清单）》（2019 年版）出台后，飞机设计、制造与维修领域进一步向外商开放，或将成为新一轮外资投资的热点

领域。根据国务院办公厅的指导文件，到 2020 年，我国将建成 500 个以上的通用机场，通用航空器将达到 5000 家以上，产业整体规模将超过 1 万亿元人民币。我国飞机维修市场目前仍存在一定的供给缺口，中小航维修尚未得到释放。同时，受益于我国的人力成本优势，国际航空维修需求溢入也将带来不小的市场，近年来欧美地区的航空维修需求向我国转移的趋势越发明显。此外，《中国（河北）自由贸易实验区总体方案》中，大兴机场片区的功能定位是，重点发展航空物流、航空科技、融资租赁等产业，建设国家航空科技创新引领区，将吸引外资更多地投入航空领域。

民航业蕴含的巨大商机，在服务贸易领域已经有所体现：受跨境电商出口拉动影响，中美出口空运货运服务增长显著。2019 年上半年，北京地区中美空运货运服务跨境收支总额 10.4 亿美元，同比增长 82.7%。中国银行北京分行反映，该行对美出口业务量最大的企业 A，主要业务为向国际航空公司提供油料，企业预计随着国际航班逐年递增，企业出口额将持续增长。

（二）国内环保标准不断提高，未来将成为制造型企业转移的诱因

据统计，大兴区 2018 年拆除全部 154 个工业大院，腾退了家具厂、灯具厂、钉子厂等低效产业。建设银行北京分行反馈，基于环境保护考虑，目前亦庄开发区不鼓励生产制造型企业继续在开发区从事生产经营，并且对企业排污提出了更高的要求，B 公司（以生产饮料制作机为主营业务），因排污不能满足要求，自 2018 年开始逐步向外部转移产能。

（三）恶意不实举报，会对营商环境优化产生一定的负面影响

2018 年至 2019 年 9 月，北京外汇管理部共接收举报信 40 起，经查证后仅 1 起案件涉嫌外汇违法违规，经统计恶意虚假举报占比六成。举报人权利义务不对等，恶意举报行为难追究，不仅导致行政资源浪费，也严重影响企业声誉及其日常经营活动，不利于营商环境优化。

例如，被举报对象 C 公司，由于该企业法人代表自身的债务纠纷，被部分债权人在没有提供任何有效可供查证证据的情况下向外汇管理部门进行举报。为查实举报内容，外汇检查部门多次前往企业调查，但未发现任何外汇违规问题，这对企业正常经营活动的开展造成了一定的负面影响，令企业对北京地区的营商环境有所担忧。

（四）成本因素是制造业转移的根本原因

中信银行北京分行分析认为，成本因素是导致制造业外资迁移的根本原因。根据国际劳工组织数据，2017 年越南劳动力月平均收入尚不足 250 美元。北京市人力资源和社会保障局的数据显示，2018 年北京市法人单位从业人员平均工资折合美元 1500 美元/月，用工成本大幅高于东南亚国家。问卷调查反馈，企业表示国内的综合税负目前仍高于美国、新加坡、泰国等国家，对劳动力成本较敏感、自动化程度低的企业大多自发寻求降低交易成本的途径，将生产线转移至东南亚国家。

三、相关政府部门、企业对后续稳外资的预期

（一）负利率或比贸易摩擦更值得关注

中国银行北京分行分析认为，境外利率下行有利于境内企业"走出去"，但负利率将带来更多的不确定性。负利率的"救援"模式更多地意味着对与经济增长的悲观预期，各经济体之间的实质性利益冲突将更加凸显，给企业境外融资带来更多的不确定性。

（二）多数企业对未来持乐观态度

2019 年 10 月初，对北京 54 家外商投资企业的问卷调查结果显示，九成企业明确表示没有向其他国家转移投资计划，两成企业表示未来有明确增资计划；八成企业没有利润汇出计划。对于稳外资预期，参与调研的企业中，近六成企业表示，不管中美贸易摩擦前景如何，都不会改变公司在中国的发展前景和未来决策；5 家企业认为中美达成协议，将促进中美经贸关系改善，带来更多机会情况；8 家企业表示，即使协议达成，目前的状况也不会有明显改善。企业表示近两年经营中，遇到的困难或障碍主要集中在：经营成本上升，税费负担，融资困难以及准入审批。

（三）银行认为实际利用外资将保持稳步增长态势

工商银行北京分行分析指出，贸易摩擦虽然对我国吸引外资造成一定的

负面影响，但欧盟和"一带一路"沿线国家对我国经济高质量发展和进一步扩大对外开放仍充满信心。2019 年 1~9 月，北京地区新设外商投资企业中，来自欧洲的同比增长 57.65%。中国银行北京分行对本行业务数据的统计分析显示，我国直接投资业务行业范围依然覆盖广阔，业务品种稳定多样，预期将继续保持稳中有增的态势。

四、政策诉求和建议

（1）研究制定外资投资航空业的支持性措施。简化企业办理流程，探索将工商登记申请人自主申报的名称登记制度改革等试点政策扩大至航空领域；加快中国（北京）国际贸易"单一窗口"建设，进一步提高通关和通检效率；支持航空业跨国公司总部企业外汇资金集中运营管理。支持航空领域外籍人才在京发展，完善外籍高层次人才和紧缺人才的认定和激励政策。

（2）多维度支持制造业高质量发展。创新货币政策工具，针对高端制造业，设立支持企业融资的专项再贴现产品，逐步扩大再贴现业务单张票据票面金额上限；放宽境外资金使用，在企业投资行为具有真实合法的交易前提下，允许先进制造业企业、技术研发企业使用资本金进行兼并重组、收购股权；建立专项金融统计，选择具有代表性的制造业企业，定期监测企业经营情况和融资情况，进一步加强对高技术制造业、先进制造业等重点领域融资情况的统计监测分析，对创新能力强、成长性好的制造业企业重点扶持。

（3）建议明确举报人义务，建立有效的追责机制。在制度制定层面上，对恶意举报、虚假举报、重复举报的认定和应承担的责任进行明确解释，提高此类举报人的举报成本，减少不必要的政府资源浪费。另外，建议要慎重界定恶意举报、虚假举报、重复举报，对于一些不了解实情等没有故意陷害他人的主观因素的举报人，应当以警示教育为主。

（4）采取更加积极的减税政策措施，扩大内需"筑巢引凤"。一是继续落实提高个人所得税起征点，增加居民可支配收入的同时也间接减轻了企业的提高薪金的压力，有助于消费者放宽预算约束，合理增加消费。二是针对需求弹性高的商品，减低消费税，保持价格水平在合理区间内波动，切实降低消费者的成本。三是实行差别化的行业税率机制，对养老、生育等国家推广的行业领域，减免价格中所包含的服务税，扩大需求。

第五篇

综合管理篇

Integrated Management

关于加强中国人民银行青年履职能力建设的思考

边志良*

习近平总书记指出，"关心和支持青年是全社会的共同责任""全社会都来关心青年成长、支持青年发展，给予青年更多机会，更好发挥青年作用"。在新的时期，加强青年履职能力建设，也是确保中国人民银行高效履行职责的重要工作和课题。我们通过问卷调查①、座谈访谈等形式在全行开展调研，摸清青年实际需求和青年履职能力建设存在问题，思考提升青年履职能力的方法。

一、营业管理部青年提升履职能力的需求分析

营业管理部现有40岁（含）以下青年占比高达72%。近年来，营业管理部从"服务总行、服务北京"的职能定位及干部队伍"青年化"的特点出发，在加强青年履职能力建设方面进行了积极探索。问卷结果显示，94.2%的青年认为当前青年履职能力建设工作富有成效。青年对现有的青年导师制、新思享青年沙龙等平台表示满意，但青年对提升自身履职能力仍有多方面需求。

（一）思想提升方面的需求

思想是行动的先导，正确的思想能为人生赋值，为履职赋能。调研发现，青年对自身思想提升有较强需求，青年普遍存在对党史、行史知之甚少，对

---

* 边志良：时任中国人民银行营业管理部纪委书记。

① 面向营业管理部40岁（含）以下青年开展问卷调查，收回有效问卷379份。

时事、政策知其然，不知其所以然等问题。青年面对当前深刻变化的社会、丰富多样的生活、形形色色的思潮，急需思想方面的有力引导。

（二）实践锻炼方面的需求

问卷结果显示，超过七成的青年认为自己的工作弱势在于社会关系不足或工作经验欠缺，71.5%的青年认为岗位交流对提升履职能力的帮助最大，55.9%的青年表示有过调岗或轮岗的想法。多位青年代表在座谈会上，提出了希望有更多机会参与内外部岗位交流挂职的诉求。

（三）专业提升方面的需求

问卷结果显示，超过半数的青年认为应从专业能力入手提升履职能力。座谈会和随访过程中，多位青年表示希望得到更多的进修机会，改进和优化培训方式，从而提升自身专业能力。中国人民银行的工作具有很强的专业性，近年来，其职能又有了新的扩展和变化，因此，青年对提升专业能力的需求更加迫切。

二、当前青年履职能力建设存在的主要问题

（一）思想政治方面，表现为青年对于思想提升的需求和宣教创新供给不足之间的矛盾

青年主体意识、参与意识强，乐于尝试新生事物，对获取信息的方式具有偏好。调研发现，青年用于互联网的时间较长，更喜欢双向的交流模式，以及参与感强的宣教方式。传统宣教模式，则多以单向输入、阅读文件书籍、集中学习研讨为主。传统宣教模式虽有其优势，但对青年的吸引力不足，难以充分调动青年的学习积极性。

（二）工作本领方面，表现为青年工作本领不足和日益复杂多样的工作任务之间的矛盾

受制于知识积累和眼界阅历，青年在处理棘手任务时，往往存在经验不足、能力不够等局限，从而出现"本领恐慌"的问题。在当前经济金融形势

纷繁复杂的背景下，中国人民银行工作的重要性、复杂性不断凸显，如何增强青年斗争本领，从而更好地完成日益复杂多样的工作任务，成为加强青年履职能力建设的重要课题。

（三）干部成长方面，表现为青年自我成长需求和培训系统性、针对性不足之间的矛盾

青年兴趣广泛，学习欲望强，探索未知的劲头足，渴望通过高质量的培训进修加速自我成长。青年普遍反映，"工学矛盾"较为突出，如何协调好工作和学习的时间仍需要进一步优化安排；培训内容碎片化，缺少系统化的课程设计；部分培训针对性不强，参训人员不精准、培训内容不精准、培训方式不精准的问题仍然存在。

（四）生活保障方面，表现为青年日益增长的美好生活需要与客观现实条件限制之间的矛盾

青年处于人生道路的起步阶段，在生活上往往会遇到各种困难和苦恼。青年在工资收入、福利待遇、身心健康、婚恋交友、住房保障、老人赡养、子女教育等方面都有较多的现实需求。在北京这类大城市，生活节奏快、压力大，竞争激烈，青年更容易产生心理上的不满足和不平衡感。青年在生活上的这些操心事、烦心事，都将直接或间接地影响他们的思想状况和工作状态。

三、提升青年履职能力的方法

我们要深刻领会习近平总书记关于青年工作的重要思想，结合营业管理部工作实际，从青年需求出发，坚持问题导向，创新思路和方法，探索构建青年履职能力建设新格局。

（一）创新宣教模式，强化青年思想引领

要采用青年喜闻乐见、易于接受的宣教模式，用科学的理论武装青年，让青年真学、真信、真懂、真用。坚持读原著、学原文、悟原理，用好辅导书籍。加强党史、国史、行史教育，引导青年继承和发扬爱岗敬业、艰苦奋

斗等优良传统。持续开展"认知国情，紧跟党走"活动，用好社会实践和现场体验的鲜活教材。持续提升"新思享青年沙龙"学习品牌影响力，让青年在互动思辨中深化学习效果。运用新媒体、新技术丰富宣教手段，增强思想政治工作的时代感和吸引力。

（二）适应青年特点，完善青年锻炼机制

营业管理部青年人数多，要根据青年不同阶段的特点，创造更多的锻炼和发展机会。对近年入行的"新人"，要充分发挥"青年导师制"传帮带作用，帮助青年职业生涯开好头、起好步。对有一定工作经验的青年骨干，既要压担子，又要搭梯子，放手青年在重要任务、重点工作中攻坚克难；同时，加强岗位锻炼、轮岗交流，鼓励青年到基层一线、艰苦环境中磨炼成长。树立担当作为的用人导向，着力培养选拔优秀的青年干部，充分调动青年干事创业的积极性。

（三）聚焦培训效果，优化青年培训体系

营业管理部高度重视青年培训工作，已创建多个培训品牌，课程资源也较为丰富，关键在于如何进行整合，从而更好地提升培训效果。一是要问需于青年，从青年发展需要出发，精准定位培训对象、培训内容和培训方式，提高培训针对性。二是可尝试举办专项业务培训班，综合选用内外部优质培训资源，帮助青年集中提升某一方面的专业能力，克服培训内容碎片化的问题。三是可通过信息技术实现远程培训和电子培训，有助于缓解"工学矛盾"。

（四）以青年为中心，夯实青年履职保障

当代青年遇到了很多我们过去从未遇到过的困难，只有为青年提供坚实的履职保障，才能解除青年干事创业的后顾之忧。一是用好"我与行长面对面"机制，主动走近青年、倾听青年，开展调查研究，及时掌握青年思想状况和实际需求。二是给予青年适当的心理疏导和人文关怀，帮助青年纾解压力，建立归属感。三是帮助青年解决生活上的实际困难，在为青年办实事、解难事方面持续用力。

（五）发挥协同效应，多方共促青年履职

一是要进一步形成加强青年履职能力建设的共识。各级党组织、各部门要按照习近平总书记"用极大力量做好青年工作"的要求，站在培养未来事业接班人的战略高度，深刻认识青年履职能力建设工作的重要意义，研究部署相关工作措施。二是要发挥青年组织的纽带作用。各级团组织要认真履行引领凝聚青年、组织动员青年、联系服务青年的职责。同时，青年理论学习小组、青年之家委员会等青年自组织也要在自我学习、自我管理、自我提升方面发挥作用。三是要调动青年自身的主观能动性。青年要珍惜中央银行的职业平台，在担当中历练，在尽责中成长，把个人成长融入中国人民银行事业发展的大局中。

中国人民银行对账管理存在的问题及改进建议

李玉秀[*]

中国人民银行对账管理是中国人民银行提供金融服务的内在组成部分，也关系到金融安全的维护与保障。近年来，随着经济金融形势变化和科学信息技术的发展，中国人民银行对账工作也呈现出对账对象范围扩大、对账形式多元化等特点。由于缺乏专门的对账管理办法，与对账有关的制度规定间存在不连续或相互矛盾之处，导致对账工作防范资金风险的预期目的弱化，中国人民银行对账管理亟须在核算系统和相关制度上予以完善。

一、中国人民银行对账基本情况

（一）纸质对账

向开户单位发送纸质对账单是中国人民银行对账的基本形式。根据2005年颁布的《中国人民银行会计基本制度》，中国人民银行营业部门每月向开户单位发送余额对账单，由开户单位填列余额和未达账项，并加盖预留银行印鉴后返回，对账回单中如有未达账项，应及时查明原因；开户单位的对账回单，经核对无误后，应按科目、账号顺序排列装订保管，以备查考。

（二）中国人民银行会计核算电子对账系统

从2009年5月起，中国人民银行全面推广运用中国人民银行会计核算电子对账系统（以下简称电子对账系统），即依托城市金融专网实现中国人民

---

* 李玉秀：中国人民银行营业管理部副巡视员。

银行营业部门与开户单位之间的账务核对，并坚持"每日对账、授权管理、有疑必查、监督确认"的原则，确保账务核对准确无误。该系统实现了中国人民银行与金融机构从每月对账到每日对账的快速转变，提高了对账工作的时效性和准确性，确保会计核算日清月结、账平表对。

（三）中国人民银行会计核算数据集中系统（ACS）综合前置子系统

从 2013 年 10 月起，中国人民银行上线运行中国人民银行会计核算数据集中系统（ACS）综合前置子系统（以下简称综合前置系统）。按照中国人民银行规定，接入综合前置系统的金融机构，一般应通过该系统每日进行账务核对。采用综合前置系统进行对账的，一般不再使用纸质对账或中国人民银行会计核算电子对账系统进行对账。

（四）函证

函证是指注册会计师为了获取影响财务报表或相关披露认定的项目信息，通过直接来自第三方对有关信息和现存状况的声明，获取和评价审计证据的过程。中国人民银行与银行等金融机构存在频繁且大额的存、放、汇等业务往来，中央银行提供的回函对会计师事务所认定金融机构财务数据的真实性和完整性具有重要作用。

二、中国人民银行对账工作中存在的问题

（一）对账范围没有明确界定

目前各项制度中对于对账范围都未做出规定。传统上对账账户仅限于金融机构在中国人民银行开立的存款账户，但由于营业管理部业务复杂、特殊，为维护中国人民银行资产安全，确保负债准确，多年来营业管理部对账范围日趋扩大，对账方式日趋多样，一定程度上影响了对账工作效率。

（二）制度规范不清晰，缺乏管理部门

目前对账工作并无独立、完整的管理办法，也缺乏明确的管理部门，对

账相关规范可见于多部门的多项制度文件中。如对账时限的问题，在历次业务检查中被多次涉及，而相关制度文件的规定并不统一。《中国人民银行会计基本制度》中并未明确对账时限。《中国人民银行关于印发〈中央银行会计核算电子对账系统管理办法〉的通知》（银发〔2009〕167号）中规定："中国人民银行营业部门应按月通过中央银行会计集中核算系统打印余额对账单交开户单位。开户单位应将余额对账单加盖预留印鉴，于月后5个工作日内送交中国人民银行营业部门。"由于核算系统已升级换代，该文件有效性存疑。ACS系统的配套制度《中国人民银行办公厅关于印发〈中国人民银行会计核算数据集中系统业务处理办法〉的通知》（银办发〔2013〕133号）和《中国人民银行关于印发〈中国人民银行会计集中核算管理规定〉的通知》（银发〔2013〕108号）中也未明确对账时限。

（三）金融机构对账操作不规范，对账积极性有待提高

一是电子对账系统对账不及时。《中国人民银行会计核算电子对账系统管理办法》规定，"开户单位应在下个工作日内完成上个工作日内的对账工作"。但在实际操作中个别开户单位不及时对账、忘记对账现象时有发生，使对账工作失去高效性和及时性。尤其是如遇对账人员出差、休假、岗位轮换，则更容易出现违规兼岗、对账不及时的现象。

二是金融机构纸质对账重视不够问题突出。采用纸质对账方式的多为中小型金融机构，普遍存在经办人员流动频繁，专业性不高，重视程度不足等问题。此外，也有个别机构账户长期无业务发生，但因历史遗留原因无法办理销户，金融机构业务人员对对账工作存有抵触情绪。

（四）对账工作较为繁重

部分金融机构同时参与两种对账方式，特别是电子对账系统是按日核对，已经包括了月末余额情况，月末进行纸质对账的意义不大，部分金融机构也多次向中国人民银行营业部门提出能否减少对账频率或只参加一种对账方式。重复对账加大了人民银行、金融机构的工作量，同时也造成了资源的浪费。

（五）函证缺乏制度依据

目前中国人民银行函证业务缺乏制度依据，各分支行办理函证业务方式各不相同，影响了中国人民银行履职的权威性。各分支行办理函证业务主要

有邮寄、面函两种方式，邮寄方式存在泄密风险且时效性无法保证；面函需要金融机构工作人员、注册会计师至中国人民银行分支机构营业部门办理，存在着地域上的不便，一方面增加了柜台业务压力，另一方面也削弱了第三方审计的独立性。

三、关于规范对账工作的建议

（一）重新整理确定对账范围

对账账户范围广、方式多是影响对账效率的重要因素，很多账户纳入对账范围是延续了传统习惯，但随着业务的发展、管理的规范，是否有必要对账值得商榷。建议总行会计部门根据工作实际，重新整理确定需对账账户，减轻对账工作压力，提高效率。

（二）制定对账管理办法，明确对账管理部门

目前与对账有关的制度零散、内容模糊，建议总行会计部门从工作实际出发，制定对账管理办法，明确对账管理部门。一是有利于明确各部门职责，规范操作。二是可以作为金融机构开户的配套制度，有利于对账管理。三是可以使相关检查工作有据可依，减少纠纷。

（三）加强对账工作监督检查力度，提高金融机构重视程度

针对目前对账中存在的金融机构重视程度不够问题，建议中国人民银行各分支机构加大监督检查力度。对于存在对账不及时、对账操作不规范等现象的金融机构出具业务风险提示单，情节更为严重恶劣的，可考虑进行约谈等，提高中央银行对账工作的有效性。

（四）优化对账方式，大力推广电子对账模式

在多种对账方式共存的情况下，建议中国人民银行各分支机构考虑提高对账工作效率，避免重复劳动。可以由开户单位提出申请，自行选择对账方式；已经加入电子对账系统的，可以不再进行纸质对账。

（五）从制度层面规范函证，采用"集中统一"函证模式

一是从制度层面规范函证格式、操作规程。建议总行会计部门规范函证的格式及内容、形式、操作流程、办理时限、加盖印鉴等具体事项，与中国人民银行业务相适应，减少重复工作，维护中国人民银行监管的权威性和第三方审计的独立性。

二是采用"集中统一"函证模式。建议中国人民银行由 ACS 业务处理中心集中负责全国的函证业务，统一回函、复核。一方面加强了规范统一性，提高了回函质量与回函速度；另一方面也大大减少了中国人民银行函证工作的重复性，提高了函证效率，防范了风险的发生。

中国人民银行营业管理部干部职工思想动态分析调研报告

宣传群工部课题组

一、干部职工思想动态现状描述

调研采取的主要方法：问卷调查、访谈、小型调研会议等。共回收556份有效问卷。重点调查了干部职工政治思想状况、履职能力建设、机关文化的认同度、身心健康发展四个方面，从结果来看，发展趋势整体良好，积极向上。

（一）政治素养较高，主动参与党团活动

调查显示，营业管理部思想政治工作组织管理有效，干部职工政治素养较高。这得益于营业管理部党委高度重视思想政治工作，坚持以党建促进业务提升和干部职工成长发展，依托"三里河大讲堂""道德讲堂""新思享青年沙龙"等品牌活动，探索形成了"宣讲+互动""实践+体验""线上+线下""制度化+常态化"的新时代基层央行思想政治工作格局。多种形式党建宣传活动的开展不仅统一了思想、凝聚了人心，还使思想政治工作更加制度化、人性化。

（二）履职能力较强，积极向上谋求进步

从总体上看，96%的干部职工对自己的履职能力和完成工作目标的满意度表示满意。32.91%的干部职工表示目前的工作已充分发挥了自己的能力和潜质，越是工作10年以上越觉得工作起来得心应手。

综合以上分析表明，干部职工具有较强的履职能力、清晰的自我认知和发展规划，这得益于营业管理部近年来持续不断努力构建公开、公平、公正的干部培育选拔机制。制定出台了《干部队伍建设工作规划（2019～2023年）》，建立源头培养、跟踪培养、全程培养的素质培养体系，增加干部职工跨部门及外部交流学习机会，合理引导干部成长预期。完善以业绩为导向的工资分配机制，激励带动干部担当作为。

（三）机关文化建设评价高，核心价值观深入人心

调查显示，在物质环境方面，营业管理部的文化设施建设评价较高。在制度执行与效果方面，评价普遍较高，这不仅得益于营业管理部近年来不断加大核心价值观的培育力度，还得益于对制度建设的重视。尤其是去年以来开展的"强基础、严管理"实践活动，帮助干部职工学习制度，规范行为。

（四）身心健康状况较好，干部职工幸福指数较高

整体来看，绝大部分干部职工都保持着积极进取的生活和工作态度，幸福指数较高。在职业所带来的有关身心方面的影响中，大部分干部职工都期待在营业管理部保持一份稳定且有晋升空间的岗位。值得注意的是，青年群体更多希望有成长空间，而50岁以上的干部职工则不太希望岗位有更大变动。这在一定程度上表明，随着年龄的增长，干部职工对于工作"求安稳"的心态越发强烈。

在关于自身身体状况的调查中，整体来看都认为自身的身体状况较好，精力充沛有活力。受生活和工作的压力以及对自身能力提升的诉求影响，有部分干部职工表示自己"有时会感到疲惫，但很快可以调整过来"。认为自身身体状况欠佳的受调查者多为45岁以上的干部职工。

近年来，营业管理部党委牢固树立群众观念，出台了《中国人民银行营业管理部领导干部密切联系群众日工作管理办法》，多渠道听取干部职工意见建议，切实解决群众诉求。2019年以来，营业管理部党委下大力气解决职工生活痛点，为青年员工解决住房问题，着力提升餐饮质量，做好困难职工帮扶和职工心理减压。这些举措有力地增强了营业管理部的凝聚力和向心力，提升了干部职工的幸福感。

二、干部职工思想动态值得关注的情况

从此次调研的结果来看，无论是思想状况、履职能力建设方面，还是身心健康发展等方面，干部职工思想动态整体积极正向，但依旧存在部分值得关注的问题。

（一）存在部分干部职工政治理论水平有待提高的情况

调查显示，绝大多数干部职工能正确回答党的政治理论知识，但仍有小部分职工的政治理论水平有待提高。其中，从职级上看，科级以下干部职工的错误率最高；从职级和部门上看，守卫押运部门错误率最高；从政治身份上看，党员的正确率较高，群众、共青团员、民主党派的政治理论水平仍需加强。

（二）存在个人能力与工作要求不匹配的情况

调查发现，文化程度越高，对职位的要求越高，越会觉得能力和潜质没有得到充分的发挥。觉得自己"在工作中还是有些不足"的干部职工中，在博士研究生、硕士研究生、本科生、专科及以下中分别占比 21.43%、30.82%、28.22%、30%，认为自己在年龄、学历、工作经验、专业知识等方面有所欠缺。

（三）存在轮岗交流需求未能充分满足的情况

在调查中发现 138 人（占比 24.82%）觉得所在工作岗位长久不轮换，缺乏挑战性。196 人（占比 35.25%）希望进行轮岗，但是没有机会。267 人（占比 49.64%）希望进一步学习和进修，但是由于营业管理部提供的人力、财力、物力等资源和平台有限，缺乏这样的机会。

（四）存在党团工作创新不足的情况

青年员工表现出较其他员工对党团活动形式创新的更高呼声，认为思想政治工作存在形式主义、缺乏创新这两大突出问题。在如何更好地开展思想工作问题上，青年员工给出的建议是多实践体验，多利用网络进行新媒体方

面的引导。

（五）存在学习、培训活动与日常工作在时间安排上偶有冲突的情况

针对营业管理部的学习、培训活动，361 人表示偶尔与日常工作冲突，占比 64.93%，在学习和培训的内容和形式方面，希望可以将理论与实践相结合，多一些外出实践的机会，同时也希望多提供一些有深度、质量高、多领域的培训。

三、干部职工思想动态问题分析

（一）工作能力水平是影响干部职工思想动态的客观因素

工作能力较强则自我能力认同度较高，工作的自我效能感较强，从而以更积极的态度面对生活，拥有更健康的身心状态。工作能力较弱则影响干部职工继续在现有岗位上工作的态度，极易出现离职倾向。

（二）轮岗交流诉求是影响干部职工思想动态的主观因素

干部职工思想动态总是与现实工作生活密切相关，而轮岗交流问题关乎干部职工的切身利益，影响干部职工思想动态发展变化。

（三）面临多重压力是影响干部职工思想动态的深层次因素

影响干部职工幸福指数，让其感到压力和烦恼的主要因素有家庭购房、赡养父母、子女教育、家庭关系、经济压力和身体状况等，同时频繁的加班任务，得不到足够的休息也会直接影响到心理状态。

四、干部职工思想动态整体提升路径探究

（一）全面提升思想政治工作水平

（1）要提高思想政治工作的水平，最重要的是要提升干部职工的政治理

论水平，通过实践性的教育活动更加充分地调动干部职工参与的积极性。

（2）要注重职工思想实际和社会生活实际问题的解决。要继续坚持一对一谈心交流、座谈会等深入地了解职工工作生活中的思想困惑与实际困难。对于职工思想上的困惑，采取精神疏导法、心理咨询法、学习辅导法、职业指导法、人际关系辅导、婚姻家庭问题咨询等方面，做好思想上的疏通与引导。对于职工较关心的住房、孩子教育压力大等实际问题，积极争取总行和北京市政府关于子女教育和优惠房源的有关政策。

（3）以党建促履职，增强思想政治工作的有效性。以抓好、抓实、抓强理论武装工作为切入点，增强干部职工政治定力，尤其要探索如何将思想政治教育更好地落实到履职工作之中。另外，强化政治理论、专业知识、调研技能等方面的学习培训，努力打造"学习型、服务型、实干型"机关。

（二）注重加强干部职工业务能力的培养

（1）始终坚持以马克思主义中国化最新理论成果武装头脑，倡导以社会主义核心价值观引导干部职工树立正确的世界观、人生观、价值观，不断提高政治站位，自觉为国家和营业管理部做出更多的贡献。同时，加大先进典型选树力度，发挥身边榜样示范引导作用，鼓励干部职工发扬奋发图强、埋头苦干的精神。

（2）在尊重干部职工意愿的基础上，充分考虑干部职工的培训需求，对培训进行整体规划，形成制度化、规范化的培训体系。在培训时间上，控制培训频率，尽量选择培训主体空闲时间的最大公约数。在培训内容上，尽量邀请知名专家学者进行讲座，并把握好质量关，提高培训实效性。

（3）根据干部职工反映最集中的诉求，在岗位流动晋升方面，不断扩大干部职工岗位调动空间。一是加大营业管理部内部的岗位流动力度。二是提供更多干部职工去外部金融机构、商业银行等挂职交流的机会。三是多维度拓宽干部职工晋升渠道。四是在营业管理部内部，对于领导职务的晋升，要尽量开拓空缺职位；对于非领导职务的晋升，尽量争取相对多的晋升名额，为科级以下干部职工提供多样化的晋升发展渠道和空间。

（三）着力打造凝心聚力的机关文化氛围

（1）创新党团工作方式方法。加强党建品牌建设，以党建带团建，深化党建工作与业务工作的有机融合，提升党员群众的认同感。找准党团工作与业务工作的结合点，用干部职工喜闻乐见的方式开展思想政治工作。摒弃思维固化特别是理念创新跟不上等问题，主动与地方党委职能部门沟通协调，提升党团工作效果。

（2）创新机关文化建设载体，依托微信公众号、微信工作群、显示屏、文化长廊等多种载体开展机关文化建设，开展多种形式的文体活动，加强正面宣传，使干部职工在潜移默化中学习文化知识。

（3）加大组织实践体验的力度。通过参观访问、社会调查、社会实践、志愿服务等方式开展思想工作，使干部职工切身感受到中国人民银行工作的使命感和责任感，增强爱岗敬业的职业道德。

（4）将社会主义核心价值观融入机关价值理念建设，纳入干部职工学习内容和培训内容。通过加强社会主义核心价值观建设，不断提高干部职工的职业道德、家庭美德、社会公德、个人品德的水准，以良好的机关作风带动党风、政风、行风，增强凝聚力和向心力。

从保卫专业理论、保卫管理体制、技术防范角度谈中国人民银行安全保卫工作改革发展的构想

马赛合等[*]

一、从理论角度谈新时代中国人民银行安全保卫工作

2014 年习近平总书记首次正式提出总体国家安全观，2019 年十九届四中全会提出了关于推进国家治理体系和治理能力现代化若干重大问题的决定。这对中国人民银行安全保卫工作有着重要的指导意义。中国人民银行安全保卫工作是为确保人民银行财产和人员的绝对安全而开展的一项内部管理行为。1996 年，中国人民银行总行成立了保卫部，安全保卫队伍逐渐得到加强。安全保卫工作的开展，是履行中国人民银行职能的重要基础保障，真正服务于国家金融发展和国家安全战略体系。

中国人民银行作为机关单位，其安全保卫的首要任务就是机关内部安全保卫工作（"内保工作"或"保卫工作"）。保卫工作，是指我国公安机关保卫部门与企事业单位的保卫组织与机构、保安服务公司、其他社会组织和力量对我国的机关、团体、企业事业单位、特定的目标与场所、重要人物所实施的保卫工作[①]。人民银行管理国家金库、发行货币的职责决定了它同时还是要害保卫对象。人民银行安全保卫的其他两大任务是保卫发行库安全、

---

* 马赛合、鞠洋、闫建波、于年忠、李海、李怡瑶、李瑞、翟超群、张晨、吕晨辉：供职于中国人民银行营业管理部保卫处。

① 郭太生. 保卫学 [M]. 北京：中国人民公安大学出版社，2011：1.

保证发行基金押运安全。保卫发行库安全：一是运用现代化安防技术建设发行库（这也是安全保卫工作中最需要专业技能和创新精神的部分），通过建设现代化的安全技术防范系统、推进信息化网络化建设，全面提升安全保卫的现代化水平；二是 24 小时专职守卫发行库，即以守卫值班室为中心，以内部防范与外部防范并重、人防物防技防相结合的原则，落实各项管理制度，保障发行库区整体安全。保证发行基金押运安全，即押运人员坚持安全第一的原则，严格遵守枪支弹药管理、铁路、公路、交通等国家法律法规和中国人民银行押运制度、工作纪律，以严密的组织形式、完整的防护装备、完善的应急预案、规范的押运行为、先进的技术支持，完成发行基金调拨押运任务。

二、北京重点库辖外发行基金押运的创新实践

北京重点库启用后，辖外发行基金押运业务量激增。由于发行基金押运工作的特殊性和极端重要性，面对实际困难，迫切需要改革创新和探索。

一是北京重点库启用后，辖外发行基金押运工作的迫切需求。根据工作量测算，北京重点库需要新配备 25~30 名押运人员才能完成辖外发行基金押运任务。由于发行基金押运工作的特殊性，要求具有过硬的政治素质、较强的身体素质，加之编制员额受到严格限制，很难在短期内招录到足够多的符合条件的人员，而且押运人员具有一定流动性，管理也会遇到一些新的情况。为保障重点库各项押运任务的顺利完成，迫切需要对辖外发行基金押运业务的方式进行改革。

二是人民币发行基金押运安全管理规定要求。营业管理部根据总行守押体制改革的相关要求，结合北京重点库的具体情况，报请总行同意后决定北京重点库辖外发行基金押运业务以服务外包形式开展。通过调研，北京辖区内具有可以派武警参加发行基金押运任务的公司，且拥有完整的押运队伍、规范的押运制度和丰富的发行基金调拨押运经验。

三是外包管理和建章立制。加强对外包公司的履约目标管理，虽然不再进行辖外发行基金押运业务的具体操作，将主要职责转变为对公司的监督指导，保证外包公司按合同要求安全规范、集约高效完成发行基金押运任务。①明确总行及营业管理部人民币发行基金押运安全管理相关规定和细则，督

促不折不扣落实，确保押运安全，不发生责任事故。②加强押运业务培训指导，选派押运经验丰富的骨干定期到外包公司授课，分享体会心得，提高外包公司押运人员的思想认识，增强业务技能，树立风险意识，提升突发情况的处置能力。③确立月度统计报告制度，外包公司每月将执行总行调令的结算单、车皮费用等汇总成表报告营业管理部。④建立现场核查制度。每遇外埠回押任务，营业管理部派人到车站现场核查，确认券别、金额、件数，督导安全入库。⑤建立评估报告制度，年底对外包公司完成押运任务情况进行评估，主要涉及安全管理、制度规范、机保车使用效率和调拨命令完成率等内容。⑥建立多层次沟通协调机制，明确日常联系人对接押运日常情况，及时有效沟通；设立月度总行调令执行报告制度，将调令完成情况按时汇总报告；建立季度例会制度，每季度末对押运执行情况和问题进行汇总，及时提出改进意见。⑦建立应急保障机制，外包公司遇有外埠回押无法派兵或突发情况，难以顺利完成押运任务，为保证总行调拨命令顺利执行，营业管理部协调相关部门组织完成押运任务。

四是外包模式运行顺利，实施效果显著。北京重点库的辖外调拨押运工作自2018年5月1日起由外包公司履行至今，业务开展顺利，实施效果显著。①解决了押运人员短缺的矛盾，使营业管理部未新增押运人员，减少了人员成本。②通过业务外包节约了资金。营业管理部采取"按业务量付费"的原则，按照调令数量和执行调令时间向外包单位付费。经统计，此模式有效节约了押运费用支出。

三、人工智能和大数据在技防建设中发挥更大作用

一是优化人民币发行库守卫工作方式。对于有武警驻勤的发行库，通过提升技术防范水平，运用新技术产品，实现发行库夜间非现场值守的工作方式。具体实施上：①进一步完善报警系统前端防控结构和手段。如应用多种探测手段防控于同一目标，并结合具有热成像、智能分析功能的视频监控设备进行报警监测和复核，从而避免漏报，最大限度降低误报。②建立报警联动管控平台，并通过无线传输技术连接到移动终端。平台实现报警防区的视频联动，对非法越界人员进行监控跟踪和录像；平台具有与驻勤武警、保安以及属地公安部门的实时会话功能，并通过电子地图标注位置，迅速部署安

保力量进行现场处置。因此，视频结构化和 5G 通信等技术的快速发展为有武警驻勤的人民币发行库夜间值守方式的改变，提供了技术上的支持。

二是构建发行基金押运无线感知网络。随着微型智能传感器和多维感知管控系统的日益成熟，实现在汽车或火车押运管理过程中，安全保卫监控（指挥）中心可实时了解、侦测、监督和管理押运进程的相关情况，具备了远程监控指挥、现场管理抓拍、录像实时分析以及远程现场决策等多项功能。在执行任务期间对于押运过程中遇到的问题，能够及时准确传递信息，实时汇报情况，进一步保证了押运任务安全。

三是智能化安全技术防范管理系统发展构想。①云技术、大组网、物联网、大数据、人工智能等先进的科学技术将被融入安防管理工作中，尤以视频监控系统和安防集成平台的发展最为突出。②智能化的信息处理，使得图像细节分析更强，分析价值更高，应用范围更广。如监控轨迹分析技术可直接将人员位置及活动方向直观展现出来，甚至对细小的动作进行分析，警示违规操作或不良举动。③智能化的安防集成平台可完成三大安防子系统的全面整合，同时，守押、消防、应急处置等工作内容也可以在平台完成集中统一管理。将数据互通、信息共享，利用智能化信息处理设备及算法进行分析处理，为安全保卫工作总体部署、管理以及预警指挥提供准确的数据支撑。如在处置突发事件时，通过人工智能分析技术，自动生成应急处置预案，同时进行录像、开关门、数据存档、灾备、短信报警、广播等方法，准确、高效完成处突任务。

四是"智慧消防"系统探索。火灾事故的预防与处置是机关保卫工作重要环节。"智慧消防"的理念已经成为消防建设发展的新趋势：①监测方式多样化。在传统火灾报警系统的基础上，利用火光、烟雾等图像分析报警；漏电电流监测以及安全出口和疏散通道的畅通情况来对整个区域进行动态监控、实时反馈，可视化呈现，大大提高了单位消防安全管理水平。②事故处理精准化。"智慧消防"远程监控系统充分运用大数据、云计算等技术，能够绘制出本单位的立体图像。当灾情发生时，可以使用该图像实现指挥、调度、分析、决策"一图化"的事故处理方式，实时获取发生灾情的位置和现场情况，有效解决火灾位置不清、灾情不明的困境，可以为灾情的有效处置争取宝贵时间。③力量调度集约化。可以实现物物互通、物人互通，确保火灾发生时消防指挥中心可以迅速接收到前端设备的火警报告，并可以实时掌握消防器材和保障物资的位置和状态，通过物物联动、一键式灾情处置等手段实现前端与后端的信息交互，快捷、高效的协调消防设备对灾情进行处置，为科学化应急指挥和救灾力量调度提供重要的信息参考。

四、政策建议

一是打造智慧发行库。继续推动安防系统信息化建设，广泛、持续地收集安防数据，积累安防数据资源。充分利用人工智能和大数据技术带来的技术升级机遇，探索建设安防大数据平台，深度挖掘发行库视频监控、门禁系统和报警系统中的有效信息，联动分析，提高工作效率，降低人员因素影响，提高发行库安防智能化水平。

二是紧抓社会治安综合治理工作。落实总体国家安全观要求，梳理社会治安综合治理相关制度，明确各方面组织机构和职责分工。理清消防安全责任，增强基本建设项目时的消防安全要求，在新健、改建、扩建等工程中严格落实消防法规要求，为日常消防安全管理打下坚实基础。

三是全系统安全"一盘棋"，积极组织经验交流和分享，共同提高和进步。

四是高标准建设安防网络，搭建高速安防网络，为视频监控图像的分析、应用和各安防系统的智能化提升提供网络基础。

突出全面从严治党主题
加强离退休党员服务与管理

王保庆[*]

一、营业管理部离退休人员、党员队伍呈现的新特点

(一) 离休干部数量明显减少，退休人员数量迅速上升

近五年（2015~2019 年）来，离休干部由 24 人减少到 9 人；退休人员新增 96 人，新退休人员已经成为离退休人员队伍中的重要组成部分。未来五年（2020~2024 年），营业管理部还将有近百人达到法定退休年龄，占在册职工总数（不含总行专项干部职工）的 18%。可以看出，未来五年营业管理部将始终处于退休高峰期。

(二) 退休人员队伍年龄结构、身体状况在逐渐优化

截至 2019 年 12 月末，营业管理部退休人员平均年龄为 67.5 岁左右，且大部分人员退休人员年龄在 70 岁以下，低于平均年龄的退休人员占退休人员总数的 62.5%。随着新退休人员的不断加入，退休人员队伍整体年龄结构将持续优化，"年轻的老干部"趋势明显，总体健康状况良好，绝大多数能正常生活和参加各类活动。

---

*　王保庆：供职于中国人民银行营业管理部离退休干部处。

（三）新退休人员学历层次较高，综合素质显著提升

新退休人员在工作后通过自学考试、函授、电大等取得了大专以上学历，受教育程度普遍有所提高。近五年新退休人员中具有大专以上学历的占新退休人员总数的 78%。今后五年时期，新退休人员的学历层次将持续不断提高。

（四）退休人员中党员数量占主体地位，政治优势进一步凸显

营业管理部离退休党员占退休人员总数的 67.0%，退休党员已成为退休人员的绝对主体。今后一个时期，离退休人员中党员数量仍将占到主体地位，整体政治素质和政治觉悟较高。做好离退休干部工作，抓好离退休党员这个关键多数，发挥示范带头作用，才能起到事半功倍的作用。

二、离退休党建工作存在的问题

近年来，营业管理部党委牢牢把握"全面从严治党"的新内涵、新要求，围绕发挥好离退休党支部和离退休党员的政治优势、思想优势和经验优势，提高离退休党员的"四个意识"，做到"两个维护"，进行了有益的探索和实践，取得了显著的成绩。但由于离退休党员的特殊性，与在职党员相比，在教育管理上也存在以下问题：

（一）少数离退休党员自我要求降低，纪律约束松弛，党性意识有所弱化

从退休党员个人角度来看，少数退休党员认为自己已经退休，有了"船到码头车到站"的思想，自我要求降低，党性意识、理想信念逐渐淡化，不再追求进步，对党忠诚的信念也不再那么强烈，不再自觉主动地参加学习和组织生活，不关心国家大政方针和党的政策理论，平时也不关心营业管理部的发展，不主动甚至回避向组织汇报自己的真实状况，党员应有的先锋模范作用根本无从谈起；从单位职能部门的角度来看，退休党员已经赋闲在家，年事已高，他们已经不承担具体的工作，也不好对他们提更高的要求，只求过得去就行，所以对退休党员的管理纪律较为松弛，"工作退休、思想滑坡"

的现象存在。

（二）退休党员居住分散、身体状况不佳等实际情况导致管理困难

一是目前北京城区范围扩大，退休党员的居住地分散、偏远，许多退休党员都搬到郊区居住。还有些退休党员的子女工作在外地，或在海南等南方宜老地方买房居住，所以他们退休后会赴外地和子女居住、生活在外地，很少回北京。二是退休党员毕竟年岁较大，身体状况逐年下降，有些已无法自行外出活动。三是有绝大多数刚退休的党员承担起了子女家里"家庭保姆"、自己高龄父母照顾的工作，不比上班时轻松，无暇参加活动。上述这些实际状况导致很难定期定点召集多数退休党员参加集中学习、开展集体活动等。

（三）退休支部的组织活动较为单一，缺乏吸引力

营业管理部成立了离退休党总支，根据居住地范围也设立了四个党支部，配备了支部书记和支委，组织结构健全。但总体而言，退休支部的凝聚力不强，而且囿于实际情况，退休支部的活动形式单一，主要为文件材料的传阅、宣讲，开会座谈等，很难调动退休党员的积极性，退休党员还是大多热心一些文体活动，外出走访，对政治学习缺乏主动性。

（四）人员力量、结构相对薄弱，管理服务的能力有待进一步加强

目前，离退休党总支的工作，往往依赖离退休干部处的人员来组织、布置和推动，而离退休干部处在编正式人员 7 人，服务管理 261 名退休职工，人均服务老干部 37 人，远远超过总行所定 30 老干部/人的上限；而且人员年龄偏大，平均年龄 53 岁，可以说处于准退休状态，体力、精力都有所减退，再兼职做好离退休党员的党建工作，确实比较吃力。况且，离退休党建工作分布的面广、线长、点多，情况特殊又复杂，与在职、传统的党员教育管理又不太一样，这对新形势下离退休干部工作人员也提出了新的要求，面临新的压力。

三、思考与建议

下一步，对离退休党员的教育管理，要以党的十九大精神和习近平新时代中国特色社会主义思想为指引，进一步突出党建地位和政治站位，以离退休党支部为战斗堡垒，发挥党员的先锋模范作用，在"认真"上使劲，在"厚爱"上出招，在推动离退休党员教育管理精准化、规范化和实效化下功夫，推动营业管理部离退休党建工作质量和水平进一步提升。

（1）强化党建统领、层层压责，坚持过程控制、关口前移，全面提高离退休人员的政治站位。坚持"大党建"工作格局，将退休党员的教育管理纳入营业管理部党建组织工作总体安排，确保同谋划、同布置、同推进。以支部为抓手，支部书记为龙头，支委为骨干，靠退休党员管理退休党员，层层压实责任，发挥他们的骨干带头和示范引领作用，引导其他退休党员党性观念不弱化、党员标准不降低、党内生活不脱离。同时。将退休党员分为"退休前""退休时"和"退休后"三个节电点，"退休前"（邻近退休前两年）加强思想引领和党性教育，消除其退休后脱离管理、安于享乐、随波逐流的心态，正确对待"新起点"；"退休时"人事、所在处室要准确告知政策法规和各项待遇，接受党组织的教育管理，牢记哪些事可做、哪些事不能做，做到"离岗不离党，退休不褪色"；"退休后"注重与离退休干部处和支部的衔接、过渡，加强对其退休后党性、党规和党的理论的学习培训，明确作为一名党员在党组织内永远没有退休，必须经常接受组织的监督、教育和管理。

（2）继续沿用传统教育方法，注重教育内容的针对性和实用性。要真正重视教育，强化教育，退休党员都是在党的培养和教育多年，经历了风雨沧桑，走过了曲折的历程，虽然他们在退休离岗后会有一种失落感，但对党的忠诚、信念仍未改变、动摇，所以必须加强对他们的教育管理，使他们感觉仍旧有家可依、有组织可靠，激发他们对党的执着信念，增强他们的党性修养和组织观念，始终保持一名党员的先进性，做到退岗不退党，退休不褪色。

离退休党员教育内容的选择，应与在职党员有所区别，不宜过于偏重政治理论和理想信念的灌输。要适应老年党员的特点和需求，坚持少而精，加强针对性。一是要进一步加强时政教育。离退休党员过去在职在岗时，经历的政治运动和时政教育较多，养成了关心党和国家大事的习惯。离岗退休后，其政治情结仍存于胸。所在党支部应当满足他们的政治需求，关心和落实他们的政治待遇，通过"三会一课"等方式，经常组织他们学习相关的会议、文件精神和报刊文章，搞好宣讲辅导工作，帮助他们及时了解党和国家的重大决策和战略部署，了解营业管理部党委和经济金融的中心工作，正确领会党的路线方针政策和国家的法律法规，以消除道听途说的误解，提高拥护和执行的自觉性与坚定性。二是要进一步加强社会热点问题的教育。反腐倡廉、收入分配、社会保障、食品安全等问题，是当前人们普遍关注的社会热点问题。对离退休党员加强这方面的学习和教育，有利于帮助他们学会辩证思维，树立正确的价值取向和选择判断，缓解心理焦虑和负担，培育乐观向上的良好心态。三是要进一步加强健康知识的教育。老年党员普遍希望自己健康长寿。可采取开办专题讲座、发送保健护身的科普资料等途径，帮助他们掌握延年益寿的知识，培养健康文明的生活方式。

（3）创新组织活动，注重教育形式的新颖性和多样性。现行离退休党员教育普遍存在形式呆板的问题，学习教育通常只是念念报纸、读读文件而已，方式陈旧、方法单调，致使一些老党员感到教育枯燥无味，产生厌烦情绪。改善现行的党员教育，需要注重教育形式的新颖性、多样性与灵活性。

一要加大信息化教育，应利用电视、网络、手机等现代媒体和远程教育资源，组织党员通过观看电影电视片、光盘录像和浏览网文等方式，接受有声有色的电化教育，提高学习教育的节奏和效能。二要注重坚持寓教于乐。根据教育的需要和特点，适时适度开展知识竞赛、举办作品展览、组织文体活动、参加节会庆典等，努力把教育的思想性、知识性、趣味性融为一体，增强吸引力和感染力。三要注重坚持动静结合。在坚持"请进来"授课的同时，积极组织大家"走出去"，通过游览北京的教育基地、参观革命历史展览、考察新农村建设发展的成就等，接受生动形象的思想教育，增强爱党爱国爱家乡的情怀，激发发挥余热做贡献的热情。四要注重坚持与在职党员一道教育。通过分批、分层次组织离退休党员参加营业管理部在职党员的教育活动，与在职党员同场听取党课报告，同时参加上级会议和文件精神的传达学习、同等开展先进党员的评比表彰等，使离岗退休党员有"回归单位"的感觉，打消失落感，增强吸引力，退岗不褪色。

（4）关心关爱退休党员，突出差异管理，部分退休党员可以转至社区、异地管理。退休后，部分退休党员会有一定的自卑感、失落感，离退休干部处作为服务老同志的职能部门，应积极采取措施，进一步加强对退休党员的联系和服务。如在重大节假日期间开展上门慰问、住院探望、发生重大变化及时跟进、电话联系等。营业管理部其他职能部门及退休前所在处室，也要经常采取个别走访、电话沟通等形式，及时了解老党员的思想变化情况以及身体生活情况，对子女不在身边，体弱多病老党员要上门为他们服务，解决生活上的困难，做到知党员情、解党员难、暖党员心，及时了解他们的思想需求、关心他们的生活状况，及时解除他们的后顾之忧，切实履行教育管理职能，使他们能时刻感受到党组织的温暖。

对居住较远、京外、长期不能参加离退休支部活动的退休党员，在退休党员本人自愿的前提下，可以根据党员退休后主要居住地及生活安排等情况，按照《党章》《党员教育管理条例》等有关规定，本着有利于退休党员参加组织活动和发挥作用的原则，建议他们把党组织关系迁往居住地社区的党组织，方便他们参加组织生活，铭记党员的身份。

（5）保障经费和人员，打造高素质离退休干部队伍。加强离退休党支部建设，落实好离退休老党员的政治待遇和生活待遇，稳定离退休老党员队伍，使他们更好地支持在职干部职工的工作，需积极创造条件，保证离退休党支部有必要的活动经费，有固定的活动场所和丰富的学习资料，确保离退休党支部能正常开展组织活动，真正使离退休老党员"老有所学，老有所乐，老有所为"。同时，要加强离退休干部队伍建设，配齐配强工作人员，提供学习培训和交流的机会，关注他们的成长和进步，减少被边缘化的感觉，激励他们工作的积极性、主动性，努力打造一支高素质、专业化的离退休干部工作队伍。

关于进一步深化营业管理部职工民主管理工作的几点思考

赵秋玲等*

习近平总书记在同中华全国总工会新一届领导班子成员集体谈话时强调，强信心、聚民心、暖人心，使广大职工在理想信念、价值理念、道德观念上紧紧团结在一起。中国人民银行营业管理部党委高度重视民主管理工作，不断加强职工民主管理体制机制建设，坚持将推进民主管理作为新时期加强和改进央行基层党建工作的重要内容和构建和谐央行的有力抓手，坚持以党内民主促进行内民主，充分发挥党委示范带动作用，全面推行党务、政务、行务公开，持之以恒，常抓不懈，营造了民主、和谐、规范、高效的工作氛围。

一、主要做法

（一）齐抓共管，构建民主管理体系

不断完善以职工代表大会为基本形式的民主管理制度，确立了民主管理工作的总体要求、基本原则、工作目标和主要内容，构建了"党委统一领导、部门分工负责、工会统筹协调、职工积极参与"的"大民主管理"格局，畅通了党群、干群沟通交流平台和渠道，民主氛围日益浓厚，呈现了风清气正、干事创业，党群干群关系和谐融洽的良好发展态势。2015 年制定印发了《中国人民银行营业管理部职工代表大会暂行办法》，使民主管理工作步入常态化的发展轨道。五年来，营业管理部党委始终秉持以人民为中心的工作理念，积极发挥职工的主人翁精神，支持职工参与民主管理，每年定期

---

* 赵秋玲、贺晓阳、刘洋：供职于中国人民银行营业管理部工会办公室。

召开职工代表大会。

（二）联系实际，丰富民主管理形式

1. 坚持密切联系群众，倾听职工呼声

牢固树立群众路线和群众观念，不断改进领导干部密切联系群众的手段和方法，研究优化主任接待日、谈心谈话、座谈走访等制度设计，鼓励领导干部主动邀约，覆盖不同办公区、不同类型工作、不同层级，广泛深入开展"面对面"谈心谈话，及时准确掌握干部职工的思想、工作、作风、生活情况，畅通干部职工意见建议表达渠道，把工作真正做到群众心里去。通过主任接待日、座谈会、意见箱、微信群等渠道，主动听取干部职工意见诉求，逐条逐项整改落实。推动"听需求　讲政策　服务走进处室"活动常态化、长效化，更加注重问题解决的时效性和全面性。

2. 坚持问计于民，问政于民

不断完善联系群众机制，拓宽各种"接地气"的群众沟通渠道，坚持问计于民、问政于民。选定职工群众代表担任后勤服务中心餐饮部经理竞聘考官，发挥职工的主人翁意识，充分表达职工的餐饮需求和意愿。在制定职工休假管理办法时，由工会办公室牵头，多次广泛听取职工意见，引导职工民主参与、几上几下，最终提交党委会集体研究通过。充分发挥职工代表在职工代表大会闭会期间的作用，多次邀请职工代表参加党委会、主任办公会，加深与广大职工的沟通交流，有效地调动了职工参政议政的积极性、主动性和创造性。

3. 实行三务公开，有效落实职工的知情权、监督权

加强党务公开、政务公开和行务公开，进一步增强工作透明度。对涉及"人、财、物"和职工切身利益、职工关心的重要事项等依法依规进行公示；对干部的调动、任免、晋级提职、职称评定、学历变动和评先评优等重要事项，依照有关规定对政策、条件和结果进行公开；对基建工程项目招投标和集中采购（大宗物品采购、设备引进）结果进行公开。定期向全行通报党委会、主任办公会的主要情况。通过"三务"公开保障职工的知情权和监督权，全面促进民主决策、科学决策和依法决策，全行工作作风更加严谨、务实。

（三）有序推进，突出民主管理成效

1. 充分重视职工利益诉求，机关建设更加和谐

定期对涉及职工切身利益的事项进行沟通、协商。针对职工高度关心的住房问题，营业管理部党委积极协商研究，寻求政策支持，多措并举，为职工解决公租房 80 套、定向安置房 6 套。不断加大职工代表提案落实力度，2018 年职工代表大会共提 56 份提案，经过集体商议后将提案归类、合并、调整后形成提案 41 份，提出承办意见，34 条提案得到落实，落实率 83%；未落实的提案及时向职工进行了解释、说明。2019 年职工代表大会共收集业务工作、内部管理、群众生活三方面提案 58 份，工会办公室对所征集的提案行了认真汇总、分类整理，形成了汇总报告。召开工作委员会及职能处室负责人会议，经过集体商议后将提案归类、合并、调整后形成提案 46 份，提交大会审议。

2. 广泛接受职工监督，各项工作开展更加顺畅

办文、办事工作流程通过 OA 办公系统运行，文件办理、会议管理、督办进展、各项规章制度均实现在线查询监督，办公效率明显提高，机关作风明显改善。通过职工对领导干部、人财物管理使用岗位、关键岗位的广泛监督，保障各项工作顺畅、有序开展。

3. 构建多方位全过程干部培育机制

着眼于新时代党的组织工作路线，印发了《干部队伍建设工作规划（2019～2023 年）》，建立源头培养、跟踪培养、全程培养的素质培养体系，仅 2019 年 1 月至 10 月，共提任处科级干部 62 人，内外部交流 101 人，招录新行员 147 人，广聚英才为央行事业助力。完善以业绩为导向的工资分配机制，激励带动干部担当作为。研究制定工作人员外出授课、因私出国（境）管理、员工休假等制度办法，构建从严管理制度体系。

（四）与时俱进，推动民主管理工作创新发展

2015 年，营业管理部第九次党委会研究决定，转变民主管理主要形式，在职工代表联席会议基础上，进一步建立新的职工代表大会制度机制，对民主管理制度进行重新梳理和修改，形成新的民主管理工作制度框架，将适时召开的职工代表联席会议转升为一年一次召开的职工代表大会。民主管理工

作整体工作向规范化、常规化方向发展，近年来，按照民主管理工作新要求、新原则、新目标、新制度、新形式、新内容、新程序，做到"五坚持"，分层次组织推进营业管理部职工代表大会顺利召开，进一步深化了民主管理工作内涵。

1. 坚持开展关于职工代表提案工作培训

为使提案工作更有针对性，加强提案工作引导，每年组织职工代表培训，宣讲有关政策，部署征集提案工作。

2. 坚持开展优秀提案评选活动

为鼓励干部职工为营业管理部发展积极建言献策，实现由仅关注个人发展、生活需求方面向关心金融业务、加强内部管理方面转变。每年组织优秀提案评选，经职工代表投票，从最终形成十佳提案，在业务网中予以公布。

3. 坚持规范职工代表大会程序

每年征集提案后，由工会办公室对所征集的提案进行认真汇总、分类整理，形成了汇总报告。召开工作委员会及职能处室负责人会议，经过集体商议后将提案归类、合并、调整后形成提案，提交大会审议。严格按照总行关于职工代表大会的相关文件产生职工代表，职工代表大会委员会负责对代表条件、产生程序、结构比例等进行审查，并将职工代表名单进行公示，公示时间不少于五个工作日。随时掌握职工代表的情况，及时进行补选。严格按照操作规范做好会前准备工作，确定议题、成立机构、确认代表、征集提案、准备材料、通知开会、其他准备。召开预备会议和正式会。

4. 坚持充分发挥职工代表在职工代表大会闭会期间的作用

多次邀请职工代表参加党委会、主任办公会，听取职工代表的意见，加深与广大职工的沟通交流，有效调动了职工参政议政的积极性、主动性和创造性。每年选派职工代表参与电影票、生日蛋糕及慰问品的询价与采购。

5. 坚持关心职工生活常态化监督机制

针对职工反响较大的食堂饭菜质量问题，党委指示依托民主监督，成立营业管理部伙食监督管理委员会，建立监督机制，并不断进行规范，加强对食堂餐饮监督。2015年以来，设计了食堂餐饮情况电子调查问卷，按季在OA门户系统开展问卷调查，引进评价机制，发动职工积极参与答卷评价，形成问卷调查报告，及时向部领导报告，监督物业整改，实现食堂监督工作常态化。五年来，伙委会共开展检查 25 次，经过不懈努力，职工对食堂餐饮满意度大幅提升。

二、进一步深化职工民主管理工作的建议

营业管理部民主管理工作在取得成绩的同时，我们也清醒地认识到工作中还存在短板和差距，主要体现在以下几个方面：职工代表大会制度体系不规范，影响职工代表大会作用发挥；职工提案质量有待于进一步提升；职工代表大会在政治引领方面有待于进一步增强；职工代表在职工代表大会闭会期间的作用需要进一步发挥。面对新形势下中国人民银行履职的新要求、职工队伍稳定和职工需求的新变化，职工代表大会等民主管理工作的多样性、灵活性有待于进一步提升。

针对这些问题，就做好职工民主管理工作提出建议如下：

（一）深化思想认识，正确理解加强职工民主管理工作的重要意义

党中央历来重视民主管理工作，党的十九届四中全会明确指出，全心全意依靠工人阶级，健全以职工代表大会为基本形式的企事业单位民主管理制度，探索企业职工参与管理的有效方式，保障职工群众的知情权、参与权、表达权、监督权，维护职工合法权益。我们必须站在贯彻习近平新时代中国特色社会主义思想、贯彻落实党的十九届四中全会精神，落实中国工会十七大目标任务的政治高度，站在服务凝聚职工、维护稳定大局的高度，扎实做好职工民主管理工作。做好民主管理工作，最大限度地体现了广大职工的根本利益和长远利益，为广大职工发挥主力军作用、展现主人翁风采提供了宽广舞台，对于凝聚职工力量有着十分重要的意义。

（二）民主管理工作机制需要进一步健全

营业管理部民主管理工作不断向前推进，但制度、机制需要进一步完善。如尚未建立职工合理化建议奖励机制、职工民主管理的培训机制、职工代表管理机制等，对监督员参与监督管理还没有制定约束性的办法，会在一定程度上影响职工参与民主管理的积极性和实际效果。要健全相关工作细则、操

作规程，在工作制度化和规范化下功夫，建立一套职责明确、高效规范的工作制度体系，确保职工代表大会等民主管理工作发挥最大效能。要更加注重民主管理形式的创新，在巩固职工代表大会这一基本形式的基础上，探索创新与营业管理部实际、职工需求相适应的其他民主管理形式，顺应"互联网+"的发展趋势，开展网上民主管理工作，提高职工参与度，增强民主管理工作的生机活力，彰显时代特色。

（三）适应新形势，进一步拓展民主管理内容

要结合工作新特点，将职工民主管理工作渗透到营业管理部依法履职和科学决策过程中。如制定各种指导意见、办法，切实征求职工意见。利用"三公开"等形式，及时把职工关心的热点问题和党风廉政建设的关键点置于群众的监督之下。对合理化建议落实好的部门给予奖励等，增强职工民主管理工作动力，促进履职水平全面提升。

信息化建设在中国人民银行后勤工作中的应用与探索

李　杰　段宇芳*

一、信息化建设应用于中国人民银行后勤工作意义

（一）提高后勤工作效率

利用规范化的信息管理技术和管理模式，可使后勤工作流程简便化，时间灵活化、服务高效化。

（二）优化后勤服务品质

加强信息化建设，开发集多功能的信息服务平台、微信公众平台等，可以及时对职工的需求做出响应，实时了解服务质量，真正做到人性化的优质服务。

（三）提升后勤管理水平

通过后勤信息化建设，对原有工作流程、服务标准进行认真梳理，对不顺畅的服务工作进行调整，健全后勤管理机制，实现后勤管理办公数字化、信息共享化，从而实现后勤精细化管理和精准监督。

---

*　李杰、段宇芳：供职于中国人民银行营业管理部后勤服务中心。

二、信息化建设在后勤中的应用现状

（一）全国范围内后勤信息化建设的应用情况

自 2017 年 5 月，国家机关事务管理局下达"机关智慧后勤建设"研究任务来，各地区各个部门初步提出了"全国机关事务云"的构想，有 25 个地区完成了公务用车"全省一张网"服务平台建设，有 17 个地区初步完成了办公用房管理系统建设，至少有 19 个地区完成了公共机构节能管理系统的建设，部分地区开发并投入使用了国有资产、住房保障、政府采购、人防工程等各类管理信息系统，使机关事务管理部门大部分职能实现了业务网上办理。同时在后勤服务保障和方式上积极创新，推进信息服务平台、微信公众号、手机 App 等新应用，着力打造办事便利、服务优质的"智慧机关事务"新应用，提升后勤服务品质。

1　国防科工局机关服务中心开发建设"服优网"综合服务平台

一是建立内网服务平台——"服优网"，实现办公用品领用、餐饮服务化产品。二是微信服务商店——"服优 e 生活"，依托微信公众号，提供休闲生活、爱车服务、家政服务以及团购等六大板块生活服务。三是服务产品孵化器——"服优众创"，员工参与研发创新型服务项目，为"服优网""服优 e 生活"打造有品质的服务产品。

2. 无锡市机关事务管理局推出了"指尖上的后勤服务系统"

依托物联网技术，着力建设"智慧后勤"，目前，已建成五个智慧管理平台，六项服务保障"微服务"，包括餐饮微服务、会务微服务、设备报修微服务、花卉微服务、管理微服务（超市、物业、金融财务等）。

（二）营业管理部后勤信息化建设的应用情况

营业管理部后勤信息化建设尚处于起步阶段，正在加大力度着手建设，目前共有六个信息系统在用，统分为三类：一是运用总行开发的业务管理系统，二是借助第三方系统平台，三是营业管理部自主开发的系统，均取得良好的效果。

1. 运用总行开发使用的管理系统

（1）人民银行能源综合管理系统。可以对办公区动力、供暖、空调、照明、给排水、食堂、信息机房等各种设备设施所消耗的能源资源进行分项计量和动态采集，通过数据采集器和通信网络上报各分支机构的数据中心，总行对能耗数据进行汇总、处理、分析、展示和发布，从而实现能耗统计、能效评估和监测预警等功能。

（2）人民银行固定资产管理系统。此系统实现固定资产条码化管理，只需在入库时填写固定资产名称、购入日期、使用部门等简单的内容，就可以自动生成卡片账，进行封存、闲置、报废和调拨等手续，方便实时监督和跟踪固定资产的实际使用情况。

2. 借助"京东慧采平台"，构建营业管理部线上采购系统

搭建"公开、透明、高效、便捷"的采购管理信息化平台，实现了"按需采购、厉行节约、高效合规、物有所值"。

3. 营业管理部自主开发的系统

（1）体检报告查询系统。通过和医院数据对接和人工录入等手段，实现五年内职工体检报告快速在线查询，同时可以查看血脂、血糖、血压等数值的变化趋势，有助于职工全面了解自身健康状况，有效预防各类疾病。

（2）餐饮信息系统。餐饮信息系统可通过识别 IC 卡，读取职工信息，方便随时统计就餐人数，准备食材。同时，营业管理部还启动加班餐供应工作，通过 OA 系统提前进行申请，食堂根据申请情况提前统计就餐人数，准备餐饮，方便管理的同时避免浪费。

（3）北京重点库公众号。北京重点库公众号具有关注度高，知晓范围广的优势，会定时公布本周菜单、设施维护、物业信息公示等，方便职工第一时间了解服务信息和提出意见建议，受到了广大职工的好评。

三、中国人民银行后勤信息化建设的发展趋势与问题

（一）中国人民银行后勤信息化建设的发展趋势

中国人民银行后勤工作信息化建设是一项长期复杂的系统工程，虽然目

前信息化建设水平仍然较低，但随着信息技术不断发展和成熟，当前问题的不断改进，将朝着创新工作理念、丰富服务内容、提升管理效能、优化服务体验的方向前进。

中国人民银行后勤信息化建设应该分期分步骤进行实施，大体应分为服务行员和内部管理两大类。一是服务行员类，面向广大行员开放，旨在解决行员在工作中的实际需求，比如物品购买、体检结果查询等，及时提供精心服务。二是内部管理类，运用信息化手段，对固定资产、公车、房产等加强管理，实现后勤管理职能的提升。按照上级开发、下级应用的原则按类建立信息系统，有效区分使用人员与功能，实现精细化管理和精准监督。

（二）中国人民银行后勤工作信息化建设中的问题

1. 信息化建设不足

中国人民银行后勤管理工作体制在很多方面仍沿用旧的实物运行模式，依靠人工与纸质等方式完成，例如日常办公用品损坏报修、户口卡领用等，若依旧使用传统人工方式，工作效率低，难以适应广大职工的需求。

2. 缺乏整体规划

中国人民银行各个分支行信息化建设的资源基础不同，存在发展不均衡、应用范围有限情况，部分分支行根据需要已经进行了一部分信息化系统建设，但中国人民银行后勤信息系统现有的格局分散、封闭，缺乏整体规划。

3. 无法完全打通线上线下环节

通过信息化建设达到智能管理，需要使用线上办公的方式促进传统后勤的转型与创新。但在实际推进中，还是处于线上预订线下走流程的阶段，如加班晚餐预订仍靠线上申请，线下打印送到食堂的方式。

4. 相关配套管理制度还有待完善

后勤信息化建设的顺利进行依赖于相关配套管理制度的完善，如何合理界定各子系统用户的使用权限、工作的具体完成时间和流程等，都需要制定相应的管理制度。

5. 宣传和推广不足

目前，后勤工作人员和用户可能都更倾向于面对面的服务办理方式，这极大地降低了智慧化功能的使用率，主要是宣传和推广不足，导致有些行员对其功能不了解。

四、中国人民银行后勤工作信息化建设中的建议及探索

(一) 中国人民银行后勤信息化建设设计原则

做好后勤管理信息系统的研发工作，目的就是由互联网与计算机取代传统人工管理方式，有效提高后勤管理效率。因此，设计时应该加强对分布式模式、信息化、开放性等因素的考虑，即必须遵循以下几方面原则：

1. 实用性原则

为促进管理水平与效率的提升，设计时应充分考虑实用性和可操作性，进行充分调研，确定各系统搭建的项目行之有效，防止技术开发和实际需求脱节、操作不便捷和资源浪费的情况出现。

2. 规范性原则

设计工作应该严格遵循统一开发规范，合理界定各子系统用户的使用权限、限定业务和工作流程，制定完善的管理制度，为后勤管理信息化建设的推进提供有力保障。

3. 安全性与可靠性原则

应通过先进技术的运用，促进其安全性的提升，增强系统可靠性，从而保障后勤管理系统平稳运行，否则会给其他管理工作带来不良影响。

4. 可维护性原则

后勤信息系统需要对各种业务进行及时有效处理，各管理系统应分模块搭建，加强其可维护性，实时掌握运行情况，一旦出现错误或者改变原有工作流程，必须及时修订。

5. 可扩展性原则

要充分考虑业务未来发展的需要，各个功能模块间的搭建要便于系统的扩展，为将来与国家机关事务管理局进行数据对接和机关事务数据大融合与大应用打下基础。

（二）中国人民银行后勤信息化建设的具体运用

1. 提升中国人民银行后勤信息化管理观念

后勤管理人员要积极投入后勤管理信息化建设和使用工作中，正确认识信息系统，顺应时代潮流，通过对其的运用，减轻工作负担，有效提升服务质量与工作效率。

2. 完善中国人民银行信息化管理系统

当前首先要对信息系统进行完善，加大研发力度，由点向面发展，将现有各分支行各项信息系统进行统计整合，将可以大面积推广的信息系统按内部管理和服务行员两类分别连接起来，减少二次开发；将不全的业务功能补齐并进行完善。从而形成中国人民银行后勤管理基础系统，使这一系统具备所有基本日常业务的功能，普适于各个分支机构。不但可以为行员日常生活、工作提供便利，提高后勤工作效率，还能形成自上而下的管理机制，方便数据统计，充分体现后勤信息化管理的成效。各分支机构可根据个性化需求，自行在此系统的基础上按规范进行延伸和拓展，健全系统功能。

3. 健全后勤管理信息化制度

一是总行对于系统的开发建立统一的规范。各分支机构自行开发使用的系统要符合要求，与总行建立的系统能够形成互联互通，或提出实际需求，由总行酌情统一开发。二是对数据的管理和录入要有统一的规章制度。限定人员的使用权限和操作做规范，对计量及统计标准进行统一，提高原始数据信息的及时性、规范性和准确性，完善审核制度。

4. 优化后勤管理信息化使用方式

有效地运用信息化系统有利于管理效率的提升，促进后勤人员对业务的精通，熟练掌握使用方法，做好数据分析促进服务质量与管理效率的提升，将其作用充分发挥出来。

五、总结

综上所述，加强信息化建设在后勤管理中已经成为一项重要工作。必须严格遵循实用性、规范性、安全性、可靠性、可维护性以及可扩展性原则，并通过转变管理观念、健全信息化的制度、完善信息系统优及时以及创新使用方式化等措施，提升信息化水平，推动中国人民银行"智慧后勤"建设。同时，要进行更为清晰的数据分析，从而有的放矢，精准发力，为提升服务管理效能、提高服务满意度、降低运行成本、深入推进节约型机关建设奠定更为坚实的基础。

政务服务互联网化的探索与思考
——以外汇管理领域为中心

卓　萍等*

一、外汇领域政务服务网上办理情况

外汇领域政务服务网上办理系统实现"网上办"的行政许可业务涵盖资本项目、经常项目、国际收支的外汇管理行政许可业务。对于"网上办"的业务，市场主体可选择通过线上提交行政许可申请或到柜台现场提交行政许可申请。通过政务服务网上办理系统，市场主体可随时在线查询许可要求、了解许可办理进度、申请许可材料预审等。推行政务服务网上系统后，预计在系统试运行半年后行政许可业务窗口办理数量可减少20%，在系统正式运行、功能逐步完善、市场主体逐步适应网上办理模式后窗口办理数量将逐步减少。

二、推进"互联网+政务服务"所面临的问题

近两年，"互联网+政务服务"不断向纵深推进，但由于部分业务制度设计尚待完善、系统数据共享有待加强等因素，"互联网+政务服务"仍面临诸多问题。

---

* 卓萍、徐式媛、周斐斐、陈晓丽：供职于中国人民银行营业管理部外汇综合业务处。

（一）数据无法共享，存在信息壁垒

信息数据是互联网化的"重要物资原料"，"互联网+政务服务"的工作重点之一就是打破各部门、各地区、各业务之间的信息和数据壁垒，消除"信息孤岛"现象，加速实现业务系统与行政审批系统的对接，促进政务服务跨地区、跨部门、跨层级数据共享和业务协同。目前，互联网政务服务领域不仅存在外部信息壁垒，而且内部各系统数据库也存在连通不畅的问题。包括外汇管理部门与各政府部门之间未实现共享信息，以及跨地区数据共享受限等。

（二）配套规定不完善，线上审核存在真实性风险

推进"互联网+政务服务"后，针对行政审批业务申请材料的提交、业务档案的留存以及电子签名、电子档案的效力等问题尚无具体的操作规定。例如行政机关现行的档案管理规定多要求办理业务时留存加盖企业公章的完整纸质档案，通过平台上传的材料均是电子数据，不符合档案管理要求。且电子扫描版申请材料的真实性不易把握，只能由业务经办人员和审核人员根据工作经验进行判断，存在一定的真实性风险。

外汇管理领域行政相对人在办理外汇业务时多要求提供书面形式的文件材料。对于数据电文是否符合以及满足什么条件才符合法律、法规要求的书面形式，根据《电子签名法》的规定，能够有形地表现所载内容，并可以随时调取查用的数据电文，视为符合法律、法规要求的书面形式。也就是说《电子签名法》虽然肯定了数据电文的法律效力，但并不意味着所有的数据电文都符合法律、法规要求的书面形式要求，应当按照"功能等同"方法来确定什么样的数据电文可视为满足要求的书面形式，只要数据电文能够履行书面形式应有的功能，就应具有相同的法律效力。联合国国际贸易法委员会《电子商业示范法及其颁布指南》列举的书面形式的功能包括：确保有可以看得见的证据；引起当事人的注意；保证所有利益相关人都可读到该文件；提供一份永久记录；便于复制；使之可以通过签字方式进行验证等。当一项数据电文所含信息可以调取以备日后查用时，即满足法律关于书面形式的要求。根据《电子签名法》的规定，如果一项数据电文具有以下两项功能，即可认为具有与书面形式相同的功能：一是能够有形地表现所载内容，二是可以随时调取查用。这样的数据电文可以视为符合法律、法规要求的书面形式。

对于数据电文是否符合以及满足什么条件才符合法律、法规要求的原件形式，根据《电子签名法》的规定，符合下列条件的数据电文，视为满足法律、法规规定的原件形式要求：一是能够有效地表现所载内容并可供随时调取查用；二是能够可靠地保证自最终形成时起，内容保持完整、未被更改。但是，在数据电文上增加背书以及数据交换、储存和显示过程中发生的形式变化不影响数据电文的完整性。也就是说，对于原件形式，在书面形式"能够有效地表现所载内容并可供随时调取查用"要求的基础上，增加了完整性要求，要能够可靠地保证自最终形成时起，内容保持完整、未被更改。同时，应当将数据电文上增加背书以及数据交换、储存和显示过程中发生的形式变化，与其他改动区别开。只要一份数据电文的内容保持完整，未被改动，对该数据电文作必要的添加并不影响其"原件"性质。

2019 年发布的《国务院关于在线政务服务的若干规定》（中华人民共和国国务院令第 716 号）对政务服务相关的电子签章、电子证照以及电子文件的法律效力做出了明确规定，为线上行政审批提供了明确的法律依据。外汇管理现行制度多要求申请人提供纸质材料（原件和复印件），对于网上办理系统中提交的扫描件、电子签章的使用、受理及送达方式以及档案保管等具体操作性问题，缺少配套的制度规定。未来需同步修订、优化现有业务制度和档案管理规定，以适应行政许可网上办理的需求，真正做到高效便民。

（三）部分业务办理流程复杂，网上办理难度较大

外汇业务种类繁多，每项业务对于材料、流程、审核方式的要求不尽相同，并非所有业务都适合网上办理的模式。外汇管理业务的复杂性表现在：一是部分业务需内部多部门协同审核，难以实现进一步减少办理时限的工作要求。二是有的行政审批项目要求提供的审核材料多，不适宜网上办理。如外债登记业务目前要求的合同等审核材料较多，影响线上办理效果。

三、优化建议

针对外汇管理领域"互联网+政务服务"存在的问题，可以从以下几方面进行优化提升：

（一）打通信息壁垒，优化系统对接

打破信息壁垒是国务院建设统一"互联网+政务服务"平台的任务和目标。要提高互联网政务服务覆盖范围，首先要完善顶层设计，统筹协调各行政部门实现资源共享，构建全口径大数据库。大数据库包括外汇管理部门在内的监管部门可提供、使用的各类信息。由于大数据库的构建涉及部门协调，建议分步骤有序推进相关工作：先协调外汇局内部，实现信息共享，再打通各行政部门之间的数据壁垒，实现行政机关之间的数据共享。同时打通外汇局内部不同地区数据分割问题，可采取限制授权的方式保证数据安全。只有打破部门之间各自为政的局面，把分散的政务资源整合起来，实现了互联互通，"互联网+政务服务"才能发挥其巨大优势。

中国政务服务平台推出"七个统一"，即统一身份认证、统一证照服务、统一事项服务、统一投诉建议、统一好差评、统一用户服务、统一搜索服务。基于这一最新进展，除了继续加强配合打造更全面的数据分享库，还应思索如何充分利用平台简化一些业务，或是提高办理效率。例如，业务中需要的一些材料，可以直接从共享数据库中调取，无须再要求办理人提供，这样可以避免办理人准备材料到上交再到处理审批的繁复性，又可以为办理人提供便利。

（二）规范业务流程，完善法律法规

为实现更多外汇管理业务网上办理，需要全面梳理现有业务种类及流程。要坚持按照实质监管、便利银企等原则梳理和完善外汇法规，简化业务流程，努力形成统一申报、统一查询、统一调度、统一办理、统一监管的大数据和云计算的大服务格局，做到"网上政务服务质量目标化、方法规范化、服务过程程序化"。

首先明确相关事项审核材料要件，简化审核要求；明确扫描件及电子（签）章效力的合规性；推进业务档案电子化管理，从制度层面明确业务档案管理的原则和要求。尽可能减少现场办理次数，更多纳入"最多跑一次"目录。其次配套的管理体制及法律法规也要完善。为应对互联网政务服务的发展，政府应出台相应的促进信息资源共享的配套政策，包括针对"互联网+政务服务"的规范性文件，以及促进信息资源共享的整合措施管理办法和实施意见等。另外，对于部分业务规范也应该考虑互联网操作配套的制度改革，如统一管理机构、统一标准规范，整合后台分散的信息系统，以发挥更好效果。打通网上办事大厅和线下实体办事大厅以及具体办事部门，实现线上与线下的无缝对接。

（三）简化审核材料要求，便利线上化工作

随着"放管服"的不断推进和深入，简化审核材料要求、流程也必将会成为未来的趋势。线上行政审批的前提便是把材料、数据、信息进行电子化、网络化，倘若审核材料过多，反而会加重双方的负担，简化业务办理要求对于推动"互联网+政务服务"的意义不言而喻。应当对部分审核规定涉及部门和审核环节较多的业务，结合实际情况合理地简化相关材料和流程，降低线上操作难度。同时，应充分重视市场主体的自主管理能力，考虑审核权限合理转移或下放。通过简化要求、简政放权，双线打造良好的线上政务服务运营环境。

四、结语

推进"互联网+政务服务"，是贯彻落实党中央、国务院决策部署，把简政放权、放管结合、优化服务改革推向纵深的关键环节，对加快转变政府职能、提高政府服务效率和透明度、进一步激发市场活力和社会创造力具有重要意义。互联网模式下的外汇政务服务，不仅在于提高服务质量提升效率、进一步做好政务公开，更是在金融体制改革背景下及人民币国际化进程中加速信息共享，做好及时反馈识别防范风险的关键，是深入推进外汇管理"放管服"改革的重大举措，更是新时代背景下的政务服务的完美诠释。因此我们在积极探索互联网政务的同时要不断完善相关体制和顶层设计，完善窗口服务工作，加强组织指导，切实贯彻落实，便利企业和群众办事，支持促进营商环境持续改善，为建设人民满意的服务型政府提供有力支撑。

提升问题整改质量　促进内审成果转化

马黎宏*

近年来，中国人民银行营业管理部内审处不断加强理论学习和审计实践，以依法行使后续审计为切入点，创新整改核实工作方法，在审计项目审前、审中和审后三个阶段实施积极有效的控制措施，全程跟踪审计发现问题的整改情况，全面控制问题整改质量，在借鉴理论研究和总结实践经验的基础上，逐步构建起符合营业管理部工作实际的审计问题整改质量控制流程，制定了内审发现问题整改办法，积极实践审计成果的转化形式，有力地推动了审计成果的综合运用。

一、以质量控制为指导进行审前准备工作

质量是内审工作的生命线，良好的质量控制是内部审计充分发挥作用的重要保证。作为内部控制管理的"第三道防线"，持续跟踪和督促整改是内部审计部门核实问题整改情况、评估整改效果的重要手段。

（一）开展业务培训，提高整改重要性意识

营业管理部审计组成员一般由各处抽调的业务骨干组成，部分人员存在内审工作经验不足，对整改核实的重要性认识不够的情况，认为整改核实就是对被审计部门递交的书面报告进行复核的简单工作。针对此种情况，审计组精心规划，采取分步开展、在线答疑、集中培训等方式加强审前培训，进行一对一解惑，强调整改工作对内部审计质量的重要保障作用，使全体成员充分认识到整改核实是在贯穿审计各个阶段的工作内容，应认真落实后续审

＊　马黎宏：供职于中国人民银行营业管理部内审处。

计整体要求，确保审计质量和效果。

（二）改进资料调阅清单，建立整改对应联系

由于依法行政审计工作量较大，审计组对调阅清单进行了仔细把关，强化了资料准备工作与整改工作之间的联系和衔接。在确定资料调阅清单的内容时，将资料清单的内容与被审计部门需整改问题建立了一一对应的关系，并注重资料调阅清单与需整改问题保持逻辑顺序一致，方便现场审计人员逐一核实整改的基本情况。

（三）改进工作底稿，纳入整改核实标准

为了保证整改核实工作的规范化和有序化开展，使核实要点、核实标准能够在分散于不同现场的审计组中始终保持一致，充分发挥工作底稿作为基本操作工具的功能和价值，审计组对工作底稿进行了改进，并建立了整改核实工作用表格，全面归纳和梳理被审计部门的整改情况，将整改工作的要点、标准和评估核实标准纳入工作底稿，方便审计人员开展现场工作。

（四）重视自查工作，分析整改核实重点

审计组在审计前将审计方案和统计表发送至被审计部门，要求对照方案逐条进行自查和认真填写调查表，并以加盖部门公章的书面报告形式报送自查结果。通过对自查报告和统计表内容的评估分析，使审计人员在审前对各部门依法行政的基本情况、管理现状和重点关注领域做到胸有成竹，在项目实施过程中做到有的放矢，达到提高审计质量和效率的双重目的。

二、以全面落实为标准开展现场核实工作

（一）严格整改标准，统一整改评估尺度

审计组根据近年来依法行政审计整体情况和审计发现问题，标准化了整改核实工作内容，要求查阅审计部门发送的内审整改意见、被审计部门提交的整改报告及相关内部管理制度流程、业务档案等所有涉及整改的文件资料，核实整改措施制定情况。通过规范化的分类体系、科学有效的核实标准和实

経済結構調整下的首都金融研究与実践

施程序，锁定问题整改核实重点，从而引导审计人员规范开展整改核实工作，不仅体现监督时需要关注的重点内容，而且减轻和消除了凭个人主观判断的行为，从而为整改核实工作提供了统一标准。

（二）加强整改监督，关注屡查屡犯事项

营业管理部将后续审计和现场审计相结合，坚持一手抓现场审计、一手抓审计整改，一方面对于以前审计发现问题逐一进行核实，对照整改报告，采取调阅档案、现场验证等方式，查看被审计部门采取的整改措施是否到位、是否落到实处、是否存在流于形式的可能；另一方面将新问题和旧问题进行深度比对和分析，关注被审计部门是否存在屡查屡犯的情况。在开展审计项目过程中，对被审计部门前期相关审计发现问题的整改情况予以关注和督促，有效发挥了内审的"悬剑作用"。

（三）统一核实流程，标准化工作内容

一是标准化了整改核实工作流程，将审计发现问题逐一分解到现场审计工作人员，要求通过调阅档案、实地走访、会谈和查验等方式，核实整改措施执行情况。二是编写了工作文档模板、示例和填写说明，对现场核实内容进行了细化，要求逐一对照落实交接表中的文档内容。三是通过进场座谈会、现场碰头会、总结分析会、阶段总结以及分级复核、现场督导等方式加强现场工作的质量管理。

（四）设立文档交接清单，细化审计工作要求

依法行政审计每次需要抽调十多名业务人员，根据审计分组及人员专长，设立了现场审计工作文档交接用表，包括工作底稿、事实确认书、审计发现问题统计表、问题整改情况统计表、调阅清单、审计调阅档案电子目录、审计依据统计表七项，便于统计工作量和现场工作进度，把控核实工作整体情况。

（五）采用多种方式开展工作，严把审计质量

一是采取组长、主审人、小组长和组员四级责任制，对审计内容和重点工作层层把关，力求做到工作标准统一、事实描述清楚、问题定性准确。二是采取发放调查问卷、查阅档案、现场检查、实地走访和座谈询问等多种审

计方法。三是强化审计关注事项，对有关部门的依法行政现状、不足和实践中出现的法规或制度无明确要求的困惑之处，在事实确认书中以审计关注事项的方式和被审计部门进行详细沟通。四是完善审计依据，与被审计部门进行沟道核实，进一步完善了审计依据，如反洗钱类新增了总行下发的七项业务制度和规范。

三、以成果运用为标高进行整改督促工作

（一）设立整改评估文书，完善整改评估反馈环节

曰于目前现场审计使用的文书中缺少专门的整改核实文书，不便于反映审计组的整改核实情况，审计组在事实确认书中增加了审计问题整改情况反馈，依据反馈意见、整改措施、上级部门考核分值等内容，通过对问题描述、问题类型、所属职能、严重程度、整改措施、整改完成时间、整改是否到位、整改亮点等多个要素的分析，对被审计部门整改措施力度和成效进行综合评价，一方面使被审计部门充分了解问题整改的定性结论，另一方面采用书面沟通方式征求被核实部门对结论的意见和建议。

（二）完善问题台账，逐一核实整改工作具体细节

建立内部审计发现问题整改机制，对整改情况加以总结和整理，并给出具体的结论，明确督促整改的目的、范围及具体措施。一是建立审计发现问题台账，按照类别和责任部门对需整改问题进行精细化管理，设定整改期限，确保按时完成整改工作。二是推进了整改督办责任机制，为便于后续审计项目工作开展，要求现场审计主审人建立整改情况明细表，突破了"谁发现，谁督办"的工作机制，做到"整改目标清晰、核实任务明确、任务全程跟踪"，做到责任到岗、到人，确保按质完成整改工作。

（三）加强整改监督力度，分层次落实整改措施

一是强化现场整改力度。在现场审计时，及时和被审计部门就审计发现进行沟通，对能够确定为问题并且能够立即采取整改措施的，要求当即进行整改。二是将问题整改时间提前。对于无法立即完成整改的问题，要求立即

停止办理业务时的不当做法，将整改时间提前至问题确认之时，避免了问题再次发生的风险。三是加强部门间沟通。对可能涉及多个部门的问题，召集相关处室人员在现场进行讨论，分析问题形成原因，并明确整改进度和期限要求，有效地提高了问题整改效率。四是通过问题归纳、多方面对比数据分析充分揭示审计项目问题特点和整改难点，提出了督促整改的具体要求。五是以整改通知、内审意见书、内审结论和处理决定等形式，要求被审计部门限期整改和报送报告。

四、精心标准化整改核实工作，逐步打造质量控制体系

审计发现问题的有效整改既是内部工作质量的体现，也是内审成果综合运用的基础。营业管理部按照"以审计促进建设以审计改进管理"的工作思路，着力规范和标准化项目整改的操作流程，在强化审计现场交流、离场意见反馈、下发整改通知等传统工作流程的基础上，通过在审前、审中、审后三个环节采取多种针对性措施，进一步加强了与被审计部门的沟通，积极推动审计发现问题的整改落实，形成了良好的整改工作机制，打造出全方位、全过程的质量控制体系及流程。

（一）出台审计整改制度，固化审计成果运用

2018 年，营业管理部根据《审计署关于内部审计工作的规定》（2018 年审计署令第 11 号发布）和《中国人民银行内审工作制度》（银发〔2005〕73 号文印发）要求，结合营业管理部工作实际，出台了《中国人民银行营业管理部审计整改工作办法》，建立健全营业管理部审计发现问题整改机制，严格落实审计整改工作责任，强化审计整改的严肃性，进一步提高审计整改工作质量和效果。

（二）以成果运用规范业务运行，提高整改效率和质量

行政许可业务部门能够在完成整改的基础上进一步加强内部管理，提高法律风险意识，在依法履行职责的基础上进一步提高服务质量。如行政许可专项审计中向被审计部门指出了行政许可业务中存在的问题，并限期两个月内书面报送整改情况。有关部门能够根据内审意见，认真落实整改工作，提

高整改速度和效率，开展整改工作并报送了情况报告，所有问题均高质高效完成了整改工作，整改率达 100%。

（三）以成果运用强化内控管理，依法行政建设显成效

一是改进了"双随机、一公开"的工作方式。审计指出了营业管理部随机抽查存在的问题，有关处室根据内审意见对原有工作方式进行了改进，由原来的各处室自行抽取并上报抽查结果，转变为法律事务部门统一实施抽取工作，并加入了见证人制度。二是加强了行政许可部门自查工作。有关部门不仅能够按照审计建议对审计发现问题进行整改，而且将容易出现问题的业务进行梳理、整理，纳入部门日常监督检查工作，定期开展自查，并如实记录自查结果。

货币发行业务外包管理研究与探索

——以立体化发行库为例

胡 月 贾凤凤*

一、货币发行业务外包的必要性与可行性分析

（一）实行货币发行业务外包的必要性

一是满足不断增长业务量的迫切需求。自2013年北京立体库投入运行以来，出入库业务量总体呈现增长趋势，而相关工作人员总体数量却呈现下降趋势，外包业务显得尤为必要。

二是实现从重操作向重管理转型。将操作性业务外包后，货币发行部门可以将更多精力投入提升人民币整洁度、现金运行统计分析、保障现金供应等管理性工作中，推动货币发行业务转型升级。

三是减少人员经费支出。中国人民银行招录员工成本较高，采取业务外包后，按照"业务量付费"原则进行结算，缓解人员经费支出。

（二）实行货币发行业务外包的可行性

一是政策允许。《中国人民银行办公厅关于货币发行部门使用聘用制员工岗位范围的通知》中明确指出"各分支机构可以对发行库业务操作员采取聘用制"。对于发行基金押运、装卸以及交接间业务均属于操作岗位，因此采取业务外包在政策上可行。

二是可借鉴成熟经验。我国部分中国人民银行钞票处理业务已经实现清

* 胡月、贾凤凤：供职于中国人民银行营业管理部货币金银处。

分业务外包，积累数年管理经验，相关规定和管理模式逐渐成熟。各地商业银行在现金押运外包方面推行已久，安全性、可靠性已得到验证。

三是实现岗位人员及时补充与更换。发行基金押运、装卸、交接等工作，一方面为重复性操作业务，人员变动频繁，采取外包模式，既确保业务正常运转，也减少中国人民银行在招工方面所耗费的精力和时间；另一方面，长期与现金接触，属于高风险岗位，通过外包模式实现员工不同岗位间流动，有效控制风险。

二、近年来货币发行业务外包后运行情况

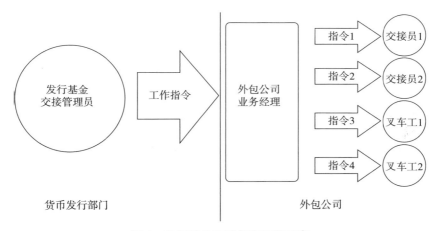

图1　发行基金交接操作流程示意

（一）工作效率得到提升

以发行基金交接环节为例，以往需求5~8名员工操作交接间业务；采取外包方式后，由专人管理，如图1所示，一名交接管理员对接外包公司，向外包公司业务经理发送工作指令和要求，对其业务情况监督检查。通过"一点对接、以点带面"模式，仅由一人就完成对整个交接环节的操作和监督，工作效率明显提升。

（二）人员紧张情况得到缓解

北京立体库采取"三库合一"发行基金储存方式，2017 年正式对接重点库后，辖外押运任务增长明显。采取押运外包，有效破除了人员不足给发行基金调运带来的"瓶颈"，保障全国范围现金供给。

（三）人员结构进一步优化

随着业务外包逐步推进，货币发行部门对操作岗位人员需求大幅减少。中国人民银行招录的硕士学历以上人才，充实到管理岗位中，对推动货币发行业务转型意义深远。

三、货币发行业务外包全过程风险识别

（一）外包风险识别

就货币发行业务而言，外包公司工作对象是发行基金，安全是主要问题，如何控制货币发行业务外包风险，是业务外包的重点和难点。

巴塞尔联合论坛在《金融服务外包》文件中指出金融服务外包十种主要风险（见表1），这些风险同样适用于货币发行业务外包。

表1　金融服务外包十种主要风险

主要风险	主要表现
战略风险	指外包服务商不顾及发包方的总体战略和利益，只根据自己的想法和利益处理业务，发包方没有足够的技术和能力对外包服务商实施有效监督
声誉风险	指外包服务商过低的服务质量，外包服务商的做法不符合发包方的规定方式，或不能达到发包方要求对客户的标准服务
法律风险	指外包服务商未遵守审慎监管以及保护客户隐私的有关法律法规。通常是关于客户资料保密及数据安全的问题，例如在外包过程中，外包服务商及其员工有可能违反保密协议，泄露银行战略性技术、涉密数据或者财务记录等需要保密的内容

主要风险	主要表现
操作风险	指设备出现技术故障后，发包方对外包项目检查成本过高或难以进行检查，或外包服务商没有足够的财力、物力、人力来完成承包的业务并无力采取补救措施
退出风险	指发包方对有关制度的熟悉程度不高而缺乏在必要时收回外包业务的能力，或更换外包服务商、中止外包合同的成本过高，或过度依赖某一外包服务商
信用风险	指应收账款质量下降、信用或保险评估不当，资金无法继续周转，正常营运活动受到梗阻，使金融机构蒙受财务损失，甚至危及金融机构的生存发展
国家风险	包括商业可持续性规划更加复杂，或政治、战争、社会和法律环境造成的风险
履约风险	指外包服务商无法按要求完成合同约定工作内容的风险。比如，外包合同的期限一般都较长，随着时间的推移，外包服务商自身以及商业环境都可能发生变化，由于外包合同的不规范，外包服务商在能否保质并按时完成合同任务存在的不确定性
沟通风险	指由于外包业务商的存在，导致发包方及时向监管部门提供数据和其他信息由阻碍，同时，监管部门掌握外包服务商的业务也存在困难
集中和系统风险	指行业整体由于外包服务商的进入带来的风险较大，包括部分金融机构对外包服务商缺乏有效控制，使行业面临系统性风险

（二）外包风险构架

本文基于金融服务外包风险特点，构建货币发行业务外包服务过程中风险识别框架（见图2），清晰地展示了外包过程中各阶段主要风险。

1. 准备阶段的风险

外包准备阶段，管理层受外包经验欠缺、内控制度缺乏、保障制度不完善等因素影响，无法将问题想得面面俱到，造成战略风险。

2. 外包商选择阶段

货币发行业务外包初级阶段不能完全实现市场化，一方面，容易引发中国人民银行的声誉风险，如人民币发行70周年纪念钞发行期间运钞公司人员在押运途中违规拍摄整捆纪念钞照片、视频，并上传网络，造成恶劣社会影响。另一方面，由于专业领域内可选外包商较少，造成发包方重新选择服务商或终止合同成本过高，容易引发退出风险。

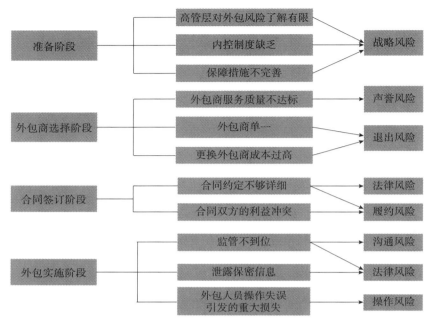

图 2　货币发行业务外包服务过程中的风险识别框架

3. 合同签订阶段

双方达成合作的标志就是合同成功签订。一方面，如果合同中未列明外包过程中所有细节，外包双方存在信息非对称性，将增加履约风险。另一方面，如果合同中缺乏灵活性及必要约束条款，将会在外包服务过程中产生法律风险。

4. 外包实施阶段

外包实施阶段中的风险最多最复杂。一是沟通风险。中国人民银行既要作为发包方，还要承担监管责任，对押运公司的内部运营管理信息掌握较少。二是法律风险。发行基金并非商品，调运数量、调运路线、调拨计划等多是涉密内容，外包公司若违反保密协议，将产生法律风险。三是操作风险。北京立体库以全自动化设备完成发行基金出入库工作，若外包公司人员未牢固掌握处理故障能力，将会因操作失误产生重大损失。

四、基于风险矩阵的外包风险评估

（一）原始风险矩阵法

原始风险矩阵法，是对外包风险影响程度和风险发生概率进行定量与定性综合分析，进而确定不同风险因素对项目影响的一种风险评估分析方法。

就货币发行业务外包而言，要通过识别风险因素、判断风险影响程度、评估风险发生概率，按照风险矩阵法完成发行业务外包原始风险矩阵（见表2）。

表2　发行业务外包原始风险矩阵

风险类型	风险影响等级	风险概率（%）	风险等级
战略风险	S	90	高
声誉风险	H	40	中
退出风险	L	20	低
法律风险	M	30	中
履约风险	H	70	中
沟通风险	S	60	高
操作风险	L	30	低

表3　风险影响等级

风险影响等级	对项目的影响程度
严重影响（S）	整个项目失败
较大影响（H）	整个项目目标值严重下降
中等影响（M）	能够达到部分目标
较小影响（L）	对项目的实施造成轻微影响，不影响整体目标
可忽略影响（N）	对项目的实施几乎不造成影响

表4　风险概率

风险概率等级	发生的可能性
很高（S）	81%~100%，很有可能发生
较高（H）	61%~80%，可能性较大
中等（M）	41%~60%，在项目中预期发生
较低（L）	21%~41%，不太可能发生
很低（N）	1%~20%，几乎不会发生

表5　风险等级

风险概率 ＼ 风险影响	严重（S）	重大（H）	中等（M）	较小（L）	可忽略（N）
81%~100%（S）	高	高	高	高	中
61%~80%（H）	高	中	中	中	中
41%~60%（M）	高	中	中	中	低
21%~41%（L）	高	中	中	低	低
1%~20%（N）	中	中	低	低	低

由表2的风险等级可以看出，原始风险矩阵表只能给出高、中、低三个风险等级，当风险等级相同时，对应的风险重要性也相同，这将给决策者造成一定影响。于是，本文引入Borda序值法，对风险等级进行细分，为管理层提供决策依据。

（二）Borda序值法

1. 用Borda序值法建立风险矩阵

Borda序值法通过先计算每个风险的Borda数（Borda Count），再得出相应风险的Borda序值（Borda Rank），根据Borda序值给风险进行等级排序，为风险应对和资源分配提供参考。

Borda序值法具体计算原理如下：

设N为风险总数，i表示某一个特定风险因素，k代表某一准则。原始风险矩阵有两个准则：用k=1表示风险影响I，k=2表示风险概率P。在风险矩阵中，将比风险i的风险影响程度大或风险发生概率大的风险因子个数作为在准则 k 下的风险等级，如 r_{ik} 表示风险 i 在准则 k 下的风险等级，则风险 i 的 Borda 数可由以下公式给出：

$$b_i = \sum_{k=1}^{2} (N - r_{ik})$$

通过对各风险因素 Borda 数进行排序，可以得出表示风险等级的 Borda 序值。某风险因素的 Borda 序值越小，代表其风险越大。

根据 Borda 序值法原理，货币发行业务外包风险矩阵计算如表 6 所示。

表 6　货币发行业务外包风险矩阵计算

序号	风险类型	风险影响等级	风险概率（%）	风险等级	Borda Count	Borda Rank
1	战略风险	S	90	高	14	0
2	声誉风险	H	40	中	9	3
3	退出风险	L	20	低	3	6
4	法律风险	M	30	中	6	4
5	履约风险	H	70	中	10	2
6	沟通风险	S	60	高	12	1
7	操作风险	L	30	低	5	5

2. 风险评估结果与分析

根据表 6 货币发行业务外包风险矩阵计算表可知，风险等级为高的两个风险点，由高到低依次为：战略风险、沟通风险，一旦发生将会导致项目失败；风险等级为中的三个风险点，由高到低依次为：履约风险、声誉风险、法律风险；风险等级为低的两个风险点，由高到低依次为：操作风险、退出风险。由此可得出，发行业务外包风险 Borda 序值与风险等级图，纵坐标代表 Borda 序值，H 代表高等级风险，M 代表中等级风险，L 代表低等级风险，如图 3 所示。

由图 3 可知，在高等级风险因素中，战略风险 Borda 序值最小，说明在发行业务外包过程中，战略风险影响最大，应尤为关注。该风险源于在货币发行领域中国人民银行外包经验有限，各类制度及风险应对措施不完善，易产生主观判断。另外是来自外包服务商的沟通风险也属高等级风险，应该受到重视，所以货币发行部门应加强对外包服务监控，可以采取签订补充协议等措施，有效降低沟通风险。

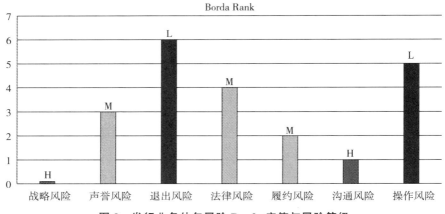

图 3　发行业务外包风险 Borda 序值与风险等级

五、货币发行业务外包风险控制与防范

（一）外包准备阶段的风险控制与防范

准备阶段是业务外包的开始，存在高等级风险中排序最高的战略风险。提高管理层对风险的把控力度是规避战略风险的重点。一是打造一支熟悉外包管理流程的队伍，实现对外包业务全流程成本把控、事项监督、风险预测等；二是定期聘请专家进行外包业务培训，拓展管理人员思路，减少准备阶段盲目性。

（二）外包商选择阶段的风险控制与防范

外包商的选择要以其完成任务的能力及诚信度为依据，以其应对突发事件的应急预案为保障。一是通过市场评价、调研等，了解外包商所拥有的资源和能力，以此规避声誉风险；二是对外包商进行诚信度测评，判断其能否以中国人民银行利益最大化为准则；三是要根据业务发展，细化、补充现行制度，通过科学设岗，实现从"人管人"向"制度管人"转变。

（三）合同签订阶段的风险控制与防范

随着全国现金供应量的变化，货币发行业务需求会发生动态变化。要想规避合同签订阶段的法律风险和履约风险，需要注意以下两点：一是签订动态外包合同，有效避免因合同不完备而诱导外包商产生机会成本；二是创新激励机制，使人民银行在发行业务持续发展下降低成本，有效控制因利益冲突导致履约风险。

（四）外包实施阶段的风险控制与防范

沟通风险作为该阶段的高等级风险，应该受到足够重视。一是增加合作信任，可通过调查、访问与所选择外包商合作过的企业经历建立信任维度。二是选择合理监管方式，对于非核心外包业务，可以将监控范围放窄，将监控活动限于最关键的领域，避免因操作失误产生重大损失；对于关系重大的外包业务，可以扩大监控范围，采取严格措施防范泄密事故发生；另外，外包双方可以建立定期会议制度、成立应急热线、增加激励机制，确保货币发行业务安全有序进行。

（五）风险等级的控制与防范

通过表 5 可知，风险矩阵中风险等级可分为高、中、低三级，再由 Borda 序值法细化三个等级中各风险排序，发包方可根据风险排序制定不同措施，实现外包业务降本增效目的。一是高等级风险要给予重点关注，这类风险一旦发生造成无可挽回的损失，建立相应风险预警和防范机制显得尤为重要；二是中等级风险是最易发生的，会对中国人民银行产生重要影响，建立相应的防范措施可有效避免声誉、法律等方面损失；三是低等级风险属于影响程度和发生概率都比较小的风险，中国人民银行只需把控要点即可，不需要花费太多时间和精力。